쉽게 읽는 禪家龜鑑諺解 下

윤석민 · 권면주 · 유승섭

쉽게 읽는
禪家龜鑑諺解 下

윤석민·권면주·유승섭 지음

도서
출판 박이정

| 저자소개 |

윤석민

서울대학교 국어국문학과 대학원 졸업, 문학박사.
현 전북대학교 국어국문학과 교수.
저서로『현대국어의 문장종결법』,『월인천강지곡의 텍스트 분석』(공저),『텍스트언어학의 이해』(공저) 등이 있으며 논문으로 "국어의 텍스트언어학적 연구 시론", "'일요-'계 어휘의 사용확대에 관하여", "텍스트언어학과 문학작품 분석", "일제시대 어문 규범 정리과정에서 나타난 수용과 변천의 양상" 등이 있음.

권면주

원광대학교 국어국문학과 대학원 졸업, 문학박사.
전 전북대학교 전임연구원.
저서 및 논문은 "국어 어휘군의 계통적 상관관계에 관한 연구", "四字經(공역)" 등 다수.

유승섭

원광대학교 국어국문학과 대학원 졸업, 문학박사.
민족문화추진회 국역연수부 졸업.
전 전북대학교 학술연구교수 및 현 전북대학교 전임연구원.
저서 및 논문은 '현대국어문법의 이해' 등 다수.

쉽게 읽는
禪家龜鑑諺解 下

초판 인쇄 2006년 12월 5일
초판 발행 2006년 12월 10일

지은이 윤석민·권면주·유승섭
펴낸이 박찬익

펴낸곳 도서출판 **박이정**
130-070 서울시 동대문구 용두동 129—162
Tel 02) 922-1192~3, Fax 02) 928-4683
Http://www.pjbook.com, E-mail book@pjbook.com
온라인 (국민) 729-21-0137-159
등록 1991년 3월 12일 제1-1182호
ISBN 89-7878-889-0 93810
ⓒ 2006, 윤석민·권면주·유승섭

값 15,000원

"이 저서는 2004년도 한국학술진흥재단의 지원에 의하여 연구되었음."(KRF-2004-074-AS0074)

| 머리말 |

선가귀감(禪家龜鑑)은 서산대사 휴정(休靜, 1520~1604)이 제자들에게 선가(禪家)의 종요(宗要)에 대해 가르친 내용을 엮은 책으로 한문본 선가귀감을 금화도인이 상·하 2권으로 언해한 책이다.

한문본은 휴정의 서문이 명종 19년(1564)으로 되어 있으나 그 간행은 휴정의 발문 연대인 선조 12년(1579)이다. 언해 원간본(原刊本, 보현사본)은 선조 2년(1569)에 간행되었다. 현존하는 판본으로 판단하면 언해본의 원문이 한문본의 원문보다 더 오래되었으므로 언해본의 원전은 한문본의 간본(刊本)이 아니라 원고본(原稿本)이다.

이곳에서 분석대상으로 삼은 전라도 순천 조계산 송광사본(松廣寺本)은 광해군 2년(1610)에 보현사판을 판하(版下)로 한 복각본으로 체재를 보면 판식(板式)은 단변(單邊)이고 반곽(半廓)의 크기는 보현사본보다 조금 작다. 판심(版心)의 어미(魚尾)는 흑(黑)어미가 간혹 있을 뿐 대부분 삼엽화문(三葉花文) 어미이다. 보현사본에는 반곽의 난외에 시주명이 전혀 없는데 송광사본에는 매엽(每葉) 난외에 총 63명의 시주명이 양각되어 있다. 또한 권상(卷上) 31장 뒷면 4행부터 보현사본과 달리 경계선 없이 1/4을 비우고 8단으로 나누어 70명의 시주명이 있다. 권하(卷下) 67장 뒷면 7행에서 본문이 끝나고 보현사본 8행 9행에 있던 금화도인의 발문과 禪家龜鑑卷下終이 여기에서는 없고 경계선 없이 校正大禪師善修라 적고 그 아래 두 사람의 시주명이 있다.

송광사본은 원간본을 복각한 것으로 16세기의 중엽의 문헌으로서 중세국어에서 근대국어로 넘어오는 과도기적 특징이 잘 나타나 있다.

선가귀감에 나타난 몇 가지 사실을 들면 다음과 같다.

표기법에 있어서 한자는 주음을 달지 않았고 방점이 나타나 있지만 매우 혼란스럽다. 'ㅸ'은 전혀 나타나지 않고 'ㅿ'은 '처엄', '사이', '오올-'에서만 'ㅿ'이 탈락된 형태로 나타나고 대부분은 'ㅅ'으로 나타나며 'ᄆᅀᆷ', '-ᅀᆸ-', '-ᅀᅡ'등에서만 'ㅿ'이 나타난다. 'ㆁ'은 초성에는 쓰이지 않고 종성에서만 일부분에 나타난다.

초성병서의 표기는 정음초기의 여덟 가지 각자 병서 중 'ㅆ'만이 일부 쓰였을 뿐이고 합용병서는 'ㅼ'과 'ㅶ'이 빠진 여덟 가지가 쓰였다. 종성표기는 'ㄱ, ㆁ, ㄴ, ㄷ, ㅂ, ㅁ, ㅅ, ㄹ'의 8종성법을 따르나 일부 어사에서 겹받침도 나타난다.

16세기에 들면서 중철표기와 분철표기의 빈도수가 증가하는데 여기에서도 대부분 연철표기로 되어 있으나 상당수의 중철표기와 분철표기가 나타나 과도기적 표기 형태를 보여준다.

음운현상에 있어서 구개음화, 원순모음화, 단모음화는 일어나지 않고 16세기 문헌이 그러하듯이 모음조화현상이 매우 혼란스러워 각 조사가 모음조화에 관계없이 연결되고 조사나 삽입되는 모음도 모음조화의 규칙을 벗어나서 나타난다. 음운의 축약과 탈락이 일어나며 비음동화가 일어나고 활용시 비자동교체가 나타나며 /j/의 삽입이 활발하다.

본 해역서는 선가귀감(禪家龜鑑)의 한문 원문을 현대역으로 직역하여 실었고, 언해문과 주석은 현대역에서 원문에 충실하기 위하여 글자 한자 한자를 빠뜨리지 않고 풀이하여 문장이 매끄럽지 못한 부분도 있다. 혹여 원문의 내용을 곡해하고 오역하지 않을까 하여 원문대로 풀이하였다. 여기에 잘못된 부분이나 오역이 있다면 전적으로 본 연구팀에 책임이 있다. 다음 기회에 바로 잡을 수 있도록 지적해 주길 부탁드린다.

끝으로 책을 내기까지 도움을 준 많은 분이 계신다. 한문 원문에 대한 이해가 부족하여 연구가 어려움이 직면할 때마다 오류를 바로잡아 주시고 세세한 부분까지 지적해 주신 유재영 교수님께 감사를 드린다. 또 원고의 입력에서부터 교정에 이르기까지 꼼꼼히 살펴준

옹기현과 장승익, 송정원, 조은진에게도 고맙다는 말을 전한다. 상업적으로 크게 도움이 되기 어려운 책의 출판을 선뜻 동의해 주신 박찬익 사장님과 책을 품위 있게 만들어 준 박이정 출판사 편집실에도 감사의 말씀을 드린다.

2006년 10월
저자 씀

| 일러두기 |

1. 송광사본 선가귀감(禪家龜鑑, 대제각 영 인본)을 저본으로 삼았다.
2. 각 장의 제목은 편의상 선가귀감의 원문 앞 구절을 딴 것이며 제목으로 잡은 '임제 종(臨濟宗)에서 팔봉(八棒)까지는 大抵學 者는 先須詳辦宗途ㅣ어다'의 주(註)이다.
3. 원문·언해문·주석에 나오는 속자(俗 字) 이체자(異體字)는 정자(正字)로 바 꾸지 않고 그대로 썼다.
4. 배열순서는 원문에 나타난 데로 원문· 언해문·주1·주2이다.
5. 선가귀감의 원문은 그 아래 현대역(現代 譯)을 싣고 주석에서 한자어 풀이를 하였 으며 원문의 인명(人名)·지명(地名)· 한자어(漢字語)를 포함할 수 있는 말이 마땅히 없어 한자어 풀이 안에 모두 넣어 설명하였다.
6. 선가귀감의 언해문과 주석은 바로 아래 언 해문 현대역과 주 현대역을 싣고 주석에서 한자어 풀이와 분석을 하였다. 주석은 문법 과 음운 및 어휘 등 언어학적 분석을 위주로 하였으며 주석번호는 원칙적으로 어절단 위로 달았다. 문법풀이 부문에서는 형태소 분석을 '+'와 같은 기호를 써서 표시하였다.
7. 원문·언해문·주·시주명에 나온 ( )의 글자는 원문과 비교하여 추측하여 쓴 것 이고 ( )안에 글자가 없는 것은 잘 모르는 것을 보인 것이다.
8. 찬자(撰者)휴정대사(休靜大師)를 간략히 소개하면 다음과 같다.
   조선 선조 때의 고승(1520~1604)으로 속성 은 최(崔)씨 자는 현응(玄應) 법호는 청허 (淸虛)·서산(西山)이다. 임진왜란 때 승병 (僧兵)의 총수가 되어 서울을 수복하는데 공을 세웠으며 유(儒)·불(佛)·도(道) 3교 통합설의 기반을 마련하고 교종(敎宗)을 선 종(禪宗)에 포섭하였다. 저서에 선교석(禪 敎釋)·선교결(禪敎訣)·운수단(雲水 壇)·삼가귀감(三家龜鑑)·청허당집(淸 虛堂集)·심법요(心法要) 등이 있다.
9. 참고한 서적은 다음과 같다.

禪家龜鑑(송광사본), 大提閣 影印本.
禪家龜鑑(송광사본), 尙文閣.
分類杜工部詩諺解(重刊本), 以會文化社 影 印本.
龍飛御天歌, 大提閣 影印本.
권상로(1979), 조선불교사, 보련각.
고영근(1987), 표준중세국어문법론, 탑출판사.
김민수(1997), 우리말어원사전, 태학사.
김영배(2000), 국어사자료연구, 월인.
김종훈(1992), 한국고유한자연구, 집문당.
남기심·고영근(1985), 표준국어문법론, 탑 출판사.
남광우(1993), 고어사전, 일조각.
박재연(2002), 中朝大辭典, 中韓飜譯文獻硏 究所.
송일기(1991), 삼가귀감의서지학적연구-선 가귀감의성립과관련하여, 중앙 대박사학위논문.
신법인(1989), 서산대사의선가귀감연구, 김 영사.
안병희(1990), 중세국어문법, 동아출판사.
유창돈(1995), 이조어사전, 연세대학교출판부.
육당전집편찬위원회(1973), 육당 최남선 전집 7(신자전), 현암사.
윤석민·유승섭·권면주(2006), 쉽게읽는 용비어천가, 박이정.
윤석민·권면주·유승섭(2006), 쉽게읽는 중각두시언해, 박이정.
이광호(2004), 근대국어문법론, 태학사.
이기문(1972), 국어사개설, 탑출판사.
이숭녕(1981), 중세국어문법(개정증보판), 을유문화사.
이익섭(1992), 국어표기법연구, 서울대학교 출판부.
이현희(1997), 杜詩와 杜詩諺解(6, 7), 신구 문화사.
정지만(1996), 선가귀감언해의표기 및 음운 연구, 동국대 석사학위논문.
한국불교대사전편찬위원회(1982), 한국불 교대사전, 보련각.
허웅(1961), 중세국어문법(개정증보판), 을 유문화사.
허웅(1992), 15·16세기 우리 옛말본의 역 사, 탑출판사.
홍윤표외(1995), 17세기국어사전, 태학사.
鈴木莊夫(1978), 禪學大辭典, 大修館書店.
諸橋轍次(1956), 大漢和辭典, 大修館書店.

|차 례|

머리말
일러두기

禪家龜鑑諺解 下

禪家龜鑑諺解 下

頓悟自性ᄒ고

【원문】 頓悟自性ᄒ고 發三心ᄒ며 起四信ᄒ야 廣修萬行 ㅣ
어다(32a, 2 - 32a, 2)

【현대역】 자성(自性)을 돈오(頓悟)하고 삼심(三心)을 발하며 사신(四
信)을 일으켜 모든 행위를 널리 닦을지어다.

【한자어 풀이】

1. 돈오(頓悟) : 신속하게 곧바로 깨닫는 것. 곧 수행의 단계를 거치지
   않고 곧장 깨닫는 것을 말한다.
2. 자성(自性) : 모든 법 그 자체의 변하지 않는 본성을 말한다.
3. 삼심(三心) : 수행의 세 가지 마음 자세. 곧 비심(悲心)·지심(智
   心)·원심(願心)을 말한다.
4. 사신(四信) : 4가지의 믿음. 곧 신근본(信根本, 우주 만유의 근본을
   믿는 것)·신불(信佛, 부처를 믿는 것)·신법(信法, 부처의 교법을
   믿는 것)·신승(信僧, 스님을 믿는 것)을 말한다.
5. 만행(萬行) : 염불에 대하여 모든 행(行)을 말한다.

【언해문】 自性·을 頓悟ᄒ고 三心·을 :내며 四信·을 니르와·
다 萬行·을 너·비 닷·골·디어다(32a, 3-32a, 3)

【현대역】 자성(自性)을 돈오(頓悟)하고 삼심(三心)을 내며 사신(四信)
을 일으켜 만행(萬行)을 널리 닦을지어다.

【언해문 분석】

1. 니르와다 : 일으켜

   기본형은 '니르왇다(起)'로 분석하면 '니르왇-(어간) + -아(설명의
   연결 어미)'이다. 〈월인석보〉(1459) (7, 35a)에는 '니르왇다'로 〈두시
   언해중간본〉(1632)(2, 52b)에는 '니르왓다'로 나타난다.

2. 너비 : 널리

   분석하면 '넙-(어근) + -이(부사 파생 접사)'이다. '-이'는 명사와 부
   사형을 만드는 데 모두 쓰이나 여기에서는 부사 파생 접사로 쓰였다.

3. 닷골디어다 : 닦을지어다

   기본형은 '닭다'로 분석하면 '닭-(어간) + -오-(의도법 선어말 어미)
   + -ㄹ디어다(설명형 종결 어미)'이다.

【주】 此明發大心ᄒ야 以爲萬行之本ᄒ시니라 三心은 悲과
智과 願괘오 四信ᄂ 眞如과 佛과 法과 僧괘라 一云 亦發四無
量心ᄒ라 ᄒ시니라(32a, 3- 32a, 5)

【주 현대역】 이는 대보리심(大菩提心)을 발하여 만행(萬行)의 근본을
삼으라 밝히신 것이다. 삼심(三心)은 자비[悲]와 지혜[智]와 발원[願]이
고 사신(四信)은 진여(眞如)와 부처[佛]와 불법[法]과 스님[僧]이다. 한
편 이르되 "또 사무량심(四無量心)을 발하라."고도 하시니라.

【주 한자어 풀이】

1. 대심(大心) : 대보리심(大菩提心). 큰 보리(菩提)를 구하는 원심(願
   心)이므로 대심이라 한다.

2. 사무량심(四無量心) : 중생을 어여삐 여기는 마음의 네 가지. 자무량심(慈
   無量心, 한량없는 중생에게 즐거움을 주려는 마음)·비무량심(悲無量
   心, 남의 고통을 벗겨주려는 마음)·희무량심(喜無量心, 남에게 기쁨을
   주려는 마음)·사무량심(捨無量心, 중생을 평등하게 보아 친소(親疏)를
   두지 않으려는 마음)을 말한다.

佛法本根源이

【원문】佛法本根源이 衆生心裏出ㅣ니 先師ㅣ 云一念에 齊修八萬行ㅣ라 ᄒ시다(32a, 6 – 32a, 7)

【현대역】불법(佛法)의 본래 근원(根源)이 중생심(衆生心) 속에서 생기나니 선사(先師)가 이르시되 "한 생각에 팔만(八萬)의 행(行)을 가지런히 닦는다."라고 하셨다.

【한자어 풀이】

1. 팔만(八萬) : 인도에서 많은 수를 말할 때 흔히 8만 4천의 수를 들며 줄여서 8만이라 한다.

【언해문】佛法·의 本來·ㅅ 根源이 衆生心에·셔 나·니 先師ㅣ 니르·샤·ᄃᆡ 一念에 八萬行·을 ᄀᆞᄌᆞ·기 ·닷다 ᄒ시다(32a, 8–32a, 9)

【현대역】불법(佛法)의 본래 근원이 중생심에서 나니 선사가 이르시되 "한 생각에 팔만의 행(行)을 가지런히 닦는다."라고 하셨다.

【언해문 분석】

1. 本來ㅅ : 본래의
   분석하면 '本來 + ㅅ(관형격 조사)'이다.

2. ᄀᆞ즈기 : 가지런히

'ᄀᆞ즉ᄒᆞ-(整齊)'의 어근 'ᄀᆞ즉'의 파생부사이다. 〈가례언해〉(1632)(1, 44a)에서는 'ᄀᆞᄌᆞ론이'의 어형이 보인다.

3. 닷다 : 닦는다

기본형은 '닦다(修)'로 분석하면 '닷-(어간) + -다(설명형 종결 어미)'이다. 어간 '닦-'은 자음 앞에서 '닷-'으로 교체된다.

【주】此明自性萬行ᄒᆞ시다(32a, 9 -32a, 9)

【주 현대역】이는 자성(自性) 만행(萬行)을 밝히셨다.

然ㅣ나 衆生이 生無慧目ㅣ라

【원문】然ㅣ나 衆生이 生無慧目ㅣ라 必借善知識의 開示故로 親近善友ᄒ야 敬事如佛호ᄃᆡ 不惜身命ᄒ야 諮決衆疑ᄒ며 先須念念에 自歸三寶ᄒ며 自度衆生ㅣ어다(32b, 1 - 32b, 4)

【현대역】그러나 중생은 지혜(智慧)의 눈이 없이 태어난지라 반드시 선지식(善知識)의 개시(開示)를 빌려야하므로 좋은 벗[善友]을 가까이하여 공경(恭敬)하고 섬기되 부처처럼 하여 몸과 목숨을 아끼지 말아 많은 의심을 물어 결단하며 먼서 모름지기 찰나에 스스로 삼보(三寶)에 귀의(歸依)하며 스스로 중생을 제도(濟度)할지어다.

【한자어 풀이】
1. 선지식(善知識) : 덕이 높아 사람을 깨달음에 이끄는 사람.
2. 개시(開示) : 숨겨져 있는 것을 보여 가르침.
3. 염념(念念) : 찰나(刹那). 한순간.
4. 삼보(三寶) : 세 가지 보배. 곧 불보(佛寶, 부처님)·법보(法寶, 부처님이 가르친 교법)·승보(僧寶, 승려)를 말한다.

【언해문】그러·나 衆生이 나·며 智慧ㅅ ·누니 업순·디라 ·반·ᄃᆞ기 善知識의 여·러 ·뵈요·ᄆᆞᆯ 假借홀 거:실ᄉᆡ 善友를 親近·ᄒᆞᅀᆞ와 恭敬ᄒ야 섬·교·ᄆᆞᆯ 부텨·ᄀᆞᆮ·티 ᄒᆞᅀᆞ오·ᄃᆡ 몸과 목·

수·물 앗·기디 마라 한 疑心·물 :묻·ᄌ·와 決斷ᄒ·며 몬져 모
로·미 念念에 自三寶:를 歸依ᄒ·며 自衆生·을 濟度·홀디어다
(32b, 5- 32b, 8)

【현대역】 그러나 중생이 나면서 지혜(智慧)의 눈이 없는지라 반드시
선지식(善知識)이 열어 보이는 것을 빌려야 할 것이므로 좋은 벗[善友]
을 가까이하여 공경(恭敬)하여 섬기는 것을 부처같이 하되 몸과 목숨을
아끼지 말아 많은 의심을 물어 결단하며 먼저 모름지기 찰나에 스스로
삼보(三寶)를 귀의(歸依)하며 스스로 중생을 제도(濟度)할지어다.

【한자어 풀이】

1. 가차(假借) : 남의 물건이나 힘 같은 것을 빌림.
2. 귀의(歸依) : 귀입(歸入), 귀투(歸投)의 뜻으로 돌아가 의지하여 구원
   을 청한다는 말이다.
3. 제도(濟度) : 미혹한 세계에서 생사를 되풀이하는 중생을 건져내어
   생사가 없는 열반의 세계로 이끄는 것을 말한다.

【언해문 분석】

1. 업순디라 : 없는지라
   기본형은 '없다'로 분석하면 '없-(어간) + -운디라(이유의 연결 어
   미)'이다. -운디라'는 '-은디라'의 변이형이다.
2. 선지식의 : 선지식(善知識)이
   분석하면 '선지식(명사) + 의(주어적 속격 조사)'이다.
3. 여러 : 열어
   기본형은 '열다(開)'로 분석하면 '열-(어간) + -어(부사형 연결 어미)'
   이다.
4. 뵈요믈 : 보이는 것을
   기본형은 '뵈다'로 분석하면 '뵈-(어간) + -욤(명사형 어미) + 을(목

적격 조사)'이다.

5. 거실ᄉᆡ : 것이므로

분석하면 '것(의존 명사) + 이(서술격 조사) + ᅟᅳᆯᄉᆡ(원인의 연결 어
미)'이다.

6. 親近ᄒᆞᅀᆞ와 : 가까이하여, 친근(親近)이하여

기본형은 '친근(親近)ᄒᆞ다'로 분석하면 '親近ᄒᆞ-(어간) + -ᅀᆞᅌᅩ-(객
체 높임 선어말 어미) + -아(부사형 연결 어미)'이다. 어형은 '親近ᄒᆞ
ᅀᆞ아〉親近ᄒᆞᅀᆞᄫᅡ〉親近ᄒᆞᅀᆞ와'로 변화하였다.

7. 셤교ᄆᆞᆯ : 섬기는 것을

기본형은 '셤기다'로 분석하면 '셤기-(어간) + -옴(명사형 어미) +
ᄋᆞᆯ(목적격 조사)'이다. 기본형은 '셤기다〉섬기다'로 단모음화(ㅕ〉ㅓ)
하여 변화하였다.

8. ᄀᆞᆮ티 : 같이

기본형은 ᄀᆞᆮᄒᆞ다'로 분석하면 'ᄀᆞᆮᄃᆞᄒᆞ-(어근) + -이(부사 파생 접사)'
이다. 'ᄀᆞᆮᄃᆞ-'은 'ᄀᆞᆮ-'의 말음 'ㄷ'으로 인하여 중철표기된 것이다.

9. ᄒᆞᅀᆞ오ᄃᆡ : 하되

기본형은 'ᄒᆞ다'로 분석하면 'ᄒᆞ-(어간) + -ᅀᆞᅌᅩ-(객체 높임 선어말
어미) + -(오)ᄃᆡ(설명의 연결 어미)'이다. 어형은 'ᄒᆞᅀᆞ오ᄃᆡ〉ᄒᆞᅀᆞᄫᅩ
ᄃᆡ〉ᄒᆞᅀᆞ오ᄃᆡ'로 변화하였다.

10. 앗기디 : 아끼지

기본형은 '앗기다'로 분석하면 '앗기-(어간) + -디(부정 부사형 연결
어미)'이다. 기본형은 '앗기다〉아끼다〉아끼다'로 변화하였다.

11. 한 : 많은

'한'은 '衆'을 언해한 것으로 '많다'는 뜻이다.

12. 묻ᄌᆞ와 : 물어

기본형은 '묻다(問)'로 분석하면 '묻-(어간) + -ᄌᆞᆸ-(객체 높임 선어
말 어미) + -아(부사형 연결 어미)'이다. 중세국어의 동사 '묻-'은

'묻다(問)'의 의미와 '방문하다'의 두 가지 의미를 가지고 있었다. 여기에서는 전자의 의미로 쓰였다. 어형은 '묻ᄌᆞ아〉묻ᄌᆞᄫᅡ〉묻ᄌᆞ와'로 변화하였다.

【주】 上明正因ᄒᆞ시고 此明正緣ᄒᆞ시니라 善知識·은 善能知眞識妄ᄒᆞ시며 知病識藥ᄒᆞ실ᄉᆡ 涅槃에 爲具足曰緣ㅣ시며 法句에 爲無量功德等ㅣ시니라 不惜身命은 古人ㅣ 或全身報法·ᄒᆞ시·며 或賣骨酬恩ᄒᆞ시·며 或割肉聞經·ᄒᆞ시·며 或焚身謝德ᄒᆞ·샨 等ㅣ라(32b, 8-33a, 2)

【주 현대역】 위에서는 정인(正因)을 밝히시고 여기에서는 정연(正緣)을 밝히시니라. 선지식(善知識)은 진식(眞識)과 망식(妄識)을 잘 아시며 병을 알아 약을 잘 처방하므로 〈열반경〉에 인연이 구족(具足)이 되시며 〈법구경〉에 공덕(功德)이 무량(無量)하신 것 등이니라. 몸과 목숨을 아끼지 않는다는 것은 옛 사람이 혹 온몸으로 법에 보은하시며[全身報法] 혹 뼈를 팔아 은혜를 갚으시며[賣骨酬恩] 혹 살점을 도려내며 경을 들으시며[割肉聞經] 혹 몸을 불살라 덕에 감사하신 것[焚身謝德] 등이라.

【주 한자어 풀이】
1. 정인(正因) : 직접 원인. 부처님이 될 올바른 종지를 말한다.
2. 정연(正緣) : 바른 인연. 여기서는 외부로부터 도와주는 인연을 말한다.
3. 진식(眞識) : 참된 식(識). 참과 거짓을 구별해서 올바로 아는 것.
4. 망(妄) : 그릇된 식(識). 거짓말 하는 것.
5. 열반(涅槃) : 〈열반경(涅槃經)〉.
6. 구족(具足) : 갖추어져 꽉 차 있는 것으로 원만(圓滿)과 같은 뜻이다.
7. 인연(因緣) : 인과 연. 인과 연에 의해 정해진 생멸의 관계.
8. 법구(法句) : 〈법구경(法句經)〉.

心淸淨은 是佛ㅣ오

【원문】心淸淨은 是佛ㅣ오 心光明은 是法ㅣ오 心不二는 是
僧ㅣ라 又性本知覺이 爲佛ㅣ오 性本寂滅이 爲法ㅣ오 性上妙
用이 爲僧ㅣ니라 忽得自家底호니 今日에 方知本來無事ㅣ
로다(33a, 3 - 33a, 6)

【현대역】마음이 깨끗함[淸淨]이 곧 부처이고 마음이 광명(光明)함이
곧 법이고 마음이 둘 아님이 곧 스님이라. 또 성(性)의 본래 지각(知覺)
함이 부처가 되고 성의 본래 직멸(寂滅)함이 법이 되고 성의 지극한 묘
용(妙用)이 스님[僧]이 되느니라. 문득 내 것을 얻으니 금일에야 비로소
본래 일 없음을 알겠도다.

【한자어 풀이】
1. 심청정(心淸淨) : 마음이 깨끗한 것.
2. 심광명(心光明) : 마음이 밝은 것. 곧 부처나 보살의 지혜 · 자비를
   상징하는 말이다.
3. 심불이(心不二) : 마음이 둘이 아님. 곧 상대 차별이나 절대 차별이
   없는 마음을 말한다.
4. 적멸(寂滅) : 열반의 번역. 생사하는 인(因) · 과(果)를 멸하여 다시
   미(迷)한 생사를 계속하지 않는 적정한 경계를 말한다.
5. 묘용(妙用) : 신묘한 작용. 교묘한 활용.
6. 무사(無事) : 일 없음. 걱정할 만한 일이 없어 편안한 것을 말한다.

【언해문】믓·미 ·조·호미 ·이 佛ㅣ오 믓·미 光明ㅣ ·이 法ㅣ오 믓·미 :둘 아뉴미 ·이 僧ㅣ라 ·ᄯᅩ 性·의 本來 知覺이 佛ㅣ오 性·의 本來 寂滅이 法ㅣ오 性·의 妙用이 僧ㅣ니라 믄·득 내 거:슬 ·어도·니 오·ᄅᆯᅀᅡ 비·릇 本來 :일 ·업슨 ·ᄃᆞᆯ :일·리로다(33a, 7- 33a, 9)

【현대역】마음이 깨끗한 것이 이 부처[佛]이고 마음이 광명(光明)한 것이 이 법(法)이고 마음이 둘 아닌 것이 이 스님[僧]이라. 또 성(性)의 본래 시각(知覺)이 부처[佛]이고 성의 본래 적멸(寂滅)이 법이고 성의 묘용(妙用)이 스님[僧]이니라. 문득 내 깃을 얻으니 오늘에야 비로소 본래 일 없는 것을 알겠도다.

【언해문 분석】

1. 믓미 : 마음이

   분석하면 '믐(명사) + 익(주어적 속격 조사)'이다.

2. 조호미 : 깨끗한 것이

   기본형은 '좋다(淨)'로 분석하면 '좋-(어간) + -옴(명사형 어미) + 이(주격 조사)'이다. '좋다'는 '깨끗하다'는 뜻이고 현대국어의 '좋다(好)'에 해당하는 중세국어는 '둏다'이다.

3. 아뉴미 : 아닌 것이

   기본형은 '아니다'로 분석하면 '아니-(어간) + -움(명사형 어미) + 이(주격 조사)'이다.

4. 오ᄅᆯᅀᅡ : 오늘에야

   '오늘ᅀᅡ'의 오각으로 보인다. 어느 문헌에도 '오ᄅᆯ'의 용례는 보이지 않는다. 'ᅀᅡ'는 강세보조사이다.

5. 업슨 둘 : 없는 것을

   기본형은 '없다'로 분석하면 '없-(어간) + -은(관형형 어미) + ᄃᆞ(의존 명사) + ㄹ(목적격 조사)'이다.

6. 일리로다 : 알겠도다

'知'를 언해한 것으로 이 책 (23b, 4)와 (62a, 7)의 '알리로다'로 보아
획이 떨어져 나간 것으로 보인다. 기본형은 '알다'로 분석하면 '알-
(어간) + -리-(미래 추측 선어말 어미) + -로-(감동법 선어말 어미)
+ -다(설명형 종결 어미)'이다.

【주】 此明自性三寶·ᄒ시니라 一面三目ㅣ 不縱不橫ᄒ야 刀
斫不開ㅣ라 至妙難思ㅣ로다 荷澤大師ㅣ 收束一句曰空寂知
ㅣ라 ᄒ시니라(33a, 9–33b, 2)

【주 현대역】 이는 자성(自性)이 삼보(三寶)임을 밝히신 것이다. 한 얼
굴의 세 눈[三目]이 종(縱)도 아니고 횡(橫)도 아니어서 칼로 베어도 열
리지 않느니라. 지극히 묘하여 생각하기 어렵도다. 하택대사(荷澤大師)
가 묶어서 한 마디로 공적지(空寂知)라 하시니라.

【주 한자어 풀이】

1. 삼목(三目) : 3가지의 눈(眼). 삼안(三眼)으로 육안(肉眼, 가시적(可視
的)인 것만을 볼 수 있는 눈)·천안(天眼, 드러나거나 드러나지 않거나
장애가 있거나 없거나 볼 수 있는 눈)·혜안(慧眼, 차별·망집(妄執)의
생각을 버리고 우주의 진리를 식별하는 마음의 눈)을 말한다.
2. 하택대사(荷澤大師) : 하택신회(荷澤神會, 670–762). 하택종의 개조(開
祖)로 속성은 고(高)씨이며 양양(襄陽)출신이다. 육조 혜능의 법사이다.
3. 공적지(空寂知) : 공적이란 일체의 사물은 실체성이 없고 공무(空無)
하다는 뜻으로 공공적적(空空寂寂)의 줄임말이다.

經에 云度衆生ㅎ야

【원문】經에 云度衆生ㅎ야 入滅度ㅣ라 ㅎ시고 又云實無衆
生이 得滅度者ㅣ라 ㅎ시니 何也오 菩薩은 只以念念者로 爲
衆生也ㅎ시ᄂ니 了念體空者ᄂ 度衆生也오 念旣空寂者ᄂ 實
無衆生이 得滅度者也ㅣ니라 然則悟者ᄂ 佛也ㅣ오 迷者ᄂ 衆
生也ㅣ오 悲者ᄂ 度衆生也ㅣ오 智者ᄂ 了達也ㅣ오 願者ᄂ
勤行也ㅣ니 皆自性中엣 建立事也ㅣ니라(33b, 3 - 33b, 9)

【현대역】경(經)에 이르되 "중생을 제도(濟度)하여 멸도(滅度)에 들게
한다."라고 하시고 또 이르되 "진실로 중생이 멸도를 얻을 이가 없다."라
고 하시니 어째서인가? 보살(菩薩)은 오직 순간순간으로 중생을 위하시
니 생각의 본체가 빈 것[空]은 중생을 제도하는 것이고 생각[念]이 이미
비고 고요한 것[空寂]은 진실로 중생이 멸도를 얻을 이가 없느니라. 그
런즉 깨달음은 부처[佛]이고 미혹함은 중생(衆生)이고 자비(慈悲)는 중
생을 제도(濟度)하는 것이고 지혜(智慧)는 통달하는 것이고 발원(發願)
은 부지런히 행하는 것이니 모두 자성(自性) 가운데에 건립(建立)하는
일이니라.

【한자어 풀이】
1. 멸도(滅度) : 나고 죽는 큰 환난을 없애어 번뇌의 바다를 건넌다는 뜻
   이다.
2. 자비(慈悲) : 중생에게 낙(樂)을 주는 것을 자(慈), 고(苦)를 주는 것

을 비(悲)라 한다.
3. 발원(發願) : 원구(願求)하는 마음을 내는 것이다.

【언해문】經에 니르·샤ᄃᆡ 衆生을 濟度ᄒᆞ야 滅度애 ·드리다
·ᄒᆞ시고 ·ᄯᅩ 니르·샤ᄃᆡ 眞實로 衆生ㅣ 滅度를 得ᄒᆞ·리 업다
ᄒᆞ·시니 ·엇뎌뇨 菩薩·ᄅᆞᆫ 오·직 念念으·로 衆生·을 사ᄆᆞ시ᄂᆞ
니 念體·의 空을 아·로·ᄆᆞᆫ 衆生을 濟度·호미오 念ㅣ ᄒᆞ·마 空
寂·호·ᄆᆞᆫ 眞實·로 衆生ㅣ 滅度·를 得ᄒᆞ·리 ·업·스니라 그·러·
홀딘댄 아·로ᄆᆞᆫ 佛ㅣ오 모·ᄅᆞᆫ·ᄆᆞᆫ 衆生ㅣ오 慈悲·ᄂᆞᆫ 衆生 濟
度:호미오 智慧·ᄂᆞᆫ ᄉᆞ뭇 아로미오 發願ᄂᆞᆫ 브즈런·히 行홀시
니 ·다 내 性:엣 建立ᄒᆞᄂᆞᆫ ·이리니라(34a, 1- 34a, 6)

【현대역】경(經)에 이르시되 "중생(衆生)을 제도(濟度)하여 멸도(滅度)
에 들어가게 하겠다."라고 하시고 또 이르시되 "진실로 중생이 멸도(滅
度)를 얻을 이가 없다."라고 하시니 어째서인가? 보살(菩薩)은 오직 염
념(念念)으로 중생(衆生)을 삼으시니 생각의 본체가 빈 것[空]을 아는 것
은 중생(衆生)을 제도(濟度)하는 것이고 생각[念]이 이미 비고 고요한 것
[空寂]은 진실로 중생이 멸도(滅度)를 얻을 이가 없느니라. 그러할 것이
면 아는 것은 부처[佛]이고 모르는 것은 중생(衆生)이고 자비(慈悲)는 중
생 제도(濟度)하는 것이고 지혜(智慧)는 꿰뚫어 아는 것이고 발원(發願)
은 부지런히 행하는 것이니 모두 내 성(性)에 건립(建立)하는 일이니라.

【언해문 분석】
1. 드리다 : 들어가게 하겠다
   기본형은 '들이다(入)'로 분석하면 '들이-(어간) + -다(설명형 종결
   어미)'이다. 어간형 '들이-'는 '들-(어근) + -이(사동의 파생 접사)'이다.
2. 득ᄒᆞ리 : 얻을 이가, 얻을 사람이

기본형은 '득ᄒᆞ다'로 분석하면 '득ᄒᆞ-(어간) + -ㄹ(관형형 어미) +
이(의존 명사) + ㅣ(주격 조사)'이다.

3. 엇뎌뇨 : 어째서인가

분석하면 '엇디(명사) + (이)(서술격 조사) + -어-(과거 확인의 선어
말 어미) + -뇨(설명 의문형 종결 어미)'이다. '-뇨'는 의문사 '엇디'
와 호응한다.

4. 菩薩ᄅᆞᆫ : 보살은

분석하면 '보살(菩薩) + ㄹ + 은(지정의 보조사)'이다. 이때의 'ㄹ'은
앞에 오는 체언 '보살'의 말음 'ㄹ'로 인하여 중철표기된 것이다.

5. 사ᄆᆞ시ᄂᆞ니 : 삼으시니, 위하시니

기본형은 '삼다'로 분석하면 '삼-(어간) + -ᄋᆞ시-(주체 높임 선어말
어미) + -ᄂᆞ-(현재 시상 선어말 어미) + -니(설명의 연결 어미)'이다.

6. ᄒᆞ마 : 이미

'이미'와 '상차'의 뜻이 있는데 여기서는 '이미'의 뜻으로 쓰였나.

7. 그러홀딘댄 : 그러할 것이면

기본형은 '그러ᄒᆞ다'로 분석하면 '그러ᄒᆞ-(어간) + -오-(의도법 선
어말 어미) + -ㄹ(관형형 어미) + ᄃᆞ(의존 명사) + 이(서술격 조사)
+ -ㄴ댄(조건의 연결 어미)'이다.

8. 아로ᄆᆞᆫ : 아는 것은

기본형은 '알다'로 분석하면 '알-(어간) + -옴(명사형 어미) + 은(지
정의 보조사)'이다.

9. 모른ᄆᆞᆫ : 모르는 것은

'모로ᄆᆞᆫ'의 잘못으로 보인다.

10. 브즈런히 : 부지런히

분석하면 '브즈런ᄒᆞ-(어근) + -이(부사 파생 접사)'이다. 어형은 원
순모음화(브〉부)와 전설모음화(즈〉지)로 인해 '부지런히'가 되었다.

【주】此明自性衆生ᄒ시니라 心本寂滅홀·시 生佛ㅣ 亦寂滅相ㅣ로다 至於作用·ᄒ·야·ᄂ 心無非·ᄂ 戒ㅣ오 心無亂·ᄂ 定ㅣ오 心無癡·ᄂ 慧ㅣ오 心不起·ᄂ 止ㅣ오 知不昧·ᄂ 觀ㅣ오 安心諦理·ᄂ 忍ㅣ오 心無間斷ᄂ 進等ㅣ니 此:애 摠明自性門ᄒ시고 下:애 別明修相門·ᄒ·시니라(34a, 6- 34a, 9)

【주 현대역】이는 자성(自性)이 중생(衆生)임을 밝히신 것이다. 마음은 본래 적멸(寂滅)하므로 중생과 부처[生佛]가 또한 적멸상(寂滅相)이로다. 작용(作用)에 이르러서는 마음에 그릇됨이 없는 것[心無非]이 계(戒)이고 마음에 혼란이 없는 것[心無亂]이 정(定)이고 마음에 어리석음이 없는 것[心無癡]이 혜(慧)이고 마음이 일어나지 않는 것[心不起]이 지(止)이고 알아 어둡지 않은 것[知不昧]이 관(觀)이고 마음이 편하도록 이치를 살피는 것[安心諦理]이 인(忍)이고 마음의 사이가 끊어짐이 없는 것[心無間斷]이 진(進) 등이니 여기에서는 모두 자성문(自性門)을 밝히시고 아래에서는 별도로 수상문(修相門)을 밝히시니라.

【주 한자어 풀이】

1. 생불(生佛) : 중생과 부처.
2. 적멸상(寂滅相) : 일체의 상(相)에서 벗어난 고요한 상태. 곧 열반의 모습을 말한다.
3. 작용(作用) : 불보살이 중생을 제도하는 것.
4. 계(戒) : 불교 도덕의 총칭. 계(戒)는 율(律)과 함께 불교 교단의 수행 규범을 뜻한다.
5. 정(定) : 마음을 한 곳에 머물게 하여 흩어지지 않게 하는 것.
6. 혜(慧) : 지혜(智慧)의 준말로 사물의 도리를 끝까지 뚜렷이 밝혀서 마음으로 빈틈없이 납득하는 정신 작용.
7. 지(止) : 적정(寂靜)의 뜻으로 사념(邪念)과 망상(妄想)이 일어남을 막고 마음을 한 곳에 머물게 하는 것.

8. 관(觀) : 선정에 들어서 지혜로써 상대되는 경계를 자세히 식별하는 것.

9. 안심(安心) : 안심결정(安心決定)의 뜻으로 선의 이법을 깨달아 번뇌 에 의해 산란되지 않는 마음.

10. 인(忍) : 육바라밀의 하나인 인욕바라밀(忍辱波羅蜜)의 약칭으로 모 든 모욕·괴롭힘·방해를 참아서 성냄과 원한이 없는 것.

11. 자성문(自性門) : 자성(自性)의 다양한 모습을 설명한 것.

12. 수상문(修相門) : 수행에서 나타난 여러 모습에 대해 설명한 것.

【주 언해문 분석】

1. 홀식 : 하므로
   기본형은 '호다'로 분석하면 '호-(어간) + -ㄹ식(원인의 연결 어미)' 이다.

2. 호야는 : 하여서는
   기본형은 '호다'로 분석하면 '호-(어간) + -야(부사형 연결 어미) + 는(지정의 보조사)'이다.

然ㅣ나 修行之要는

【원문】然ㅣ나 修行之要는 但盡凡情ㅣ언뎡 別無聖解ㅣ니라(34b, 1 - 34b, 1)

【현대역】그러나 수행(修行)의 요점[宗要]은 오직 범부의 마음을 다할 뿐 별도로 성인(聖人)의 해법이 없느니라.

【언해문】그·러나 修行·홀 宗要·는 오·직 凡夫情·을 다·오·미언뎡 各別·히 聖人 아롬 :업·스니라(34b, 3- 34b, 3)

【현대역】그러나 수행(修行)하는 요점[宗要]은 오직 범부의 마음을 다할지언정 각별히 성인(聖人)의 앎이 없느니라.

【한자어 풀이】

1. 종요(宗要) : 종(宗)은 주(主)의 뜻이며 사물의 요점 · 요목을 말한다.

【언해문 분석】

1. 修行홀 : 수행(修行)하는, 수행(修行)할

   기본형은 '수행(修行)ᄒ다'로 분석하면 '修行ᄒ-(어간) + -오-(의도법 선어말 어미) + -ㄹ(관형형 어미)'이다.

2. 다오미언뎡 : 다할지언정

   기본형은 '다ᄋ다(盡)'로 분석하면 '다ᄋ-(어간) + -옴(명사형 어미) + 이(서술격 조사) + -언뎡(양보의 연결 어미)'이다

3. 아롬 : 앎이, 방법이

   기본형은 '알다'로 분석하면 '알-(어간) + -옴(명사형 어미)'이다.

【주】凡情聖解ㅣ 皆由妄見ㅣ니 二見俱捨·ᄒᆞ야ᅀᅡ 方契一性
ㅣ로다(34b, 2- 34b, 3)

【주 현대역】범부의 마음과 성인의 해법은 모두 망령된 견해[妄見]로
생긴 것이니 두 견해를 모두 버려야 비로소 불성(佛性)에 맞도다.

【주 한자어 풀이】

1. 망견(妄見) : 망령된 견해. 잘못된 견해. 그릇된 견해.

2. 계(契) : 계합(契合)하다. 들어맞다.

3. 일성(一性) : 불성(佛性).

【주 언해문 분석】

1. 捨ᄒᆞ야ᅀᅡ : 버려야

   기본형은 '사(捨)ᄒᆞ다'로 분석하면 '捨ᄒᆞ- + -야ᅀᅡ(의무의 부사형 연
   결 어미)'이다. '-야ᅀᅡ'는 '-어ᅀᅡ'의 형태론적 이형태이다.

經에 云末世諸衆生이

【원문】 經에 云末世諸衆生이 心不生虛妄ᄒ면 佛說如是人
ᄂ 現世예 卽菩薩ㅣ라 ᄒ시니라(34b, 4 - 34b, 5)

【현대역】 경(經)에 이르되 "말세(末世)에 모든 중생이 마음에 허망(虛
妄)을 내지 않는다면 부처께서 말하시되 '이 같은 사람은 현세(現世)에
곧 보살(菩薩)이다.'"라고 하시니라.

【언해문】 經에 니ᄅ·샤·ᄃᆡ 末世:예 諸衆生이 ᄆᅀᆞ·매 虛妄·
ᄋᆞᆯ :내·디 아·니ᄒ:면 부:톄 닐·오·ᄃᆡ :이 ᄀᆞ·튼 ·사·ᄅᆞᄆᆞᆫ 現
世·예 ·곧 菩薩ㅣ라 ᄒ시니라(34b, 6- 34b, 7)

【현대역】 경(經)에 이르시되 "말세(末世)에 모든 중생이 마음에 허망
(虛妄)을 내지 않으면 부처가 이르되, '이 같은 사람은 현세(現世)에 곧
보살(菩薩)이라.'"라고 하시니라.

【한자어 풀이】
1. 말세(末世) : 사람의 마음이 어지럽고 여러 가지 죄악이 성행하는 시
   대. 석존 입멸 후 오백 년을 정법(正法) 세상, 그 다음 천 년을 상법
   (像法) 세상, 그 뒤의 일만 년을 말법(末法)의 세상이라 한다.
2. 허망(虛妄) : 거짓. 진실이 아니고 공허한 것을 말한다.
3. 현세(現世) : 지금 세상. ᄯᅩ 자기의 일생동안.

4. 보살(菩薩) : 보리살타(菩提薩埵)의 준말로 깨달음의 성취를 바라는 사람 또는 깨달음을 구해 수행하는 구도자를 말한다.

【언해문 분석】

1. 부톄 : 부처가

이 책의 모든 곳에서 '부텨'로 나타나는 것으로 보아 '부톄'의 잘못이다. 분석하면 '부텨(명사) + ㅣ(주격 조사)'이다.

2. 닐오듸 : 이르되, 말하되

기본형은 '니르다'로 분석하면 '니르-(어간) + -오듸(설명의 연결 어미)'이다.

3. ᄀᆞᄐᆞᆫ : 같은

기본형은 'ᄀᆞᆮ다(同)'로 분석하면 'ᄀᆞᇀ-(어간) + -은(관형형 어미)'이다. 'ᄀᆞᆮ다'로 쓰이는 것이 일반적이나 〈두시언해초간본〉(1481)(7, 6)에는 'ᄀᆞᆫᄒᆞ다'의 형태도 나타난다.

【주】心不虛妄·ᄋᆞᆫ 戒之慧力ㅣ라 菩者ᄂᆞᆫ 覺ㅣ오 薩者ᄂᆞᆫ 有情ㅣ라(34b, 7-34b, 8)

【주 현대역】마음이 헛되고 거짓되지[虛妄] 않은 것은 계정혜(戒定慧)의 힘이다. 보(菩)라는 것은 깨달음[覺]이고 살(薩)이라는 것은 유정(有情)이다.

【주 한자어 풀이】

1. 계정혜(戒定慧) : 계율(잘못을 막고 악을 끊는 계율)·선정(마음을 가라앉히고 잡념을 버리는 선정)·지혜(번뇌를 없애고 진리를 깨달아 체득하는 지혜)의 준말이다.

2. 각(覺) : 깨달음. 보리(菩提)의 다른 말. 깨달음의 지혜.

3. 유정(有情) : 감정과 의식을 가진 모든 것. 여기서는 중생을 말한다.

無德之人는 不依佛戒ᄒ야

【원문】無德之人는 不依佛戒ᄒ야 不護三業ᄒ고 放逸懈怠ᄒ며 輕慢他人ᄒ야 較量是非로 而爲根本ᄒᄂ니라(34b, 9 - 35a, 1)

【현대역】 덕(德)이 없는 사람은 부처의 계율(戒律)을 따르지 않아 삼업(三業)을 지키지 않고 멋대로 굴고 게으르며 타인을 업신여겨 시비(是非)를 따지는 것만 일삼느니라.

【한자어 풀이】

1. 삼업(三業) : 신업(身業, 신체의 동작)·구업(口業, 입의 동작 곧 말의 행위)·의업(意業, 마음의 동작 곧 의지(意志))의 행위를 말한다.
2. 방일(放逸) : 꺼리는 것이 없이 멋대로 굶. 기탄없이 행동함.
3. 경만(輕慢) : 업신여김. 경모(輕侮).
4. 교량(較量) : 비교하여 따져 봄.

【언해문】 德 ·업슨 사ᄅᆞ몬 부텃 戒·를 依憑 아니·ᄒ야 三業을 護持 아·니ᄒ고 ᄆᆞᄉᆞᆷ 노·하 게이르·며 ·ᄂᆞᆷ 輕慢·히 너·겨 是非較量·호모·로 根本·늘 :삼ᄂᆞ니라(35a, 2- 35a, 3)

【현대역】 덕(德) 없는 사람은 부처의 계율(戒律)을 의지하지 않아 삼업(三業)을 호지(護持)하지 않고 마음을 놓아 게으르며 남을 경만(輕慢)히 여겨 시비(是非)를 따지는 것으로 근본(根本)을 삼느니라.

【한자어 풀이】

1. 의빙(依憑) : 의지하다.
2. 호지(護持) : 보호하다. 지키다.

【언해문 분석】

1. 부텃 : 부처의

   '부텻'의 잘못이다. 분석하면 '부텨(명사) + ㅅ(관형격 조사)'이다.

2. ᄆᆞ슴 노하 : 마음을 놓아, 제멋대로

   분석하면 'ᄆᆞ슴(명사) + 놓-(어간) + -아(부사형 연결 어미)'이다.
   여기에서는 '放逸'을 어해한 것으로 '제멋대로'의 의미이다.

3. 게이르며 : 게으르며

   기본형은 '게이르다'로 분석하면 '게이르-(어간) + -며(나열의 연결
   어미)'이다. 이 책의 하권 (41a, 1)에는 '게이ᄅᆞ다'가 나타난다. 어형
   '게이르다/게이ᄅᆞ다'는 선가귀감에만 보이며 다른 문헌에는 '게으르
   다'로 나타난다.

4. 놈 : 남

   어형은 '놈〉남'으로 변화하였다.

5. 較量호모로 : 따지는 것으로

   기본형은 '교량(較量)ᄒ다'로 분석하면 '較量ᄒ-(어간) + -옴(명사형
   어미) + 오로(자격의 부사격 조사)'이다. '오로'는 앞에 오는 명사형
   어미 '-옴'에 이끌린 형태이다.

6. 根本늘 : 근본을

   분석하면 '根本(명사) + ㄴ + 을(목적격 조사)'이다. 이때의 'ㄴ'은 앞
   에 오는 체언 '근본'의 말음 'ㄴ'으로 인하여 중철표기된 것이다.

7. 삼ᄂᆞ니라 : 삼느니라

   기본형은 '삼다(爲)'로 분석하면 '삼-(어간) + -ᄂᆞ-(현재 시상 선어
   말 어미) + -니라(설명형 종결 어미)'이다.

【주】 以戒·로 結上起下·ᄒ샷다 一破心戒에 百過俱生ㅣ·로다
涅槃經에 云破戒比丘ᄂᆞᆫ 身無威德ㅣ라 ᄒᆞ시니라(35a, 3- 35a, 4)

【주 현대역】 계율(戒律)로 위의 장을 맺고 아래의 장을 이으셨도다. 한 번 마음의 계율을 깨트리매 온갖 허물이 함께 일어나도다. 열반경(涅槃經)에 이르되 "계율을 깨트린 비구(比丘)는 몸에 위덕(威德)이 없다."라고 하시니라.

【주 한자어 풀이】

1. 비구(比丘) : 출가하여 생활하는 남자 승려. 여자 승려는 비구니(比丘尼)라 한다.

2. 위덕(威德) : 훌륭한 덕력(德力) · 덕성(德性).

經에 云帶婬修禪은

【원문】經에 云帶婬修禪은 如蒸沙作飯ㅣ오 帶殺修禪은 如塞耳叫聲ㅣ오 帶偸修禪은 如漏卮求滿ㅣ오 帶妄修禪은 如刻糞爲香ㅣ니 縱有多智라노 皆成魔道ㅣ라 ᄒᆞ시니라(35a, 5 - 35a, 8)

【현대역】경(經)에 이르되 "음란[婬]을 가지고서 선(禪)을 닦는 것은 모래를 찌어 밥을 만드는 것과 같고 살생[殺]을 가지고서 선(禪)을 닦는 것은 귀를 막고 소리 외치는 것과 같고 도둑질[偸]을 가지고서 선(禪)을 닦는 것은 새는 잔에 채워지는 것을 구하는 것과 같고 거짓[妄]을 가지고서 선(禪)을 닦는 것은 똥[糞]을 찌어 향을 삼는 것과 같으니 비록 많은 지혜(智慧)가 있을지라도 다 마도(魔道)를 이룰 것이다."라고 하시니라.

【한자어 풀이】
1. 대음수선(帶婬修禪) : 음란한 마음을 완전히 씻지 못한 상태로 선을 닦음.
2. 대살수선(帶殺修禪) : 살생을 하고서 선을 닦음.
3. 대투수선(帶偸修禪) : 도둑질을 하고서 선을 닦음.
4. 대망수선(帶妄修禪) : 거짓말을 하고서 선을 닦음.
5. 마도(魔道) : 악마 같은 악한 행위.

【언해문】經에 니ᄅᆞ·샤·ᄃᆡ 婬 가·져 禪 닷·고·ᄆᆞ 몰:애 ᄢᅵ여 ·밥 밍·ᄀᆞ롬 ·ᄀᆞᆮ·고 殺 가·져 禪 닷·고·ᄆᆞ ·귀 ·막고 소·릭 :웨윰

·근고 偸 가·져 禪 닷·고믄 ·싁는 잔:늬 치:욤 求·홈 ·근고 妄
가·져 禪 닷·고·믄 똥 刻·ᄒ야 香 :사:몸 ·ᄀ·ᆮ니 비·록 한 智慧·
를 둘:디라도 ·다 魔道·를 일·우리라 ᄒ시니라(35a, 9- 35b, 2)

【현대역】 경(經)에 이르시되 "음란[婬]을 가지고 선(禪)을 닦는 것은 모
래 찌어 밥 만드는 것 같고 살생[殺]을 가지고 선(禪)을 닦는 것은 귀 막
고 소리 외치는 것 같고 도둑질[偸]을 가지고 선(禪)을 닦는 것은 새는
잔에 채우는 것 구함 같고 거짓[妄]을 가지고 선(禪)을 닦는 것은 똥 찍
어 향 삼는 것 같으니 비록 많은 지혜(智慧)를 둘지라도 모두 마도(魔道)
를 이룰 것이다."라고 하시니라.

【언해문 분석】

1. 가져 : 가지고
   기본형은 '가지다'로 분석하면 '가지-(어간) + -어(설명의 연결 어
   미)'이다.

2. 닷고믄 : 닦는 것은
   기본형은 '닭다'로 분석하면 '닭-(어간) + -옴(명사형 어미) + 은(지
   정의 보조사)'이다.

3. 몰애 : 모래
   〈두시언해중간본〉(1632)(3, 54b)에 '몰래'의 형태도 나타난다.

4. ᄢᅧ여 : 찌어
   기본형은 'ᄢᅵ다(蒸)'로 분석하면 'ᄢᅵ-(어간) + -어(부사형 연결 어
   미)'이다. 기본형은 'ᄢᅵ다〉찌다〉찌다'로 변화하였다.

5. 밍ᄀ롬 : 만드는 것
   기본형은 '밍ᄀ다(造)'로 분석하면 '밍ᄀ-(어간) + -옴(명사형 어미)'
   이다. 기본형은 '밍ᄀ다〉민돌다〉민들다〉만들다'로 변화하였다.

6. 소릭 : 소리
   어형은 '소릭〉소리'로 변화하였다. 〈두시언해중간본〉(1632)(1, 2b)에

는 '소릐'로도 나타난다.

7. 웨윰 : 외치는 것

기본형은 '웨다'로 분석하면 '웨-(어간) + -윰(명사형 어미)'이다.

8. 싀는 : 새는

기본형은 '싀다(漏)'로 분석하면 '싀-(어간) + -는(현재 시상 관형형 어미)'이다. 〈석보상절〉(1447)(13, 10a)에는 '싀다'의 형태로 나타난다.

9. 잔늬 : 잔에

분석하면 '잔(명사) + ㄴ + 의(특이 처소격 조사)'이다. 이때의 'ㄴ'은 앞에 오는 체언 '잔'의 말음 'ㄴ'으로 인하여 중철표기된 것이다.

10. 칙욤 : 채우는 것

기본형은 '칙다'로 분석하면 '칙-(어간) + -욤(명사형 어미)'이다. 어간형 '칙-'는 '츳-(어근) + -이(사동의 파생 접사)'이다.

11. 사몸 : 삼는 것, 만드는 것

기본형은 '삼다'로 분석하면 '삼-(어간) + -옴(명사형 어미)'이다. 원문의 '爲'를 언해한 것으로 '만들다'의 뜻이다.

12. 고트니 : 같으니

기본형은 '고트다'이다. 분석하면 '고트-(어간) + -니(설명의 연결 어미)'이다.

13. 둘디라도 : 둘지라도

기본형은 '두다(有)'로 분석하면 '두-(어간) + -ㄹ디라도(양보의 연결 어미)'이다.

14. 일우리라 : 이룰 것이다

기본형은 '일우다'로 분석하면 '일우-(어간) + -리-(미래 추측 선어말 어미) + -라(설명형 종결 어미)'이다. 어간형 '일우-'는 '일-(어근) + -우(사동의 파생 접사)'이다.

【주】此明修行軌則:엣 三無漏學ㅎ·시니라 小乘은 稟法이

爲戒ㅣ니 粗治其末ㅣ어·니·와 大乘은 攝心이 爲戒ㅣ니 細絶
其本ᄒᆞᄂᆞ니라 四戒ᄂᆞᆫ 婬은 斷淸淨ㅣ오 殺은 斷慈悲ㅣ오 偸
ᄂᆞᆫ 斷福德ㅣ오 妄은 斷眞實ㅣ니 此四重이 爲百戒之本일·ᄊᆡ
別明ᄒᆞ샤 使無思犯이시니라 三學은 一云 無憶이 戒ㅣ오 無
念이 定ㅣ오 莫妄이 慧ㅣ라 一云 戒ᄂᆞᆫ 捉賊ㅣ오 定은 縛賊ㅣ
오 慧ᄂᆞᆫ 殺賊ㅣ라 一云 戒器ㅣ 完固ᄒᆞ고 定水ㅣ 澄淸ᄒᆞ야아
慧月ㅣ 方現ㅣ라 ᄒᆞ시고 又云 經詮於定ㅣ시고 律詮於戒ㅣ시
고 論詮於慧ㅣ라 ᄒᆞ시니 三學이 亦爲萬法之源·일·ᄊᆡ 別明ᄒᆞ
샤 使無諸漏也ㅣ샷다(35b, 3 ‒ 35b, 9)

【주 현대역】 이는 수행의 법칙인 삼무루학(三無漏學)을 밝히신 것이
다. 소승(小乘)은 법을 받는 것이 계율이 되니 대략 그 끝을 다스리거니
와 대승(大乘)은 마음을 거두는 것이 계율이 되니 그 근본을 세세히 끊
는 것이다. 사계(四戒)는, 음욕(婬慾)은 청정(淸淨)을 끊고 살생(殺生)은
자비(慈悲)를 끊고 도둑질[偸]은 복덕(福德)을 끊고 망상[妄]은 진실(眞
實)을 끊나니 이 네 가지 중요한 것이 온갖 계율(戒律)의 근본이 되므로
특별히 밝히시어 생각으로도 범하지 않게 하시니라. 삼학(三學)은 또 이
르되 "생각하지 않는 것[無憶]이 계율이고 생각이 없는 것[無念]이 선정
(禪定)이고 망상하지 않는 것[莫妄]이 지혜(智慧)다."라고 하시고 또 이
르되 "계율(戒律)은 도둑을 잡는 것[捉賊]이고 선정(禪定)은 도둑을 묶는
것[縛賊]이고 지혜(智慧)는 도둑을 죽이는 것[殺賊]이다."라고 하시고
또한 이르되 "계율의 그릇[戒器]이 온전하며 견고하고[完固] 선정의 물
[定水]이 깨끗하여야 지혜의 달이 바야흐로 나타난다."라고 하시고 또한
이르되 "경(經)은 정(定)에서 설명하시고 율(律)은 계(戒)에서 설명하시
고 논(論)은 혜(慧)에서 설명하시는 것이다."라고 하시니 삼학(三學)이
또한 만법(萬法)의 근원이 되므로 특별히 밝히시어 모든 허물을 없게 하
셨도다.

【주 한자어 풀이】

1. 삼무루학(三無漏學) : 삼학은 계(戒)·정(定)·혜(慧)를 말한다. 범부의 삼학은 번뇌와 더러움이 있다는 뜻에서 유루삼학(有漏三學)이라 하고 성자의 삼학은 청정한 무위 절대의 삼학이라는 뜻에서 무루삼학(無漏三學)이라 한다.

2. 삼학(三學) : 불교를 배워 도를 깨달으려는 이가 반드시 닦아야 할 세 가지. 곧 계학(戒學, 행위와 언어에서 나쁜 짓을 하지 않고 몸을 보호하는 계율)·정학(定學, 심의식(心意識)의 흔들림을 그치고 고요하고 편안한 경지를 나타내는 법)·혜학(慧學, 번뇌를 없애고 진리를 철견(徹見)하려는 법)을 말한다.

3. 경·율·론(經律論) : 삼장(三藏). 불교 전적(典籍)의 총칭으로 경장(經藏, 부처님이 말씀하신 법문을 다룬 부류의 전적)과 율장(律藏, 부처님이 제정하신 일상생활에 지켜야 할 규칙을 말한 전적)과 논장(論藏, 경에 말한 의리를 밝혀 논술한 전적)을 말한다.

【주 언해문 분석】

1. 澄淸ᄒ야ᅀᅡ : 깨끗하여야

기본형은 '징청(澄淸)ᄒ다'로 분석하면 '澄淸ᄒ-(어간) + -야ᅀᅡ(의무의 부사형 연결 어미)'이다. '-야ᅀᅡ'는 '-어ᅀᅡ'의 형태론적 이형태이다.

經에 云若不持戒ᄒᆞ면

【원문】經에 云若不持戒ᄒᆞ면 尙不得疥癩野干之身ㅣ온 况 淸淨菩提果를 可冀乎아(36a, 1 - 36a, 2)

【현대역】경(經)에 이르되 "만일 계율(戒)을 지키지 못하면 오히려 비루먹은 여우의 몸도 얻지 못할 것이다."라고 하였거늘 하물며 청정(淸淨)한 보리(菩提)의 열매를 가히 바라겠는가.

【한자어 풀이】
1. 지계(持戒) : 계율을 지켜 범하지 않음. 계율에 비구는 250계, 비구니는 500계가 있다.
2. 개나(疥癩) : 피부병의 일종으로 온 몸에 옴이 번지며 몸이 야위고 털이 빠지는 병이다.
3. 야간(野干) : 짐승 이름. 여우와 비슷한 짐승으로 털은 청황색이며 떼를 지어 다니고 우는 소리는 이리와 비슷하다.
4. 보리(菩提) : 불교 최고의 이상인 불타 정각의 지혜이다.

【언해문】經에 니ᄅᆞ·샤·딕 ·ᄒᆞ·다가 戒·를 디·니디 ·몯ᄒᆞ:면 ·외·히려 비ᄅᆞ머·근 여시 :몸·도 ·얻·디 ·몯ᄒᆞ리:온 ·ᄒᆞᄆᆞᆯ·며 淸淨菩提果·를 可·히 ·ᄇᆞ라·랴(36a, 3 - 36a, 4)

【현대역】경(經)에 이르시되 "만일 계율[戒]를 지니지 못하면 오히려 비루먹은 여우의 몸도 얻지 못할 것인데 하물며 청정(淸淨)한 보리(菩

提)의 열매를 가히 바라겠는가."

【언해문 분석】

1. 디니디 : 지니지

   기본형은 '디니다(持)'로 분석하면 '디니-(어간) + -디(부정 부사형 연결 어미)'이다.

2. 외히려 : 오히려

   이 책의 (47a, 2)에는 '오히려'의 형태가 나타나며 〈동국신속삼강행실도〉(1617)(孝 8, 17b)에는 '오히녀'도 나타난다.

3. 비릇머근 : 비부먹은, 비루생긴

   기본형은 '비릇먹다'로 분석하면 '비릇먹-(어간) + -은(관형형 어미)'이다.

4. 여싀 : 여우의

   분석하면 '엿(명사) + 의(관형격 조사)'이다. '엿'은 곡용에 따라 '엳', '여ᅀ'로 나타난다. 방언에 따라 '여시, 야시, 여수'로도 쓰인다.

5. 몯ᄒ리온 : 못할 것인데

   기본형은 '몯ᄒ다'로 분석하면 '몯ᄒ-(어간) + -리-(미래 추측 선어말 어미) + -온(설명의 연결 어미)'이다.

6. ᄒ믈며 : 하물며

   '그 위에 더군다나'의 뜻인 접속부사로 'ᄒ믈며〉ᄒ믈며〉하물며'로 변화하였다.

7. ᄇ라랴 : 바라겠는가

   기본형은 'ᄇ라다(冀)'로 분석하면 'ᄇ라-(어간) + -리-(미래 추측 선어말 어미) + -아(판정 의문형 종결 어미)'이다.

【주】靈山會上:애 :엇·뎌 行實 ·업·스신 부:톄 :겨·시·며 少林
門下·애 :엇·뎌 妄語·ᄒ시·ᄂ 祖師ㅣ :겨·시:료(36a, 4 – 36a, 5)

【주 현대역】영산회상(靈山會上)에 어찌 행실(行實) 없으신 부처가 계시며 소림문하(少林門下)에 어찌 망언[妄語]하시는 조사(祖師)가 계시겠는가.

【주 한자어 풀이】
1. 영산회상(靈山會上) : 영취산(靈鷲山)에서 석가모니가 법화경을 설법하던 자리.
2. 행실(行實) : 하는 일이나 행동. '행실 없으신'은 '행동이 좋지 않다'는 뜻이다.

【주 언해문 분석】
1. 계시료 : 계시겠는가
   기본형은 '계시다'로 분석하면 '계시-(어간) + -리-(미래 추측 선어밀 어미) ㅣ 오(설면 익문 종결 어미)'이다. '-오'는 의문사 '엇뎌'와 호응한다.

先德ㅣ 云重戒를

【원문】先德ㅣ 云重戒를 如佛ᄒ면 佛常在焉ㅣ라 ᄒ시고 又
云以戒로 爲師ᄒ라 ᄒ시니라(36a, 6 - 36a, 7)

【현대역】선덕(先德)이 이르시되 "중한 계율(戒律)을 부처처럼 여기면
부처가 항상 있는 것이다."라고 하시고 또 이르시되 "계율(戒律)로 스승
삼아라."라고 하시니라.

【언해문】先德ㅣ 니ᄅ·샤·디 戒ㅣ 重·히 너·교·ᄆ롤 부텨ᄀ·티
ᄒ:면 부:톄 常例 :계시·다 ·ᄒ시고 ·ᄯ 니ᄅ·샤·디 戒·로뻐
스승 사·ᄆ·라 ·ᄒ시니라(36a, 8 - 36a, 9)

【현대역】선덕(先德)이 이르시되 "계율(戒律)이, 중히 여김을 부처같이
하면 부처가 항상 계신다."라고 하시고 또 이르시되 "계율(戒律)로 스승
삼아라."라고 하시니라.

【한자어 풀이】
1. 상례(常例) : 항상. 언제나.

【언해문 분석】
1. 너교ᄆ롤 : 여김을
　기본형은 '너기다'로 분석하면 '너기-(어간) + -옴(명사형 어미) +
　을(목적격 조사)'이다. 기본형은 '너기다〉여기다'로 변화하였다.

2. 戒로써 : 계율(戒律)로

분석하면 '계(戒, 명사) + 로써(수단의 부사격 조사)'이다.

3. 사ᄆ라 : 삼아라

기본형은 '삼다(爲)'로 분석하면 '삼-(어간) + -ᄋ라(명령형 종결 어미)'이다.

【주】欲入無漏門인댄 草繫鵝珠로 以爲前導ㅣ어다(36a, 9 - 36a, 9)

【주 현대역】무루문(無漏門)에 들고자 한다면 초계(草繫)와 아주(鵝珠)로 본보기[前導]를 삼을지어다.

【주 한자어 풀이】

1. 무루문(無漏門) : 무루(無漏)란 일체의 번뇌를 여의어서 마음이 적정(寂靜)해진 상태를 말한다.

2. 초계(草繫) : 초계비구(草繫比丘)의 준말. 풀에 묶인 비구라는 뜻. 옛 닐 인도에 도둑에게 의복을 빼앗기고 풀에 몸이 묶이게 된 비구가 있었다. 풀이 끊어져 죽게 하지 않으려고 비구는 뜨거운 더위 속에서도 움직이지 않고 있었는데 마침 사냥 나왔던 왕이 그 광경을 보고서 깊이 감명을 받아 불교에 귀의하였다고 한다.

3. 아주(鵝珠) : 아주비구(鵝珠比丘)의 준말. 어느 비구가 구슬 만드는 사람의 집으로 탁발하러 갔는데 주인이 그에게 먹을 것을 주려고 집 안으로 들어간 사이에 거위가 주인이 다듬던 구슬을 삼켜 버렸다. 주인이 나와 구슬이 없어진 것을 보고 비구를 의심하여 꾸짖었다. 비구는 두 가지 갈림길에 고민하였는데 사실대로 말하면 주인이 거위를 죽일 것이므로 살생계를 범하는 것이고, 거짓말을 하면 망어계를 범하는 것이기 때문이다. 결국 비구는 아무 말도 하지 않았다. 이 때문에 비구는 고발되어 많은 매를 맞았지만 끝까지 참았고 결국 거위의 배설물에서 구슬이 나와 거위 목숨도 살렸다고 한다.

4. 전도(前導) : 본보기. 선도(先導).

經에 云欲脫生死ㄴ댄

【원문】經에 云欲脫生死ㄴ댄 先斷貪欲과 及諸愛渴ᄒ라 ᄒ시니라(36b, 1 - 36b, 2)

【현대역】경(經)에 이르되 "생사(生死)를 벗어나고자 한다면 먼저 탐욕(貪欲)과 모든 애갈(愛渴)을 끊어라."라고 하시니라.

【한자어 풀이】

1. 욕탈생사(欲脫生死) : 생사의 얽매임으로부터 벗어나고자 하는 욕망을 말한다.
2. 탐욕(貪欲) : 3독(毒)의 하나. 탐(貪). 탐애(貪愛). 자기의 뜻에 맞는 일이나 물건을 애착하여 탐내고 만족할 줄 모르는 것을 말한다.
3. 애갈(愛渴) : 갈애(渴愛). 목이 마를 때 물을 사랑하듯 범부가 5욕(欲)에 탐착하는 것이다.

【언해문】經에 니ᄅ·샤·ᄃᆡ 生死·ᄅᆞᆯ 벗·고·쟈 ·홀·ᄃᆡᆫ댄 몬져 貪欲·과 ·ᄯᅩ 한 愛渴·ᄅᆞᆯ 그·ᄎᆞ라 ᄒ시니라(36b, 3 -36b, 4)

【현대역】경(經)에 이르시되 "생사(生死)를 벗어나고자 할 것이면 먼저 탐욕(貪欲)과 또 많은 애갈(愛渴)을 끊어라."라고 하시니라.

【언해문 분석】

1. 벗고쟈 : 벗어나고자

기본형은 '벗다(脫)'로 분석하면 '벗-(어간) + -고져(희망의 연결 어미)'이다. 중세국어에서 원망이나 희구를 나타내는 어미는 '-고져, -아져, -과뎌, -과ᄃᆡ여, -괴고' 등이 있다. 스스로의 동작이나 행동을 바랄 경우에는 '-고져'가, 제3자의 동작이나 행동을 바랄 경우에는 '-과뎌'가 쓰이는 것이 보통이다.

2. 홀딘댄 : 할 것이면

기본형은 'ᄒ다'로 분석하면 'ᄒ-(어간) + -오-(의도법 선어말 어미) + -ㄹ(관형형 어미) + ᄃᆞ(의존 명사) + 이(서술격 조사) + -ㄴ댄(조건의 연결 어미)'이다.

3. 愛渴ᄅᆞᆯ : 애갈(愛渴)을

분석하면 '愛渴(명사) + ㄹ + ᄋᆞᆯ(목적격 조사)'이다. 이때의 'ㄹ'은 앞에 오는 체언 '애갈'의 말음 'ㄹ'로 인하여 중철표기된 것이다.

4. 그츠라 : 끊어라

기본형은 '긏다(斷)'로 분석하면 '긏-(어간) + -ᄋᆞ라(명령형 종결 어미)'이다 어간형 '긏다'는 타동사적 용법과 자동사적 용법을 다 가지고 있는 동사인데 타동사적 '긏-'은 '끊다'의 의미를, 자동사적 '긏-'은 '끊어지다'의 의미를 가진다. 여기에서는 타동사적 용법으로 쓰였다.

【주】愛爲輪廻本ㅣ오 欲爲受生緣ㅣ라 阿難ㅣ 云欲氣·ᄂᆞᆫ 麁濁ᄒ야 腥臊ㅣ 交遘ㅣ라 ᄒ시며 佛ㅣ 云婬心·을 不除ᄒ:면 塵不可出ㅣ라 ·ᄒ시며 又云 思愛一縛着ᄒ:면 牽人入罪門ㅣ라 ·ᄒ시며 又云 透脫此門ᄒ:면 出塵羅漢ㅣ라 ·ᄒ샷다 渴·은 情愛ㅣ 至切ᄒᆞᆯ시라(36b, 4 - 36b, 7)

【주 현대역】애정[愛]은 윤회(輪廻)의 근본이 되고 욕정[欲]은 생(生, 몸)을 받는 인연이 된다. 아난(阿難)이 이르되 "욕정의 기운[欲氣]은 거칠고 더러워서 육체[腥臊]가 만나는 것이다."라고 하시며 부처가 이르시되 "음란한 마음[婬心]을 제거하지 아니하면 사바세계[塵世]를 가히 벗

어날 수 없다."라고 하시며 또 이르기를 "은애(恩愛)가 한번 얽매이면 사람을 죄의 문으로 끌어당긴다."라고 하시며 또 이르기를 "이 문을 벗어나면 사바세계를 벗어난 아라한(阿羅漢)이다."라고 하셨도다. 목마름[渴]은 애정(愛精)이 지극히 간절한 것이다.

【주 한자어 풀이】

1. 윤회(輪廻) : 사람이 죽었다가 나고 났다가 죽어 몇 번이고 이렇게 반복하는 것을 말한다.

2. 아난(阿難) : 부처의 10대 제자 중 한사람으로 아난타(阿難陀)의 약칭.

3. 욕기(欲氣) : 욕정의 기운.

4. 성조(腥臊) : 비린내와 누린내. 곧 육체를 말한다.

5. 교구(交遘) : 만나다.

6. 진(塵) : 진세(塵世). 사바세계.

7. 나한(羅漢) : 아라한(阿羅漢)의 약어. 존경과 보시를 받을만한 가치가 있는 성자 또는 수행자가 도달할 수 있는 최고의 자리이다.

【주 언해문 분석】

1. 홀시라 : 한 것이다
   기본형은 'ᄒᆞ다'로 분석하면 'ᄒᆞ-(어간) + -ㄹ(관형형 어미) + ᄉ(의존 명사) + 이(서술격 조사) + -라(설명형 종결 어미)'이다.

經에 云無碍淸淨慧ㅣ

【원문】經에 云無碍淸淨慧ㅣ 皆曰禪定生ㅣ라 ㅎ시니 是知
超凡入聖ㅎ야 坐脫立亡者ㅣ 皆禪定之力也로다 故로 云欲求
聖道ㄴ댄 離此코 無路ㅣ라 ㅎ시니라(36b, 8 - 37a, 1)

【현대역】 경(經)에 이르되 "가리는 것 없는 청정(淸淨)한 지혜가 모두
선정(禪定)으로 인하여 생긴다."라고 하시니 범부(凡夫)를 넘어 성인(聖
人)에 들어가 좌선한 채 해탈하며 선 채 죽는 것이 모두 선정(禪定)의 힘
인 것을 알겠도다. 그러므로 이르되 "성인의 도를 구하고자 한다면 이를
떠나서는 길이 없다."라고 하시니라.

【한자어 풀이】

1. 무애청정혜(無碍淸淨慧) : 선정(禪定)의 수행이 가장 신묘한 것이므
   로 자성상(自性上)에 무루(無漏)를 일으키며 일체의 묘용(妙用)과 만
   행 신통광명(神通光明)까지도 선정으로 발해진다.
2. 청정(淸淨) : 나쁜 짓으로 지은 허물이나 번뇌의 더러움에서 벗어난
   깨끗함을 말한다.
3. 좌탈입망(坐脫立亡) : 좌탈은 좌선한 채 유유히 죽어가는 것이며, 입
   망은 곧바로 선 채 죽어가는 것이다.

【언해문】 經에 니른·샤·딕 ᄀ·룜 업·슨 淸淨慧ㅣ ·다 禪定·
을 曰ᄒ야 나·다 ᄒ시니 凡·을 ·건너 聖에 :들·며 안자:셔 버·

스며 ·셔셔 주·구·미 다 禪定·의 ·히민 :둘 ·이:에 :알·리로·다
그:럴시 닐·오·딕 聖道·를 求·코겨 ·홀딘댄 ·이 여·희고 ·길 ·
업·다 ᄒ시니라(37a, 2 – 37a, 4)

【현대역】 경(經)에 이르시되 "가리는 것 없는 청정(淸淨)한 지혜가 모두 선정(禪定)을 인하여 나온다."라고 하시니 범부(凡夫)를 건너 성인(聖人)에 들며 앉아서 벗으며 서서 죽는 것이 다 선정(禪定)의 힘인 것을 이에 알겠구나. 그러므로 이르되 "성인의 도를 구하고자 할 것이면 이를 떠나고 길이 없다."라고 하시니라.

【언해문 분석】

1. ᄀ룜 : 가리는 것
   기본형은 'ᄀ리다'로 분석하면 'ᄀ리-(어간) + -움(명사형 어미)'이다. 기본형은 'ᄀ리다〉가리다'로 변화하였다.

2. 나다 : 나온다, 생긴다
   기본형은 '나다(生)'로 분석하면 '나-(어간) + -다(설명형 종결 어미)'이다.

3. 건너 : 건너, 건너 뛰어, 초월하여
   기본형은 '건너다'로 분석하면 '건너-(어간) + (-어)(부사형 연결 어미)'이다. '건너다'는 일반적으로 '渡, 濟, 涉'의 언해로 나타난다. 여기서는 원문의 '超'를 언해한 것으로 중세국어 '건내뛰다'에 해당된다.

4. 안자셔 : 앉아서
   기본형은 '앉다'로 분석하면 '앉-(어간) + -아셔(계기의 연결 어미)'이다.

5. 셔셔 : 서서
   기본형은 '셔다(立)'로 분석하면 '셔-(어간) + -(어)셔(계기의 연결 어미)'이다.

6. 주구미 : 죽는 것이

기본형은 '죽다'로 분석하면 '죽-(어간) + -움(명사형 어미) + 이(주
격 조사)'이다.

7. 히민 들 : 힘인 것을

분석하면 '힘(명사) + 이(서술격 조사) + -ㄴ(관형형 어미) + ᄃ(의
존 명사) + ㄹ(목적격 조사)'이다.

8. 求코겨 : 구하고자

'求코겨'의 오각으로 보인다. 기본형은 '구(求)ᄒ다'로 분석하면 '求ᄒ
-(어간) + -고겨(희망의 연결 어미)'이다.

【주】此·ᄂᆞᆫ 戒:옛 定ㅣ라 無定無慧ᄒ:면 是狂是愚ㅣ오 偏
修一門ᄒ:면 無明邪見ㅣ리라(37a, 4 - 37a, 5)

【주 현대역】이는 계율(戒律)의 선정(禪定)이다. 선정도 없고 지혜도
없으면 이는 사리에 어두워 의혹되는 것이고 치우쳐 한 문[一門]만을 닦
으면 무명(無明)이나 사견(邪見)일 것이나.

【주 한자어 풀이】

1. 광우(狂愚) : 사리에 어두워 의혹됨.

2. 무명(無明) : 근본적인 무지(無知). 잘못된 의견이나 집착 때문에 진
리를 깨닫지 못하는 마음의 상태. 모든 번뇌의 근원이 된다.

3. 사견(邪見) : 5견(見)의 하나로 주로 인과의 도리를 무시하는 옳지 못
한 견해를 뜻한다.

心이 在定則能知世間앳

【원문】心이 在定則能知世間앳 生滅諸相ᄒ리라(37a, 6 - 37a, 6)

【현대역】마음이 선정(禪定)에 있으면 능히 세간에서 생멸(生滅)하는 많은 상(相)을 알리라.

【언해문】ᄆᆞᅀᆞ미 定:에 ·이시:면 能·히 世間·앳 生ᄒ며 滅ᄒ·ᄂ 한 相·ᄋᆞᆯ :알리라(37a, 7 - 37a, 7)

【현대역】마음이 선정(禪定)에 있으면 능히 세간에서 생겨나며 사라지는 많은 상(相)을 알 것이다.

【언해문 분석】

1. 滅ᄒᄂ : 사라지는, 멸(滅)하는

   기본형은 '멸(滅)ᄒ다'로 분석하면 '滅ᄒ-(어간) + -ᄂ(현재 시상 관형형 어미)'이다.

2. 알리라 : 알 것이다

   기본형은 '알다'로 분석하면 '알-(어간) + -리-(미래 추측 선어말 어미) + -라(설명형 종결 어미)'이다.

【주】此·ᄂ 定:엣 慧ㅣ라 虛隙日光애 塵埃ㅣ 擾擾ᄒ고 淸潭水底에 影像ㅣ 昭昭로다 別明三學·을 到此已竟ᄒ시니라 然ㅣ나 擧一具三ㅣ라 豈有單相ㅣ리오 此下ᄂ 散擧細行ᄒ야 重

明上義호시니라(37a, 7 - 37b, 1)

【주 현대역】이는 선정(禪定)의 지혜(智慧)이다. 빈틈의 햇살에 먼지가 어지럽고 맑은 호수의 물속에 영상(影像)이 뚜렷하도다. 삼학(三學)을, 이것이 이미 경지에 이른 것을 특별히 밝히시니라. 그러나 하나를 들면 셋을 갖추는 것이라 어찌 하나의 상(相)만 있으리오. 이 아래는 자잘한 행실을 낱낱이 들어 위의 뜻을 거듭 밝히시니라.

【주 한자어 풀이】

1. 진애(塵埃) : 티끌 또는 먼지. 속세를 비유한 말이다.

2. 요요(擾擾) : 어지러운 모양. 먼지 따위가 어지럽게 날리는 모양.

3. 소소(昭昭) : 뚜렷한 모양. 밝은 모양

4. 세행(細行) : 자잘한 행실.

心念不起이 名爲坐ㅣ오

【원문】心念不起이 名爲坐ㅣ오 自性不動이 名爲禪ㅣ니라
(37b, 2 - 37b, 2)

【현내역】심념(心念)을 일으키지 않는 것을 좌(坐)라 하고 자성(自性)을 움직이지 않는 것을 선(禪)이라 하니라.

【한자어 풀이】
1. 심념(心念) : 마음속에 대상을 생각해 내는 것.
2. 자성(自性) : 모든 번뇌가 사라진 본래 마음.

【언해문】心念·을 니ᄅ왇·디 아·니·호·미 일·후·미 坐ㅣ오 自性·을 뮈·우·디 아·니·호·미 일·후·미 禪ㅣ니라(37b, 3 - 37b, 4)

【현대역】심념(心念)을 일으키지 않는 것이 이름이 좌(坐)이고 자성(自性)을 움직이지 않는 것이 이름이 선(禪)이니라.

【언해문 분석】
1. 니ᄅ왇디 : 일으키지
   기본형은 '니ᄅ왇다'로 분석하면 '니ᄅ왇-(어간) + -디(부정 부사형 연결 어미)'이다.
2. 뮈우디 : 움직이지, 동(動)하지
   기본형은 '뮈우다'로 분석하면 '뮈우-(어간) + -디(부정 부사형 연결 어미)'이다. 어간형 '뮈우-'는 '뮈-(어근) + -우(사동의 파생 접사)'이다.

【주】欲明坐禪旨ㄴ·댄 看取火裏氷ㅣ어다(37b, 4 - 37b, 4)

【주 현대역】좌선(坐禪)의 뜻을 밝히고자 한다면 불 속의 얼음을 보고 취할지어다.

【주 한자어 풀이】

1. 좌선(坐禪) : 선종의 주된 수행 방법으로 고요히 앉아서 참선하는 것을 말한다.
2. 간취(看取) : 보아서 내용을 알아차림.

見境心不起이 名不生 | 오

【원문】 見境心不起이 名不生 | 오 不生이 名無念 | 오 無念
이 名解脫 | 니라(37b, 5 – 37b, 6)

【현대역】 경계(境界)를 보고도 마음이 일어나지 않는 것이 불생(不生)
이라 하고 불생이 무념(無念)이라 하고 무념이 해탈(解脫)이라 하니라.

【한자어 풀이】

1. 불생(不生) : 일어나지 않은 상태.
2. 무념(無念) : 대상의 상(相)을 초월하고 진여(眞如)에 본성을 관한 마
   음까지도 넘어선 무아의 상태.
3. 해탈(解脫) : 번뇌의 속박을 벗어나 자유로운 경계에 이른 상태.

【언해문】 境·을 ·보고 ᄆᅀᆞᆷ 니ᄅᆞ:완·디 아·뉴·미 일후·미 不
生 | 오 :남 아·뉴·미 일·후·미 念 ·업·수·미오 念 업수미 일·
후·미 解脫 | 니라(37b, 7 – 37b, 8)

【현대역】 경계(境界)를 보고 마음 일으키지 않는 것이 이름이 불생(不
生)이고 남 아닌 것이 이름이 생각[念] 없는 것이고 생각[念] 없는 것이
이름이 해탈(解脫)이니라.

【언해문 분석】

1. 아뉴미 : 않는 것이, 않음이

기본형은 '아니다'로 분석하면 '아니-(어간) + -움(명사형 어미) +
이(주격 조사)'이다.

2. 일후미 : 이름이

　분석하면 '일훔(명사) + 이(주격 조사)'이다. 어형은 '일훔〉일홈〉이
　름'으로 변화하였다.

3. 남 : 남, 나는 것

　기본형은 '나다(生)'로 분석하면 '나-(어간) + -ㅁ(명사형 어미)'이다.

4. 업수미오 : 없는 것이고

　기본형은 '없다'로 분석하면 '없-(어간) + -움(명사형 어미) + 이(서
　술격 조사) + -오(나열의 연결 어미)'이다.

正念을 不忘ᄒ면

【원문】正念을 不忘ᄒ면 煩惱ㅣ 不生ᄒ리니 如云眼若不睡ᄒ면 諸夢이 自除ㅣ니라(37b, 9 - 38a, 1)

【현대역】 정념(正念)을 잊지 않으면 번뇌(煩惱)가 일어나지 않을 것이니 눈이 만약 잠자지 않으면 많은 꿈이 저절로 없어지리라 이르심과 같으니라.

【한자어 풀이】

1. 정념(正念) : 8정도(正道)의 하나. 사념(邪念)을 버리고 항상 향상을 위하여 수행하기에 정신을 집중하는 것이다.

【언해문】 正念·을 닛디 아·니ᄒ·면 煩惱ㅣ 나·디 아·니ᄒ리니 ·누·니 ·ᄒ다가 자디 아·니ᄒ:면 한 :ᄭᅮᆷ·이 절·로 :덜리라 니ᄅ·샴·과 ·ᄀᆞᄐᆞ니라(38a, 2 - 38a, 3)

【현대역】 정념(正念)을 잊지 아니하면 번뇌(煩惱)가 생겨나지 않을 것이니 눈이 만일 잠들지 않으면 많은 꿈이 저절로 없어지리라 이르심과 같으니라.

【언해문 분석】

1. 닛디 : 잊지

   기본형은 '닛다'로 분석하면 '닛-(어간) + -디(부정 부사형 연결 어

미)'이다. '닛다'의 어간형 '닛-'은 뒤에 오는 자음으로 인하여 8종성
법으로 표기되었다. 기본형은 '닛다〉잇다'로 변화하였다.

2. 나디 : 생겨나지

기본형은 '나다(生)'로 분석하면 '나-(어간) + -디(부정 부사형 연결
어미)'이다. '디〉지'의 변화는 구개음화에 의한 것이다.

3. ᄒ다가 : 만일(萬一), 만약(萬若)

원문의 '若'을 언해한 것으로 '만일'의 뜻이다.

4. ᄭᅮ미 : 꿈이

어형은 'ᄭᅮᆷ〉꿈'으로 변화하였다. 어원적으로 분석하면 'ᄭᅮ-(어간) +
-ㅁ(명사형 어미) + 이(주격 조사)'이다.

5. 절로 : 저절로

대명사 '저(自)'에 조격조사 '-로'가 통합할 때에 'ㄹ'이 하나 더 나타
난다. '날로', '널로' 등에서 'ㄹ'이 덧나는 것과 동일하다. 현대국어의
'저절로'는 '저'가 더 첨가된 것이다.

6. 덜리라 : 없어지리라, 덜리라

기본형은 '덜다(除)'로 '덜-(어간) + -리-(미래 추측 선어말 어미) +
-라(설명형 종결 어미)'이다. 여기서는 '除'를 언해한 것으로 '없어지
다'의 의미이다.

7. 니ᄅ샴과 : 이르심과

기본형은 '니ᄅ다'로 분석하면 '니ᄅ-(어간) + -샤-(주체 높임 선어
말 어미) + -(오)ㅁ(명사형 어미) + 과(공동격 조사)'이다.

修道證滅은 是亦非眞也ㅣ어니와

【원문】修道證滅은 是亦非眞也ㅣ어니와 心法이 本寂ㅣ샤
乃眞滅也ㅣ니 故로 曰諸法이 從本來常自寂滅相ㅣ라 ᄒᆞ시니
라(38a, 4 - 38a, 6)

【현대역】도(道)를 닦아 열반을 증득(證得)하는 것은 이 또한 진실이
아니거니와 심법(心法)이, 본래 적멸(寂滅)이야말로 진실(眞實)한 열반
이니 그러므로 이르시되 "모든 법이 본래부터 항상 스스로 적멸(寂滅)한
모습이다."라고 하시니라.

【한자어 풀이】

1. 증(證) : 3법(法)의 하나. 신심과 수행한 공이 나타나서 진리에 들어맞음.
2. 멸(滅) : 여기에서는 '열반'의 뜻이다.

【언해문】道 닷·가 滅·을 證·호·ᄃᆡ ·이 ·ᄯᅩ 眞實ㅣ 이·니어·
니·와 心法ㅣ 本來 寂滅ㅣ샤 眞實滅ㅣ니 그:럴·ᄉᆡ 니·ᄅᆞ·샤·
ᄃᆡ 諸法이 本來브터 오·매 常例 제 寂滅ᄒᆞᆫ 相ㅣ라 ᄒᆞ시니라
(38a, 7 - 38a, 8)

【현대역】도(道) 닦아 멸(滅)을 증(證)하는 것은 이 또한 진실이 아니거
니와 심법(心法)이, 본래 적멸(寂滅)이야말로 진실(眞實)한 멸(滅)이니
그러므로 이르시되 "제법(諸法)이 본래부터 오는 것이기 때문에 항상 스

스로 적멸(寂滅)한 상(相)이다."라고 하시니라

【언해문 분석】

1. 證호믄 : 증(證)하는 것은

　　기본형은 '증(證)ᄒ다'로 분석하면 '證ᄒ-(어간) + -옴(명사형 어미)
　　+ 은(지정의 보조사)'이다.

2. 이니어니와 : 아니거니와, 아닌 것이지만

　　'非'를 언해한 것으로 '아니어니와'의 오각으로 보인다. 분석하면 '아
　　니-(어간) + -어니와(양보의 연결 어미)'이다. ' l '모음 아래에서
　　'ㄱ'이 탈락하여 '-어니와'로 나타난다.

3. 寂滅 l ᅀᅡ : 적멸(寂滅)이야말로

　　분석하면 '寂滅 + l (주격 조사) + ᅀᅡ(강세 조사)'이다.

4. 오매 : 오는 것이기 때문에

　　기본형은 '오다'로 분석하면 '오-(어간) + -ㅁ(명사형 어미) + 애(원
　　인의 부사격 조사)'이다.

5. 제 : 스스로, 그대로

【주】無是無非ᄒ야 唯寂唯照 l 로다 妙首 l 思量애 維摩 l
杜口ᄒ샷다(38a, 8 –38a, 9)

【주 현대역】옳은 것도 없고 그른 것도 없어 오직 고요[寂]하고 환[照]
함이로다. 문수보살[妙首]이 생각하여 헤아림에 유마(維摩)는 침묵하셨
도다.

【주 한자어 풀이】

1. 적(寂) : 적정(寂靜). 고요한 것을 말한다.

2. 조(照) : 조감(照鑑). 환한 것을 말한다.

3. 묘수(妙首) : 문수보살(文殊菩薩). 석가모니, 보현보살과 함께 삼존

불로 칭해지는 보살로 지혜를 관장한다. 무행경(無行經)에 묘수(妙
首)라고 하였다.

4. 사량(思量) : 생각하여 헤아리다.

5. 유마(維摩) : 부처님의 속제자(俗弟子) 가운데 한 사람.

6. 두구(杜口) : 법의 이치나 경지가 심오하고 미묘하여 말로 할 수 없으
므로 그 입을 막고 그치는 것을 비유하여 이르는 말이다.

若有見正覺ᄒ야

【원문】若有見正覺ᄒ야 解脫離諸漏ᄒ야 不着一切世ㅣ면
彼非證道眼ㅣ니라(38b, 1 - 38b, 2)

【현대역】 만일 정각(正覺)·해탈(解脫)하여 모든 번뇌[諸漏]를 여의어
일체(一切)의 세상에 집착하지 않는다는 견해[見]를 내면 그것은 도(道)
를 증득(證得)한 눈이 아니니라.

【한자어 풀이】
1. 정각(正覺) : 등정각(等正覺)의 준말로 올바른 깨달음을 말한다.
2. 해탈(解脫) : 번뇌의 속박을 벗어나 자유로운 경계에 이른 상태이다.
3. 누(漏) : 번뇌를 달리 일컫는 말이다.
4. 증도(證道) : 도(道)를 증득(證得)함.

【언해문】 ·ᄒ다·가 正覺ᄒ야 解脫ᄒ야 諸漏 여·희여 一切
世·예 着·디 아:닌노라 ·ᄒᄂᆞᆫ 見·을 두:면 ·뎌·ᄂᆞᆫ 道 證·혼 ·
누:니 아·니니라(38b, 3 - 38b, 4)

【현대역】 만일 "정각(正覺)하여 해탈(解脫)하여 모든 번뇌[諸漏]를 여
의어 일체(一切)의 세상에 집착하지 않노라."라고 하는 견해[見]를 두면
저것은 도(道)를 증득(證得)한 눈이 아니니라.

【언해문 분석】

1. 여희여 : 여의어, 이별하여, 떠나

   기본형은 '여희다'로 분석하면 '여희-(어간) + -여(계기의 부사형 연결 어미)'이다. 기본형은 '여희다〉여의다'로 변화하였다.

2. 아닌노라 : 않노라

   기본형은 '아니다'로 분석하면 '아니-(어간) + (-어)(부사형 연결 어미) + (이)ㅅ-(어간) + -ㄴ-(현재 시상 선어말 어미) + -오-(의도법 선어말 어미) + -라(설명형 종결 어미)'이다. '(이)ㅅ'은 뒤에 오는 자음 어미 'ㄴ'으로 인하여 'ㄴ'으로 표기되었다.

3. 두면 : 두면, 내면, 있으면

   기본형은 '두다'로 분석하면 '두-(어간) + -면(조건의 연결 어미)'이다. 원문의 '有'를 언해한 것으로 '있다'의 의미이다.

4. 뎌는 : 저것은

   분석하면 '뎌(彼) + 는(지정의 보조사)'이다. 현대국어에서는 앞에 나오는 말을 받는 경우 '저것'은 사용되지 않고 '그것' 또는 '이것'만 쓰인다. '뎌'는 구개음화에 의하여 '저'로 변화하였다.

【주】眼不自見ㅣ어·늘 見眼者ㅣ 妄ㅣ로다(38b, 4 -38b, 4)

【주 현대역】눈[眼]은 스스로를 볼 수 없거늘 눈을 본다는 것은 거짓이로다.

見生趣滅은 聲聞見ㅣ오

【원문】見生趣滅은 聲聞見ㅣ오 不見生ᄒ고 惟見滅은 緣覺 見ㅣ오 法本不生일ᄉᆡ 今亦無滅ㅣ라 不起二見ᄂᆞᆫ 菩薩見ㅣ니 라(38b, 5 - 38b, 7)

【현대역】생(生)을 보고 멸(滅)에 나아가는 것은 성문(聲聞)의 견해이고 생을 보지 못하고 오직 멸을 보는 것은 연각(緣覺)의 견해이고 법(法)이 본래 생기지 아니하므로 이제 또 없어지는 것[滅]이 없는지라 두 견해를 일으키지 않는 것은 보살(菩薩)의 견해이니라.

【한자어 풀이】
1. 성문(聲聞) : 가르침을 듣는 수행승. 부처님에게 직접 가르침을 받은 수행승을 말한다.
2. 연각(緣覺) : 부처님의 교화에 의하지 않고 스스로 깨달음을 연 사람을 말한다.
3. 보살(菩薩) : 보리살타(菩提薩埵)의 준말로 깨달음의 성취를 바라는 사람 또는 깨달음을 구해 수행하는 구도자를 말한다.

【언해문】 나ᆞᄅᆞᆯ ·보고 滅의 나·사·가ᄂᆞ니·ᄂᆞᆫ 聲聞의 見解ㅣ오 ·나ᆞᄅᆞᆯ 보·디 ·몯ᄒ고 오·직 滅·ᄅᆞᆯ ·보ᄂᆞ니·ᄂᆞᆫ 緣覺의 見解ㅣ오 法ㅣ 本來 나·디 아·니ᄒᆞᆯ·ᄉᆡ ·이(제) ·ᄯᅩ 滅·홈 업·순다라

二見·을 니르왇·디 아·니·ᄒᆞᄂᆞ니ᄂᆞᆫ 菩薩의 見解 l 니라(38b, 8 - 39a, 1)

【현대역】 나는 것[生]을 보고 멸(滅)에 나아가는 것은 성문(聲聞)의 견해이고 나는 것을 보지 못하고 오직 멸을 보는 것은 연각(緣覺)의 견해이고 법(法)이 본래 나지 아니하므로 이제 또 멸하는 것이 없는 것이라서 두 견해를 일으키지 않는 것은 보살(菩薩)의 견해이니라.

【언해문 분석】

1. 나믈 : 나는 것을, 생(生)을
   기본형은 '나다(生)'로 분석하면 '나-(어간) + -ㅁ(명사형 어미) + 올(목적격 조사)'이다.

2. 滅의 : 멸(滅)에
   분석하면 '滅(명사) + 의(특이 처소격 조사)'이다.

2. 나사가ᄂᆞ니ᄂᆞᆫ : 나아가는 것은
   기본형은 '나사가다(趣)'로 분석하면 '나사가-(어간) + -ᄂᆞᆫ(현재 시상 관형형 어미) + 이(의존 명사) + ᄂᆞᆫ(대조의 보조사)'이다. 어간형 '나사가-'는 '낫-(어간) + -아(부사형 연결 어미) + 가-(어간)가 결합한 통사적 복합어이다. 〈용비어천가〉(1447)(35장)에는 '나ᅀᅡ가다'가 나타난다.

3. 滅를 : 멸(滅)을, 없어지는 것을
   분석하면 '滅 + ㄹ + 을(목적격 조사)'이다. 이때의 'ㄹ'은 앞에 오는 체언 '멸'의 말음 'ㄹ'이 중철표기된 것이다.

4. 보ᄂᆞ니ᄂᆞᆫ : 보는 것은
   기본형은 '보다'로 분석하면 '보-(어간) + -ᄂᆞᆫ(현재 시상 관형형 어미) + 이(의존 명사) + ᄂᆞᆫ(대조의 보조사)'이다.

5. 아니홀식 : 아니하므로
   기본형은 '아니ᄒᆞ다'로 분석하면 '아니ᄒᆞ-(어간) + -ㄹ식(원인의 연결 어미)'이다.

6. 이(제) : 이제

원문에는 '이'로만 되어 있고 '제' 부분은 빈칸으로 남겨져 있으나 이 것이 '今'의 언해인 것을 보면 '이제'가 틀림없다.

7. 업순디라 : 없는 것이라서

기본형은 '없다'로 분석하면 '없-(어간) + -우-(의도법 선어말 어미) + -ㄴ(관형형 어미) + 드(의존 명사) + 이(서술격 조사) + -라(원인 의 연결 어미)'이다.

【주】 無爲一法에 見有千差ㅣ로다(39a, 1 - 39a, 1)
【주 현대역】 무위(無爲)의 한 법에 견해는 천 가지 차이가 있도다.

【주 한자어 풀이】

1. 무위(無爲) ; 모든 법의 진실체. 위작(爲作)·조작(造作)을 여의고 생 주이멸(生住異滅)의 변화가 없는 진리를 말한다.

水澄珠瑩 | 오

【원문】水澄珠瑩 | 오 雲散月明 | 니 三業 | 淸淨에 百福 |
俱集 | 니라(39a, 2 - 39a, 3)

【현대역】물이 맑아 구슬이 비치고 구름이 흩어져 달이 밝으니 삼업
(三業)이 깨끗함에 온갖 복이 모두 모이느니라.

【한자어 풀이】

1. 삼업(三業) : 신업(身業, 신체의 동작) · 구업(口業, 입의 동작 곧 말
   의 행위) · 의업(意業, 마음의 동작 곧 의지)의 행위를 말한다.

【언해문】·므리 ·믈·고·매 구·스·리 비·취고 ·구·루·미 흐·투
매 ·들이 붉ᄂ니 三業 | ·조·호매 百福 | ·다 몬ᄂ니라(39a, 4
- 39a, 5)

【현대역】물이 맑으매 구슬이 비치고 구름이 흩어지매 달이 밝나니 삼
업(三業)이 깨끗하매 온갖 복이 모두 모이느니라.

【언해문 분석】

1. 므리 : 물이
   분석하면 '믈(명사) + 이(주격 조사)'이다. 어형은 '믈〉물'로 원순모음
   화하여 변화하였다.
2. 믈고매 : 맑으매, 맑기 때문에

기본형은 '뭀다'로 분석하면 '뭀-(어간) + -옴(명사형 어미) + 애(원인의 부사격 조사)'이다. 기본형은 '뭀다〉맑다'로 변화하였다.

3. 비취고 : 비치고

기본형은 '비취다'로 분석하면 '비취-(어간) + -고(나열의 연결 어미)'이다. 중세국어에서 '비취-'는 자동사적 용법과 타동사적 용법을 다 가지고 있었다. 여기에서는 자동사적 용법으로 쓰였다.

4. 흐투매 : 흩어지매, 흩어졌기 때문에

기본형은 '흩다(散)'로 분석하면 '흩-(어간) + -움(명사형 어미) + 애(원인의 부사격 조사)'이다. 이곳의 '흩다'는 자동사적 용법으로 쓰였다.

5. 몯ᄂ니라 : 모이느니라

기본형은 '몯다(集)'로 분석하면 '몯-(어간) + -ᄂ-(현재 시상 선어말 어미) + -니라(설명형 종결 어미)'이다.

【주】 珠沈識海ㅣ어·늘 罔象ㅣ ·어·더:내고 月隱魔雲ㅣ어늘 智風ㅣ ·쓰·러ᄇ·리도다 三業 기·슴을 ·미·오매 百福 바·티 茂盛ᄒᄂ니라(39a, 5 - 39a, 6)

【주 현대역】 구슬이 지식의 바다[識海]에 빠지거늘 맹인[罔象]이 찾아내고 달이 마군의 구름[魔雲]에 가리거늘 지혜의 바람[智風]이 쓸어버리도다. 삼업(三業)의 김을 매는 것 때문에 온갖 복 밭이 무성하니라.

【주 한자어 풀이】

1. 식(識) : 식별하여 아는 것.
2. 망상(罔象) : 맹인. 장자(莊子)에 황제가 유행(遊行) 도중에 현주(玄珠)를 잃고 여러 가지 방법으로 찾았으나 찾지 못했다. 결국 맹인[罔象]이 그것을 찾았다는 이야기가 있다.

【주 언해문 분석】

1. 쓰러ᄇ리도다 : 쓸어버리도다

　　기본형은 '쓰러ᄇ리다'로 분석하면 '쓰러ᄇ리-(어간) + -도-(감동법
　　선어말 어미) + -다(설명형 종결 어미)'이다. 어간형 '쓰러ᄇ리-'는
　　'쓸-(어간) + -어(부사형 연결 어미) + ᄇ리-(어간)'의 통사적 복합
　　어이다. 기본형은 '쓰러ᄇ리다〉쓸어버리다'로 변화하였다.

2. 기슴을 : 김을, 잡초를

　　분석하면 '기슴(명사) + 을(목적격 조사)'이다. 〈월인석보〉(1459)(10,
　　19a)에 '기슴'이 나타난다. '김'은 '논밭에 나는 잡풀'을 말한다. 어형
　　은 '기슴〉기음〉김'으로 변화하였다.

3. 미오매 : 매는 것 때문에

　　기본형은 '미다'로 분석하면 '미-(어간) + -옴(명사형 어미) + 애(원인
　　의 부사격 조사)'이다. 중세국어에서 '미-(鋤)'와 '미-(結)'는 성조상
　　구별되는데 전자는 거성의 성조를 가지고 후자는 평성의 성조를 가진
　　다. 여기서는 전자의 경우이다. 기본형은 '미다〉매다'로 변화하였다.

貧人ㅣ 來乞ㅣ어든

【원문】貧人ㅣ 來乞ㅣ어든 隨分施與ᄒ라 同體大悲ㅣ샤 是
眞布施ㅣ니라(39a, 7 - 39a, 8)

【현대역】가난한 사람이 와서 빌거든 분수에 따라 베풀어 주라. 동체
(同體)한 자비심[大悲心]이야말로 이것이 참된 보시(布施)이니라.

【한자어 풀이】

1. 동체내비(同體大悲) : 불보살이 법성(法性)의 한결 같은 이치를 달관
   하고 중생이나 자기가 같은 몸이라고 알고 있는 데서 일어나는 자비
   심. 중생의 괴로움을 그대로 자기의 괴로움인 줄 여기어 어여삐 여기
   는 것을 말한다.
2. 보시(布施) : 대승불교의 핵심적인 실천 수행법의 하나로, 남에게 재
   물이나 불법을 베푸는 것을 말한다.

【언해문】艱難ᄒ 사ᄅ미 ·와 ·빌거·든 分을 조·차 布施ᄒ라
同體ᄒ 大悲心ㅣ샤 ·이 眞實布施ㅣ니라(39a, 9 - 39b, 1)

【현대역】가난한 사람이 와서 빌거든 분수를 좇아 보시(布施)하라. 동
체(同體)한 자비심[大悲心]이야말로 진실(眞實)된 보시(布施)이니라.

【언해문 분석】

1. 艱難ᄒ : 가난한

기본형은 '간난(艱難)ᄒ다'로 분석하면 '艱難ᄒ-(어간) + -ㄴ(관형형
어미)'이다. 현대국어의 '가난'은 한자어 '艱難'에서 온 말이다. 어형
은 '간난〉가난'으로 변화하였다.

2. 빌거든 : 빌거든

   기본형은 '빌다'로 분석하면 '빌-(어간) + -거든(조건의 연결 어미)'
   이다.

3. 조차 : 좇아, 따라

   기본형은 '좇다(隨, 逐, 追)'로 분석하면 '좇-(어간) + -이(부사형 연
   결 어미)'이다.

3. 大悲心ㅣ사 : 자비심[大悲心]이야말로

   분석하면 '大悲心(명사) + ㅣ(주격 조사) + 사(강세 조사)'이다. 현대
   국어에는 '이사'가 '이야'로 변화하였다.

【주】自他이 爲一曰同體ㅣ라(39b, 1 - 39b, 1)

【주 현대역】자타(自他)가 하나 되는 것을 동체(同體)라 한다.

【주 한자어 풀이】

1. 자타(自他) : 자기와 남.

有人이 來害ㅣ어든

【원문】有人이 來害ㅣ어든 當自攝心ㅎ야 勿生瞋恨ㅣ어다
一念瞋心起예 百萬障門開ㅎᄂ니라(39b, 2 – 39b, 3)
【현대역】어떤 사람이 와서 해(害)하거든 마땅히 내 마음을 잡아 성냄
과 원망을 내지 말지어다. 한 생각 성내는 마음을 일으키매 온갖 장애의
문이 열리느니라.

【한자어 풀이】
1. 섭심(攝心) : 마음을 잡음. 마음을 한 곳에 거두어 산란하지 않게 함.

【언해문】或有 ·사ᄅ미 ·와 害ㅎ·거·든 반·ᄃ기 내 ᄆᅀ·ᄆᆯ
자·바 瞋恨 :내·디 마롤·디어·다 一念瞋心 니ᄅ와·도·매 百萬
障門이 열·이ᄂ·니라(39b, 4 – 39b, 5)
【현대역】혹 어떤 사람이 와서 해(害)하거든 반드시 내 마음을 잡아 성
냄과 원망을 내지 말지어다. 한 생각의 성내는 마음을 일으키는 것에 온
갖 장애의 문[百萬障門]이 열리느니라.

【언해문 분석】
1. 害ㅎ거든 : 해하거든, 해하면
   기본형은 '해(害)ㅎ다'로 분석하면 '害ㅎ-(어간) + -거든(조건의 연
   결 어미)'이다.

2. 마롤디어다 : 말지어다

　기본형은 '말다'로 분석하면 '말-(어간) + -오-(의도법 선어말 어미)
　+ -ㄹ디어다(설명형 종결 어미)'이다.

3. 니ᄅ와도매 : 일으키는 것에, 일으키매

　기본형은 '니ᄅ완다(起)'로 분석하면 '니ᄅ완-(어간) + -옴(명사형
　어미) + 애(원인의 부사격 조사)'이다.

4. 열이ᄂ니라 : 열리느니라

　기본형은 '열이다'로 분석하면 '열이-(어간) + -ᄂ (현재 시상 선어
　말 어미) + -니라(설명형 종결 어미)'이다. 어간형 '열이-'는 '열-(어
　근) + -이(피농의 파생 접사)'이다.

【주】 煩惱ㅣ 비·록 ·ᄶ ·업·스나 瞋과 慢이 甚ᄒ도다 涅槃經
에 云 塗割二事애 其心無二ㅣ라 ᄒ시니라(39b, 5 -39b, 6)

【주 현대역】 번뇌(煩惱)가 비록 끝없으나 성냄[瞋]과 교만[慢]이 (오히
려) 심하도다. <열반경(涅槃經)>에 이르되 "도할(塗割)의 두 일에 그 마
음이 둘이 아니다."라고 하시니라.

【주 한자어 풀이】

1. 진(瞋) : 성냄. 자기 마음에 맞지 않은 경계에 대하여 미워하고 분하
　게 여겨 몸과 마음을 편안치 못하게 하는 심리 작용을 말한다.

2. 만(慢) : 남과 비교해서 뽐내는 것을 말한다. 이에 반하여 스스로 자
　만하여 우쭐대는 것을 교(憍)라 한다.

3. 도할(塗割) : 착한 사람이 자신을 도와주고 악한 사람이 자신의 몸을
　자르는 두 일.

若無忍行ㅣ면

【원문】 若無忍行ㅣ면 萬行이 不成ᄒᆞ리라(39b, 7 - 39b, 7)
【현대역】 만일 참는 행실이 없다면 만 가지 행실[萬行]이 이루어지지 않으리라.

【언해문】 ·ᄒᆞ·다가 ·ᄎᆞ·ᄆᆞᆯ 行實이 ·업·스:면 萬行이 ·이·디 ·몯ᄒᆞ리라(39b, 8 - 39b, 8)
【현대역】 만일 참는 행실이 없으면 모든 행실[萬行]이 이루어지지 못하리라.

【언해문 분석】
1. ᄎᆞᄆᆞᆯ : 참을
   기본형은 '춤다(忍)'로 분석하면 '춤-(어간) + -을(관형형 어미)'이다. 기본형은 '춤다〉참다'로 변화하였다.
2. 이디 : 이루어지지
   기본형은 '일다(成)'로 분석하면 '일-(어간) + -디(부정 부사형 연결 어미)'이다. '일-'은 뒤에 오는 '디'의 두음으로 인하여 'ㄹ'이 탈락되어 나타난다.
3. 몯ᄒᆞ리라 : 못하리라
   기본형은 '몯ᄒᆞ다'로 분석하면 '몯ᄒᆞ-(어간) + -리-(미래 추측 선어말 어미) + -라(설명형 종결 어미)'이다.

【주】行門ㅣ 비·록 ·곳 ·업·스나 慈과 忍이 根源ㅣ로다 古德
이 云忍心今ㅣ오 辱境若龜毛ㅣ라 ᄒ시니라(39b, 8 -39b, 9)

【주 현대역】 수행의 문[行門]이 비록 끝없으나 자비(慈悲)와 인욕(忍
辱)이 근원이로다. 고덕(古德)이 이르시되 "참는 마음은 환상의 꿈과 같
고 욕(辱)의 경계는 거북의 털과 같다."라고 하시니라.

【주 한자어 풀이】

1. 행문(行門) : 실행의 방면. 신(身)·구(口)·의(意)의 계율을 수행하
   는 것이다.
2. 자(慈) : 자비(慈悲)의 줄임말. 중생에게 즐거움을 주는 것을 자(慈)
   라 하고 고(苦)를 없애 주는 것을 비(悲)라 한다.
3. 인(忍) : 인욕(忍辱)의 줄임말. 욕됨을 참고 안주(安住)한다 뜻. 온갖
   모욕과 번뇌를 참고 원한을 일으키지 않는 것을 말한다.

【주 언해문 분석】

1. 곳 : 끝, 가
   어형은 '곳〉ᄀᆞ〉ᄀ〉가'로 변화하였다. 15세기 국어〈용비어천가〉(1447)
   (57장)에 'ᄀᆞ'으로도 나타난다. 이 어형은 '邊, 岸, 際, 塞, 畔, 界' 등의
   언해로 나타난다.

凡有下心者는

【원문】凡有下心者는 萬福이 自歸依ᄒ리라(40a, 1- 40a, 1)
【현대역】무릇 마음을 낮춰 쓰는 사람에게는 만복(萬福)이 스스로 귀의(歸依)하느니라.

【한자어 풀이】
1. 하심(下心) : 마음을 낮춰 쓰다. 곧 자신을 낮추는 것을 말한다.
2. 귀의(歸依) : 돌아가거나 돌아와 의지함.

【언해문】大凡 ᄆᆞᄉᆞᆷ ᄂᆞᆺ가·이 ·쓰·ᄂᆞᆫ ·사ᄅᆞ·ᄆᆞᆫ 萬福ㅣ 절·로 歸依ᄒᆞᄂᆞ니라(40a, 2 - 40a, 2)
【현대역】무릇 마음을 낮게 쓰는 사람은 만복(萬福)이 저절로 귀의(歸依)하느니라.

【언해문 분석】
1. ᄂᆞᆺ가이 : 낮게
  분석하면 'ᄂᆞᆺ갑-(어근) + -이(부사 파생 접사)'이다. 어형은 'ᄂᆞᆺ가비>ᄂᆞᆺ가이'로 변화하였다.
2. 쓰ᄂᆞᆫ : 쓰는
  기본형은 '쓰다(用)'로 분석하면 '쓰-(어간) + -ᄂᆞᆫ(현재 시상 관형형 어미)'이다. 기본형은 '쓰다>쓰다'로 변화하였다. '쓰다'는 중세국어에서 '쓰다(用), 쓰다(書)'로 구별하여 적었으나 현대국어에서는 표기상 구별되지 않는다.

【주】大海ㅣ ᄂᆞᆺ가·올·ᄉᆡ 百川에 王이 되이ᄂᆞ·니라(40a, 2 ~40a, 3)
【주 현대역】큰 바다는 낮으므로 온갖 내[川]에서 왕이 되느니라.

【주 언해문 분석】
1. ᄂᆞᆺ가올ᄉᆡ : 낮으므로
   기본형은 'ᄂᆞᆺ갑다'로 분석하면 'ᄂᆞᆺ갑-(어간) + -ㄹᄉᆡ(원인의 연결 어미)'이다.
2. 되이ᄂᆞ니라 : 되느니라
   기본형은 '되이다'로 분석하면 '되이-(어간) + -ᄂᆞ-(현재 시상 선어말 어미) + -니라(설명형 종결 어미)'이나, 어간형 '되이-'는 '되-(어근) + -이(피동의 파생 접사)'이다.

生死中에 不失正念이

【원문】生死中에 不失正念이 大力菩薩ㅣ니 正念者ᄂᆞᆫ 無念也ㅣ라(40a, 4 - 40a, 4)

【현대역】 생사(生死) 가운데에서 정념(正念)을 잃지 않는 이가 힘센 보살(菩薩)이니 정념(正念)은 무념(無念)이다.

【한자어 풀이】

1. 정념(正念) : 8정도(正道)의 하나. 사념(邪念)을 버리고 항상 향상을 위하여 수행하기에 성신을 십숭하는 것이다.

2. 대력보살(大力菩薩) : 자유자재의 힘을 가진 보살.

3. 무념(無念) : 대상의 상(相)을 초월하고 진어(眞如)의 본성에 관한 마음까지도 넘어선 무아의 상태를 말한다.

【언해문】 生死에셔 正念 일·티 아·니·호·미 ·힘:센 菩薩ㅣ니 正念은 念 ·업·슨 거시라(40a, 5 - 40a, 5)

【현대역】 생사(生死)에서 정념(正念)을 잃지 않는 것이 힘센 보살(菩薩)이니 정념(正念)은 생각[念] 없는 것이다.

【언해문 분석】

1. 生死에셔 : 생사에서

분석하면 '生死(명사) + 에셔(처소격 조사)'이다.

2. 일티 : 잃지

기본형은 '잃다'로 분석하면 '잃-(어간) + -디(부정 부사형 연결 어미)'이다.

3. 아니호미 : 않는 것이

기본형은 '아니ᄒᆞ다'로 분석하면 '아니ᄒᆞ-(어간) + -옴(명사형 어미) + 이(주격 조사)'이다.

4. 힘센 : 힘센

기본형은 '힘세다'로 분석하면 '힘세-(어간) + -ㄴ(관형형 어미)'이다. 어간형 '힘세-'는 '힘(力) + 세-(强)의 결합이다.

5. 菩薩ㅣ니 : 보살(菩薩)이니

분석히면 '菩薩(명사) + ㅣ(서술격 조사) + -니(설명의 연결 어미)'이다.

【주】 古聖이 니ᄅᆞ·샤ᄃᆡ 山間禪定·은 어렵디 아·니커·니와 世間境·을 對ᄒᆞ야 念 뮈우디 아·니호미 ᄀᆞ·장 어렵다 ᄒᆞ시니라(40a, 5 -40a, 7)

【주 현대역】 옛 성인이 이르시되 "산간(山間)의 선정(禪定)은 어렵지 않지만 세간(世間)의 경계를 대하여 생각[念]을 움직이지 않는 것이 가장 어렵다."라고 하시니라.

【주 언해문 분석】

1. 어렵디 : 어렵지

기본형은 '어렵다'로 분석하면 '어렵-(어간) + -디(부정 부사형 연결 어미)'이다.

2. 아니커니와 : 않지만, 않거니와

기본형은 '아니ᄒᆞ다'로 분석하면 '아니ᄒᆞ-(어간) + -거니와(양보의 연결 어미)'이다.

3. 뮈우디 : 움직이지

기본형은 '뮈우다'로 분석하면 '뮈우-(어간) + -디(부정 부사형 연결 어미)'이다. 어간형 '뮈우-'는 '뮈-(어근) + -우(사동의 파생 접사)'이다.

守本眞心이 大精進人也ㅣ라

【원문】守本眞心이 大精進人也ㅣ라 又身心不動이 第一精進ㅣ니라(40a, 8 - 40a, 9)

【현대역】본래의 참된 마음[眞心]을 지키는 이가 큰 정진(精進)하는 사람이라. 또 몸[身]과 마음[心]이 움직이지 않는 것이 최고의 정진(精進)이니라.

【한자어 풀이】
1. 정진(精進) : 성불하려고 노력하는 보살이 수행하는 6도(度)의 하나. 세속의 인연을 끊고 재계하고 소식(素食)하면서 불도에 몸을 바치는 것을 말한다.

【언해문】本眞心 디·킈·유·미 ·큰 精進ᄒᆞᄂᆞᆫ ·사ᄅᆞ미라 ·ᄯᅩ 身과 心을 動·티 아·니·호·미 第一:엣 精進ㅣ니라(40b, 1 -40b, 2)

【현대역】본래의 진실된 마음[眞心]을 지키는 것이 큰 '정진(精進)하는 사람'이다. 또 몸[身]과 마음[心]을 움직이지 않는 것이 제일(第一)의 정진(精進)이니라.

【언해문 분석】
1. 디·킈유·미 : 지키는 것이
   기본형은 '디킈다'로 분석하면 '디킈-(어간) + -윰(명사형 어미) + 이

(주격 조사)'이다. 이 책의 (3b, 1)에는 중철표기 된 '딕킈여'가 나타난다.

2. 아니호미 : 않는 것이

기본형은 '아니ᄒ다'로 분석하면 '아니ᄒ-(어간) + -옴(명사형 어미) + 이(주격 조사)'이다.

3. 第一엣 : 제일의, 최고의

분석하면 '第一(명사) + 에(처소격 조사) + ㅅ(관형격 조사)'이다.

【주】精은 不雜홀시오 進ᄂᆞᆫ 不退홀시라(40b, 2 -40b, 2)

【주 현대역】정(精)은 (다른 마음을) 섞지 않는 것[不雜]이고 진(進)은 물러나지 않는 것[不退]이다.

【주 언해문 분석】

1. 不雜홀시오 : 섞지 않는 것이고

기본형은 '부잡(不雜)ᄒ다'로 분석하면 '不雜ᄒ-(어긴) + ㄹ(관형형 어미) + ᄉ(의존 명사) + 이(서술격 조사) + -오(나열의 연결 어미)'이다.

經에 云若起精進心ㅣ면

【원문】經에 云若起精進心ㅣ면 是妄ㅣ라 非精進ㅣ라 ᄒᆞ시고 古德ㅣ 云莫妄想ᄒᆞ며 休得也ᄒᆞ라 ᄒᆞ시다(40b, 3 - 40b, 4)

【현대역】경(經)에 이르되 "만일 정진(精進)한다는 마음을 일으키면 이는 망상[妄]이라서 정진이 아니다."라고 하시고 고덕(古德)이 이르시되 "망상(妄想)을 말며 쉬라."라고 하셨다.

【한자어 풀이】
1. 막망상(莫妄想) : 망상하지 말라.
2. 휴득(休得) : '필요 없다'의 뜻으로 여기서는 금지의 뜻을 강조하기 위한 것이다.

【언해문】經에 니ᄅᆞ·샤·ᄃᆡ ·ᄒᆞ·다·가 精進ㅣ·랏 ᄆᆞᅀᆞ·믈 니ᄅᆞ와·ᄃᆞ:면 ·이·ᄂᆞᆫ 妄ㅣ라 精進 이·니라 ᄒᆞ시고 古德ㅣ 니ᄅᆞ·샤·ᄃᆡ 妄想·ᄋᆞᆯ :말·며 :말라 ·ᄒᆞ시다(40b, 5 - 40b, 6)

【현대역】경(經)에 이르시되 "만일 정진(精進)이라는 마음을 일으키면 이는 망상[妄]이라 정진이 아니다."라고 하시고 고덕(古德)이 이르시되 "망상(妄想)을 말며 말아라."라고 하셨다.

【언해문 분석】
1. ᄒᆞ다가 : 만일(萬一), 반약(萬若), 하다가

2. 精進ㅣ랏 : 정진(精進)이라는

분석하면 '精進(명사) + ㅣ(서술격 조사) + -라(설명형 종결 어미) + ㅅ(관형격 조사)'이다. 현대국어에서는 종결어미 다음에 관형형 어미 '-ㄴ, -는'이 쓰이지만 여기에서는 15세기 국어처럼 'ㅅ' 관형격조사가 쓰이는 모습을 보여준다.

3. 니ㄹ와ᄃ면 : 일으키면

기본형은 '니ㄹ왇다'로 분석하면 '니ㄹ왇-(어간) + -ᄋ면(조건의 연결 어미)'이다.

4. 이니라 : 아니다

이것은 '非'의 언해로 '아니라'의 잘못으로 보인다.

5. 말라 : 말아라

기본형은 '말다'로 분석하면 '말-(어간) + -라(명령형 종결 어미)'이다. 이것은 '休得'을 언해한 것으로 금지의 뜻을 강조하기 위해 쓰인 것이다.

【주】莫妄想·은 天眞佛ㅣ오 休妄想·은 佛天眞ㅣ로다(40b, 6 -40b, 7)

【주 현대역】 망상(妄想)이 없는 것은 천진불(天眞佛)이고 망상(妄想)을 멈추는 것은 부처[佛]의 천진(天眞)이로다.

【주 한자어 풀이】

1. 천진불(天眞佛) : 천진이란 꾸밈이 없이 자연 그대로의 모습을 말함. 곧 천진불은 그러한 부처를 말한다. 법신불(法身佛)이라고도 한다.

於道애 懈怠者는

【원문】 於道애 懈怠者는 常常望後ㅎᄂ니 是는 自棄人也ㅣ
라(40b, 8 - 40b, 9)

【현대역】 도(道)에 게으른 사람은 항상 뒤를 돌아보나니 이는 자기를
버리는 사람이니라.

【언해문】 道애 게이·른 ·사ᄅ·ᄆ 常例 後:를 ·ᄇ:라ᄂ·니 ·
이·ᄂ 저·를 ᄇ·리ᄂ ·사ᄅ미니라(41a, 1 -41a, 1)

【현대역】 도(道)에 게으른 사람은 항상 뒤를 바라보나니 이는 자기를
버리는 사람이니라.

【언해문 분석】
1. 게이른 : 게으른
   기본형은 '게이ᄅ다'로 분석하면 '게이ᄅ-(어간) + -ㄴ(관형형 어
   미)'이다. 이 책의 (35a, 2)에는 '게이르며'가 나타난다.
2. ᄇ라ᄂ니 : 바라보나니
   기본형은 'ᄇ라다'로 분석하면 'ᄇ라-(어간) + -ᄂ-(현재 시상 선어
   말 어미) + -니(설명의 연결 어미)'이다. 중세국어에서 'ᄇ라다'는
   '願', '視'의 뜻으로 쓰였는데 현대국어에서는 '바라다(願)', '바라보다
   (視)'로 구별되어 쓰인다.
3. 저를 : 자기를

분석하면 '저(명사) + 룰(목적격 조사)'이다. '저'는 '自'를 언해한 것
으로 중세국어 재귀대명사이다. '저'는 중세국어에서 높임의 대명사
'주갸'에 대응하여 겸양의 뜻을 지닌다.

4. 브리는 : 버리는

기본형은 '브리다'로 분석하면 '브리-(어간) + -는(현재 시상 관형형
어미)'이다. '브리다'는 동음이의어에 '브리다(捨)〉버리다, 브리다
(排)〉벌이다, 브리다〉베다(割), 브리다(委)〉맡기다' 등이 있는데 여기
서는 첫 번째의 뜻이다.

【주】望後는 細則今日後日ㅣ오 麁則今身後身ㅣ라 展轉推
托ᄒᆞ니 可謂自棄ㅣ로다(41a, 1 41a, 2)

【주 현대역】뒤를 바라본다는 것은 자세히 말하면 오늘[今日]과 내일
[後日]이고 대략 말하면 이승의 몸[今身]과 저승의 몸[後身]이다. 넘어
지고 자빠져 다른 일을 핑계[展轉推托]로 삼으니 가히 이르기를 자기를
버렸다고 할 만하도다.

【주 한자어 풀이】

1. 금신(今身) : 이승의 몸. 현재의 몸.

2. 후신(後身) : 저승의 몸. 내세의 몸.

3. 전전(展轉) : 넘어지고 자빠지는 것.

4. 추탁(推託) : 다른 일을 핑계로 삼음.

經에 云持呪는

【원문】 經에 云持呪는 現業易制ㅣ라 自行可違ㅣ어니와 宿業難除ㅣ라 必借神力ㅣ라 ㅎ시니라(41a, 3 - 41a, 4)

【현대역】 경(經)에 이르되 "신주(神呪)를 외우는 것은, 현재[現世]의 업(業)은 제어(制禦)하기 쉬워서 자기 수행(修行)으로 가히 거스를 수 있지만 전생의 업은 제거하기 어려워서 반드시 신비한 힘[神力]을 빌려야 하기 때문이다."라고 하시니라.

【언해문】 經에 니ᄅᆞ·샤·ᄃᆡ 神呪를 誦持·ᄒᆞ·ᄆᆞᆫ 現世業은 制禦·ᄒᆞ·미 쉬·운·디라 내 行·ᄋᆞ·로 可·히 거·스·리와·ᄃᆞ·려니·와 宿世業·은 더·로·미 어·려운·디라 ·반·ᄃᆞ기 神力·을 假借ᄒᆞ야·사 ᄒᆞ리라 ㅎ시니라(41a, 5 - 41a, 7)

【현대역】 경(經)에 이르시되 "신주(神呪)를 독송(讀誦)하는 것은, 현재[現世]의 업(業)은 제어(制禦)하는 것이 쉬운지라 내 수행(修行)으로 가히 거스르겠거니와 전생의 업은 더는 것이 어려운지라 반드시 신비한 힘을 빌려야 할 것이다."라고 하시니라.

【한자어 풀이】

1. 신주(神呪) : 불가사의한 주문. 의역으로는 진언(眞言) 또는 비밀어(秘密語)가 있으며 신험(神驗)을 나타내기 위하여 외우는 주문을 말한다.

2. 송지(誦持) : 독송수지(讀誦受持)의 준말. 항상 경전을 독송하는 것을 말한다.

3. 신력(神力) : 불보살이 갖는 불가사의한 힘.

4. 숙세(宿世) : 전생. 곧 지난 세상의 생애.

【언해문 분석】

1. 쉬운디라 : 쉬운지라

기본형은 '쉽다'로 분석하면 '쉽-(어간) + -ㄴ디라(이유의 연결 어미)'이다.

2. 거스리외ᄃᆞ러니와 : 거스르겠거니와, 어기겠거니와

기본형은 '거스리왇다(違)'로 분석하면 '거스리왇-(어간) + -ᄋᆞ리-(미래 추측 선어말 어미) + -어니와(양보의 연결 어미)'이다.

3. 더로미 : 더는 것이, 없애는 것이

기본형은 '덜다(除)'로 분석하면 '덜-(어간) + -옴(명사형 어미) + 이(주격 조사)'이다. 여기에서는 '除'를 언해한 것으로 '제거한다'는 뜻이다.

4. 假借ᄒᆞ야ᅀᅡ : 빌려야

기본형은 '가차(假借)ᄒᆞ다'로 분석하면 '假借ᄒᆞ-(어간) + -야ᅀᅡ(의무의 부사형 연결 어미)'이다. '-야ᅀᅡ'는 '-어ᅀᅡ'의 형태론적 이형태이다.

【주】 今或世人ㅣ 欲正而邪ᄒᆞ며 欲潔而染ᄒᆞ며 德隆福鄙ᄒᆞ며 行善身凶ᄒᆞ며 至於無惡而禍ᄒᆞ며 不殺而夭ᄒᆞᄂᆞ니 皆是宿業ㅣ라 楞嚴經에 云誦持神呪者ᄂᆞᆫ 五逆重罪ㅣ 如風吹沙ᄒᆞ야 次定成佛ᄒᆞ리라 ᄒᆞ시니라(41a, 7 -41a, 9)

【주 현대역】 지금 혹 세상 사람이 바르게 살고자 해도 사악하게 되며[欲正而邪] 깨끗하게 하려 해도 더럽게 되며[欲潔而染] 덕을 쌓아도 복이 없으며[德隆福鄙] 착한 일을 행해도 몸이 흉하며[行善身凶] 악한 일을 하지 않는데도 화가 닥치며[至於無惡而禍] 살생하지 않아도 요절

하니[不殺而夭] 모두 이것은 과거의 업[宿業]이다. 능엄경(楞嚴經)에 이
르기를 "신주(神呪)를 독송(讀誦)하는 사람은 오역중죄(五逆重罪)가 마
치 바람이 모래를 부는 것과 같아 다음에 반드시 성불(成佛)할 것이다."
라고 하시니라.

【주 한자어 풀이】

1. 오역중죄(五逆重罪) : 오역죄(五逆罪). 불교의 5가지 중죄. 소승불교
   에서는 아버지를 죽이는 것, 어머니를 죽이는 것, 아라한(阿羅漢)을
   죽이는 것, 교단의 화합 일치를 깨는 것, 부처의 몸에 피를 내는 것을
   말하고 대승불교에서는 탑과 절을 파괴하고 경상(經像)을 불사르며 3
   보의 재물을 훔치는 것, 3승법(乘法)을 비방하고 성교(聖敎)를 경멸
   하며 미천하게 여기는 것, 스님을 욕하고 부리는 것, 소승의 오역죄
   를 범하는 것, 인과의 도리를 믿지 않고 악구(惡口)나 사음(邪淫) 등
   의 열 가지 선하지 않은 업을 짓는 것을 말한다.

達摩ㅣ 云禮拜ᄂᆞᆫ

【원문】達摩ㅣ 云禮拜ᄂᆞᆫ 禮者敬也ㅣ오 拜者伏也ㅣ니 恭敬 眞性ᄒᆞ고 屈伏無明ㅣ라 ᄒᆞ시고 又云身口意이 淸淨ㅣ라 ᄒᆞ 시니라(41b, 1 - 41b, 3)

【현대역】 달마(達摩)가 이르시되 "예배(禮拜)의 예(禮)는 공경(恭敬)하는 것이고 배(拜)는 굴복(屈伏)하는 것이니 참된 성품[眞性]을 공경(恭敬)하고 무명(無明)을 굴복시키는 것이다."라고 하시고 또 이르시되 "몸 [身]과 입[口]과 뜻[意]이 정정(淸淨)해야 한다."라고 하시니라.

【한자어 풀이】
1. 예배(禮拜) : 공경하는 뜻을 몸으로 표현하는 형식. 합장·공경하고 불보살 앞에 꿇어 앉아 머리를 수그리고 경건하게 절하는 것을 말한다.
2. 무명(無明) : 근본적인 무지(無知). 잘못된 의견이나 집착 때문에 진리를 깨닫지 못하는 마음의 상태. 모든 번뇌의 근원이 된다.

【언해문】達摩ㅣ 니ᄅᆞ·샤·ᄃᆡ 禮拜·호ᄆᆞᆫ 禮ᄂᆞᆫ 恭敬홀 ·시오 拜·ᄂᆞᆫ 屈伏홀 ·시니 眞性을 恭敬ᄒᆞ고 無明·을 屈伏·호미라 ᄒᆞ 시고 ·ᄯᅩ 니ᄅᆞ·샤·ᄃᆡ 身과 口과 意왜 淸淨ᄒᆞᄂᆞ니라 ᄒᆞ시니라
(41b, 4 -41b, 5)

【현대역】 달마(達摩)가 이르시되 "예배(禮拜)하는 것은, 예(禮)는 공경

(恭敬)하는 것이고 배(拜)는 굴복(屈伏)하는 것이니 참된 성품[眞性]을 공경(恭敬)하고 무명(無明)을 굴복시키는 것이다.”라고 하시고 또 이르시되 “몸[身]과 입[口]과 뜻[意]이 청정(淸淨)하느니라.”라고 하시니라.

【언해문 분석】

1. 禮拜호문 : 예배(禮拜)하는 것은

   기본형은 ‘예배(禮拜)ᄒ다’로 분석하면 ‘禮拜ᄒ-(어간) + -옴(명사형 어미) + 은(지정의 보조사)’이다.

2. 屈伏홀 시니 : 굴복(屈伏)하는 것이니

   기본형은 ‘굴복(屈伏)ᄒ다’로 분석하면 ‘屈伏ᄒ-(어간) + -ㄹ(관형형 어미) + ᄉ(의존 명사) + 이(서술격 조사) + -니(설명의 연결 어미)’이다.

3. 身과 口과 意왜 : 몸과 입과 뜻이

   분석하면 ‘身(명사) + 과(공동격 조사) + 口(명사) + 과(공동격 조사) + 意(명사) + 와(공동격 조사) + ㅣ(주격 조사)’이다. 현대국어에서는 이런 표기법이 없다. 헌 이법은 두 가지를 비교할 때 후행 어사에는 공동격 조사를 생략하고 주격 조사만 붙여 쓰고 있으나 중세국어에서는 반드시 공동격을 후행 어사에도 붙여 놓고 다시 주격 조사를 붙였다. 이를 집단 곡용이라고 부른다.

【주】 禮拜ᄂ 自性佛:ᄭ 歸依홀 시니 亦是廻妄向眞ㅣ라(41b, 6 -41b, 6)

【주 현대역】 예배(禮拜)는 자성불(自成佛)께 귀의(歸依)하는 것이니 또한 이는 망념(妄念)을 돌리어 진성(眞性)으로 향하는 것이다.

【주 한자어 풀이】

1. 자성불(自成佛) : 자기 스스로의 본성을 깨닫는 것.

念佛은 在口曰誦 ㅣ 오

【원문】念佛은 在口曰誦 ㅣ 오 在心曰念 ㅣ 니 徒誦失念ㅎ면
於道애 無益ㅎ리라(41b, 7 - 41b, 8)

【현대역】염불(念佛)은, 입에 있는 것은 송(誦)이라 하고 마음에 있는
것은 염(念)이라 하니 단지 암송[誦]만하고 생각[念]이 없으면 도(道)에
무익(無益)하리라.

【한자어 풀이】

1. 염불(念佛) : 10염(念)의 하나로 부처님의 공덕이나 모습을 마음으로
   떠올리거나 입으로 아미타불의 명호를 일컫는 것을 말한다.

【언해문】念佛·호·ᄆᆫ 이·베 두·믈 닐·온 誦 ㅣ 오 ᄆᆞᅀᆞ·애 두·
믈 ·닐:온 念 ㅣ ·니 ᄒᆞᆫ갓 誦ㅎ고 念 일·흐:면 道애 利益이 ·입·
스·리리(41b, 9 - 42a, 1)

【현대역】염불(念佛)하는 것은 입에 두는 것을 이름이 송(誦)이고 마음
에 두는 것을 이름이 염(念)이니 단지 암송[誦]하고 생각[念]을 잃으면
도(道)에 이익(利益)이 없으리라.

【언해문 분석】

1. 念佛호ᄆᆫ : 염불(念佛)하는 것은
   기본형은 '염불(念佛)ㅎ다'로 분석하면 '念佛ㅎ-(어간) + -옴(명사형

어미) + 은(지정의 보조사)'이다.

2. 두믈 : 두는 것을

　기본형은 '두다'로 분석하면 '두-(어간) + -움(명사형 어미) + 을(목
적격 조사)'이다. 원문의 '有'를 언해한 것으로 '있다'는 뜻이다.

3. 닐온 : 이름이, 이른바

　기본형은 '니르다'로 분석하면 '닐-(어간) + -오-(의도법 선어말 어
미) + -ㄴ(명사형 어미)'이다.

4. ᄒᆞᆫ갓 : 단지

　부사 'ᄒᆞᆫ갓'은 두 가지 의미를 가진다. 하나는 '단지, 오직'의 의미이
고 다른 하나는 '공연히'의 의미이다. 여기서는 앞의 뜻이다.

5. ᄆᆞᅀᆞ애 : 마음에

　이 책에서는 연철 표기된 'ᄆᆞᅀᆞᆫ, ᄆᆞᅀᆞ미, ᄆᆞᅀᆞ믈브터'와 분철표기된
'ᄆᆞᅀᆞᆷ으로, ᄆᆞᅀᆞᆷ의'가 나타나는 것으로 보아 'ᄆᆞᅀᆞ매'나 'ᄆᆞᅀᆞᆷ애'의 잘못
으로 보인다.

6. 입스리리 : 없으리라

　원문의 '無益ᄒᆞ리라'에 대한 언해이므로 '업스리라'의 잘못으로 보인다.
분석하면 '없-(어간) + -으리-(미래 추측 선어말 어미) + -라(설명형
종결 어미)'이다.

【주】心則緣佛境ᄒᆞ야 憶持不忘ᄒᆞ고 口則稱佛名號ᄒᆞ야 分
明不亂홀 시 名曰 念佛ㅣ라(42a, 1 - 42a, 2)

【주 현대역】 마음으로는 부처의 경계에 대어 생각하여 잊지 않고 입으
로는 부처의 명호(名號)를 불러 분명하게 하여 어지럽지 않은 것[不亂]
이 이름하여 염불(念佛)이다.

【주 한자어 풀이】

1. 불명호(佛名號) : 부처의 이름. 여기에서는 아미타불(阿彌陀佛), 나무
아미타불(南無阿彌陀佛)을 가리킨다.

五祖ㅣ 云守本眞心이

【원문】五祖ㅣ 云守本眞心이 勝念十方諸佛ㅣ라 ᄒ시고 六
祖ㅣ 云常念他佛ᄒ야ᄂᆞᆫ 不免生死ㅣ이니와 守我本心이ᄉᆞ 卽
度彼岸ㅣ라 ᄒ시다(42a, 3 - 42a, 5)

【현대역】오조(五祖)가 이르시되 "본래의 참된 마음[本眞心]을 지키는
것이 시방세계의 모든 부처를 생각하는 것보다 낫다."라고 하시고 육조
(六祖)가 이르시되 "항상 다른 부처만을 생각[念]하면 생사윤회(生死輪
廻)를 면하지 못하지만 내 본래의 마음을 지기면 즉시 저 피안(彼岸)을
건너리라."라고 하셨다.

【한자어 풀이】
1. 오조(五祖) : 오조홍인(五祖弘忍, 602-675). 속성은 주(周)씨로 호북
   성 황매현 출생이다. 중국 선종의 제5대조이다.
2. 육조(六祖) : 육조혜능(六祖慧能, 683- 713). 속성은 노(盧)씨로 광
   동성 신주 신흥현 출생이다. 중국 선종의 제6대조이다.
3. 도피안(度彼岸) : 피안을 건너다. 음역으로 '바라밀다(波羅蜜多)' 또
   는 '바라밀(波羅蜜)'이라 하는데, 생사윤회의 미계(迷界)인 차안을 떠
   나 '해탈', '열반'의 오계(悟界)인 피안에 이르는 것을 말한다.

【언해문】五祖ㅣ 니ᄅᆞ·샤·ᄃᆡ 本眞心·을 디:킈요·미 十方諸
佛 念·호매·셔 勝·타 ·ᄒ시고 六祖ㅣ 니ᄅᆞ·샤·ᄃᆡ 常例 다ᄅᆞᆫ 부

·뎌 念ㅎ:야·ᄂᆞ 生死·를 免·티 몯ㅎ·려니·와 내 本心·을 딕:킈
여·ᄉᆞ 즉재 뎌 ᄀᆞ·새 건너리라 ·ㅎ시다(42a, 6 - 42a, 8)

【현대역】오조(五祖)가 이르시되 "본래의 참 마음[本眞心]을 지키는 것
이 시방세계의 모든 부처를 생각하는 것보다 낫다."라고 하시고 육조(六
祖)가 이르시되 "항상 다른 부처를 생각[念]하여서는 생사를 면하지 못
할 것이지만 내 본래의 마음[眞心]을 지키어야 즉시 저 가에 건널 것이
다."라고 하셨다.

【언해문 분석】

1. 딕킈요미 : 지키는 것이
    기본형은 '딕킈다'로 분석하면 '딕킈-(어간) + -욤(명사형 어미) +
    이(주격 조사)'이다.

2. 念ㅎ매셔 : 생각하는 것보다, 생각하는 것에서
    기본형은 '염(念)ㅎ다'로 분석하면 '念ㅎ-(어간) + -옴(명사형 어미)
    + 에셔(비교의 조사)'이다.

3. 勝타 : 낫다, 이긴다
    기본형은 '승(勝)ㅎ다'로 분석하면 '勝ㅎ-(어간) + -다(설명형 종결
    어미)'이다. 어간의 'ㆍ'가 줄고 'ㅎ'이 뒤에 오는 두음 'ㄷ'과 합하여
    'ㅌ'이 되었다.

4. 다ᄅᆞᆫ : 다른
    기본형은 '다ᄅᆞ다'로 분석하면 '다ᄅᆞ-(어간) + -ㄴ(관형형 어미)'이
    다. 기본형은 '다ᄅᆞ다〉다르다'로 변화하였다.

5. 念ㅎ야ᄂᆞᆫ : 생각[念]하여서는
    기본형은 '염(念)ㅎ다'로 분석하면 '念ㅎ-(어간) + -야(부사형 연결
    어미) + ᄂᆞᆫ(대조의 보조사)'이다.

6. 몯ㅎ려니와 : 못할 것이지만, 못하겠거니와
    기본형은 '몯ㅎ다'로 분석하면 '몯ㅎ-(어간) + -리-(미래 추측 선어

말 어미) + -어니와(양보의 연결 어미)'이다. '-리-' 아래에서 'ㄱ'이
탈락하여 '-어니와'로 나타난다. 원문의 ' ㅣ 이니와'는 ' ㅣ 어니와'의
잘못으로 보인다.

7. 딕킈여사 : 지키어야

기본형은 '딕킈다'로 분석하면 '딕킈-(어간) + -여사(의무의 부사형
연결 어미)'이다. 바로 위에 나타나는 '디킈요미'와 비교할 때 '딕'의
말음 'ㄱ'이 중철표기된 것임을 알 수 있다.

8. 뎌 ᄀ새 : 저 가에, 피안에

분석하면 '뎌(대명사) + ᄀ(명사) + 애(처소격 조사)'이다. '뎌'는 지시
대명사로 현대국어의 '저'이다. '뎌 ᄀ'은 곧 '피안(彼岸)'을 의미한다.

9. 건너리라 : 건널 것이다, 건너리라

기본형은 '건너다'로 분석하면 '건너-(어간) + -리-(미래 추측 선어
말 어미) + -라(설명형 종결 어미)'이다.

【주】此下·ᄂᆞᆫ 諸宗師ㅣ 直顯實敎의 即心即佛ᄒᆞ시고　斥破
權敎의 求生淨土ᄒᆞ시니 可謂還丹一粒이 點鐵成金ㅣ오 至理
一言이 革凡成聖ㅣ로다(42a, 8 - 42b, 1)

【주 현대역】이 아래는 여러 종사가 실교(實敎)의 '곧 마음이 곧 부처
임[即心即佛]'을 곧바로 나타내시고 권교(權敎)의 '서방정토에 태어남을
구하는 것[求生淨土]'을 깨트리셨으니 가히 환단 한 알[還丹一粒]이 철
에 떨어져 황금이 되고[點鐵成金] 지극한 이치의 한마디 말이 범부를 변
화시켜 성인을 이룬다고 말하는도다.

【주 한자어 풀이】

1. 종사(宗師) : 덕행이 높아서 후학의 모범이 되는 선사(先師).

2. 실교(實敎) : 진실의 이치를 가르치는 교법.

3. 즉심즉불(即心即佛) : 마음이 곧 부처이며 밖에 따로 부처가 없음을

비유적으로 이르는 말이다.

4. 권교(權敎) : 사람의 소질에 맞게 부처님이 임시로 말씀하신 가르침.

5. 구생(求生) : 태어나는 것을 바람. 이생(已生) 또는 중유(中有)라고도
   한다.

6. 정토(淨土) : 부처님이 계시는 청정한 땅을 말하는데 대승불교에서
   성불하면 가게 된다고 한다.

7. 환단일립(還丹一粒) : 환단 한 알. 환단이란 도가에서 신선의 묘약을
   말한다. 이 한 알을 철 위에서 달이면 황금이 된다고 한다.

8. 점철성금(點鐵成金) : 쇠를 변화시켜 황금이 되게 한다는 뜻.

念念애 見性ᄒ야

【원문】念念애 見性ᄒ야 常行平等ᄒ면 徃如彈指ᄒ야 便覩 彌陁ㅣ리라(42b, 2 - 42b, 3)

【현대역】 순간순간[念念]에 본성(本性)을 보아 항상 평등을 행하면 행함이 손가락을 퉁기는 짧은 사이처럼 곧 아미타불(阿彌陁佛)을 보리라.

【한자어 풀이】

1. 견성(見性) : 자기의 심성을 사무쳐 알고 모든 법의 실상인 당체(當體)와 일치하는 정각(正覺)을 이루어 부처가 되는 것을 말한다.

2. 탄지(彈指) : 손가락을 한 번 퉁기는 정도의 극히 짧은 시간을 말한다.

3. 미타(彌陁) : 아미타불(阿彌陀佛). 대승불교의 중심을 이루는 부처로 자력으로 성불할 수 없는 사람도 이름을 부르면 극락에 갈 수 있다고 한다.

【언해문】 念念에 性·을 ·보와 常例平等·을 行ᄒ:면 가·미 彈 指 ᄉ·이 ᄀᄐ:야 믄·득 彌陁·를 ·보ᅀ·오리라(42b, 4 - 42b, 4)

【현대역】 순간순간[念念]에 본성(本性)을 보아 항상 평등을 행하면 감이 손가락을 퉁기는 사이와 같아서 문득 아미타불(阿彌陁佛)을 볼 것이라.

【언해문 분석】

1. 가미 : 감이

기본형은 '가다(徃)'로 분석하면 '가-(어간) + -ㅁ(명사형 어미) + 이 (주격 조사)'이다. 이곳의 '감'이란 바로 앞에 나오는 행동이 지속되 는 것을 말한다.

2. ᄉᆞ이 : 사이

어형은 'ᄉᆞᅀᅵ〉ᄉᆞ이〉사이'로 변화하였다. 이 책의 (21a, 1)에는 'ᄉᆞ시' 로 나타난다.

3. ᄀᆞᇀ야 : 같아

기본형은 'ᄀᆞᇀ다'로 분석하면 'ᄀᆞᇀ-(어간) + -야(부사형 연결 어 미)'이다.

4. 믄득 : 문득, 갑자기

어형은 '믄득〉문득'으로 원순모음화하였다. 원문의 '便'을 언해한 것 으로 '곧'의 의미이다. 〈두시언해중간본〉(1632)에 '믄드기(5, 27b)', '믄드시(2, 19a)', '믄듯(24, 30b)'의 형태도 나타난다.

5. 보ᅀᆞ오리라 : 볼 것이라

기본형은 '보다'로 분석하면 '보 (어긴) + -ᅀᆞ오-(색제 높임 선어말 어미) + -리-(미래 추측 선어말 어미) + -라(설명형 종결 어미)'이 다. 이 곳의 '-ᅀᆞ오-'는 목적어 '미타'를 높이는 것이다.

迷心念佛이 有取捨義ᄒᆞ니

【원문】迷心念佛이 有取捨義ᄒᆞ니 欣彼極樂이 爲取ㅣ오 厭
此娑婆이 爲捨ㅣ니라 經에 云種種取捨이 皆是輪廻ㅣ라 ᄒᆞ시
니라(42b, 5 - 42b, 7)

【현대역】본심을 잃고 염불(念佛)하는 것은 취사(取捨)의 뜻이 있나니
저 극락(極樂)을 기뻐하는 것이 취(取)가 되고 이 사바(娑婆)를 싫어하는
것이 사(捨)가 되느니라. 경(經)에 이르되 "온갖 취사(取捨)가 모두 윤회
(輪廻)이다."라고 하시니라.

【한자어 풀이】
1. 취사(取捨) : 취하고 버리는 것.
2. 극락(極樂) : 즐거움[樂]이 있는 곳이란 뜻으로 아미타불(阿彌陀佛)
   이 사는 세계를 말한다.
3. 사바(娑婆) : 우리가 사는 이 세계를 말하는데 보통 온갖 번뇌가 있는
   세계이다.

【언해문】므슴 모·ᄅᆞ·고 念佛·ᄒᆞ·미 取·와 捨·왓 ·ᄠᅳ·디 잇
ᄂᆞ·니 :뎌 極樂·을 깃:거·ᄒᆞ미 取ㅣ오 ·이 娑婆·ᄅᆞᆯ :슬허·ᄒᆞ미
捨ㅣ니라 經에 니ᄅᆞ·샤(·ᄃᆡ) 가·지가·짓 取捨이 ·다 ·이 輪廻
ㅣ라 ᄒᆞ시(니)라(42b, 8 - 42b, 9)

【현대역】 마음 모르고 염불(念佛)하는 것은 취함[取]과 버림[捨]의 뜻
이 있나니 저 극락(極樂)을 기뻐하는 것이 취(取)이고 이 사바(娑婆)를
싫어하는 것이 사(捨)이니라. 경(經)에 이르시되 "가지가지의 취사(取捨)
가 모두 이 윤회(輪廻)이다."라고 하시니라.

【언해문 분석】

1. 모ᄅᆞ고 : 모르고

   기본형은 '모ᄅᆞ다'로 분석하면 '모ᄅᆞ-(어간) + -고(나열의 연결 어
   미)'이다. 원문의 '迷'를 언해한 것으로 '잃다'의 의미이다.

2. 取와 捨왓 : 취함[取]과 버림[捨]의

   분석하면 '取(명사) + 와(공동격 조사) + 捨(명사) + 와(공동격 조사)
   + ㅅ(관형격 조사)'이다. 이 책에서는 모음으로 끝나는 체언 다음에
   서도 '과'가 쓰이는 것이 일반적인데(頓悟과 漸修과(3a, 7), 心字과
   性字괘(8b, 9), 住과 異과(11a, 3)) 이곳에서는 공동격 조사로 '와'가
   나타나 있다.

3. ᄠᅳ디 : 뜻이

   분석하면 'ᄠᅳᆮ(意, 명사) + 이(주격 조사)'이다. 어형은 'ᄠᅳᆮ〉뜻'으로 변
   화하였다.

4. 잇ᄂᆞ니 : 있나니

   기본형은 '잇다'로 분석하면 '잇-(어간) + -ᄂᆞ-(현재 시상 선어말 어
   미) + -니(설명의 연결 어미)'이다.

5. 깃거호미 : 기뻐하는 것이

   기본형은 '깃거ᄒᆞ다'로 분석하면 '깃거ᄒᆞ-(어간) + -옴(명사형 어미)
   + 이(주격 조사)'이다. 어간형 '깃거ᄒᆞ-'는 '짓-(어간) + -어(부사형
   연결 어미) + ᄒᆞ-(어간)'가 결합한 통사적 복합어이다.

6. 슬허호미 : 싫어하는 것이

   기본형은 '슬허ᄒᆞ다'로 분석하면 '슬허ᄒᆞ-(어간) + -옴(명사형 어미)

+ 이(주격 조사)'이다. 어간형 '슳허ᄒ-'는 '슳-(어간) + -어(부사형
연결 어미) + ᄒ-(어간)'가 결합한 통사적 복합어이다. '슳다'는 두
가지 뜻이 있는데 동사로 '슬퍼하다(悲)'와 형용사로서 '싫다(厭)'의
뜻이 있다. 여기서는 후자의 의미로 쓰였다.

7. 가지가짓 : 가지가지의, 갖가지의

　　분석하면 '가지가지(명사) + ㅅ(관형격 조사)'이다.

8. ᄒ시(니)라 : 하시니라

　　대응되는 원문의 토와 비교할 때 'ᄒ시니라'가 틀림없다.

【주】梵語에 娑婆ᄂᆞᆫ 此云 堪忍ㅣ니 謂此世界人이 堪忍衆
苦故ㅣ라(43a, 1 -43a, 1)

【주 현대역】 범어(梵語)에 사바(娑婆)는 "이것은 이르되 감인(堪忍)이
다."라고 하니 "이 세계의 사람이 많은 괴로움을 참고 견뎌야 하기 때문
이다."라고 하니라.

【주 한자어 풀이】

1. 이 부분은 내용으로 볼 때 주(註)가 틀림없어 보인다. 그렇지만 ▉로
　　주를 구분했던 다른 경우와 달리 이곳에는 이 표시가 없다.

2. 감인(堪忍) : 참고 견딤.

佛向性中作ㅣ언뎡

【원문】佛向性中作ㅣ언뎡 莫向身外求ㅣ어다 性迷即凡ㅣ오 性覺即佛ㅣ니리(43a, 2 - 43a, 3)

【현대역】부처를 본성(本性) 안에서 찾을지언정 몸 밖에서 구하지 말지어다. 본성(本性)을 모르면 곧 범부(凡夫)이고 본성(本性)을 깨달으면 곧 부처[佛]이니라.

【언해문】부텨·롤 性中·을 向·ᄒᆞ야 되일·디언뎡 :몸 밧·슬 向ᄒᆞ야 求·티 마·ᄅᆞᆯ·디어다 性 모·로·미 곧 凡ㅣ오 性 아·로미 ·곧 佛ㅣ니리(43a, 4 - 43a, 5)

【현대역】부처를 본성(本性) 안[中]을 향하여 되게 할지언정 몸 밖을 향하여 구하지 말지어다. 본성(本性)을 모르는 것이 곧 범부(凡夫)이고 본성(本性)을 아는 것이 곧 부처[佛]이니라.

【언해문 분석】
1. 되일디언뎡 : 되게 할지언정, 찾을지언정
   기본형은 '되이다'로 분석하면 '되이-(어간) + -ㄹ디언뎡(양보의 연결 어미)'이다. 어간형 '되이다'는 '되-(어근) + -이(사동의 파생 접사)'이다.
2. 밧슬 : 밖을
   분석하면 '밧(명사) + ㅅ + 을(목적격 조사)'이다. 이때의 'ㅅ'은 앞에 오는 체언 '밧'의 'ㅅ'으로 인하여 중철표기된 것이다.

3. 마롤디어다 : 말지어다

기본형은 '말다'로 분석하면 '말-(어간) + -오-(의도법 선어말 어미) + -ㄹ디어다(설명형 종결 어미)'이다.

4. 아로미 : 아는 것이, 깨달은 것이

기본형은 '알다'로 분석하면 '알-(어간) + -옴(명사형 어미) + 이(주격 조사)'이다.

5. 佛ㅣ니리 : 부처[佛]이니라

'佛ㅣ니리'는 '佛 ㅣ니라'의 잘못이다.

淨名ㅣ 云迷人는

【원문】淨名ㅣ 云迷人는 念佛求生ㅣ어니와 悟人는 自淨其心ㅣ라 ᄒᆞ시고 又云心淨ᄒᆞ면 佛土ㅣ 淨ㅣ라 ᄒᆞ시고 又云淨穢이 在心ㅣ언뎡 何關國土ㅣ리오 ᄒᆞ시다(43a, 6 - 43a, 8)

【현대역】정명(淨名)이 이르시되 "미혹한 사람은 염불(念佛)하여 (정토(淨土)에) 나는 것[生]을 구하지만 깨달은 사람은 스스로 마음을 깨끗하게 한다."라고 하시고 또 이르시되 "마음이 깨끗하면 불토(佛土)가 깨끗하다."라고 하시고 또 이르시되 "깨끗함과 더러움이 마음에 있는 것이지 어찌 불국토[國土]에 관련되겠는기."라고 하셨나.

【한자어 풀이】

1. 정명(淨名) : '깨끗한 명예'라는 뜻으로 인도 비야리국의 부호인 유마힐(維摩詰)을 가리킨다. 무구칭(無垢稱)이라 부르기도 한다.
2. 불토(佛土) : '불국(佛國)', '불찰(佛刹)', '불계(佛界)'라고도 하는데 부처님이 계시면서 교화하는 국토를 말한다.

【언해문】淨名ㅣ 니ᄅᆞ·샤ᄃᆡ 모·ᄅᆞ·ᄂᆞᆫ ·사ᄅᆞ·ᄆᆞᆫ 念佛ᄒᆞ야 ·나·몰 求·ᄒᆞ거·니·와 ·아·ᄂᆞᆫ ·사ᄅᆞ·ᄆᆞᆫ 제 ᄆᆞᅀᆞ·ᄆᆞᆯ ·조히·오ᄂᆞ·니라 ·ᄒᆞ시고 ·ᄯᅩ 니ᄅᆞ·샤·ᄃᆡ ᄆᆞᅀᆞ·미 ·조ᄒᆞ:면 佛土ㅣ ·조ᄒᆞ리라 ·ᄒᆞ시·고 ·ᄯᅩ 니ᄅᆞ·샤·ᄃᆡ ·조·ᄒᆞ며 ·더·러우·미 ᄆᆞᅀᆞ:매

이슈·미언:뎡 ·엇·뎌 國土·에 브·트·리·오 ᄒ시다(43a, 9 – 43b, 2)

【현대역】정명(淨名)이 이르시되 "모르는 사람은 염불(念佛)하여 나는 것[生]을 구하지만 아는 사람은 제 마음을 깨끗하게 한다."라고 하시고 또 이르시되 "마음이 깨끗하면 불토(佛土)가 깨끗할 것이다."라고 하시고 또 이르시되 "깨끗하며 더러운 것이 마음에 있는 것일지언정 어찌 불국토[國土]에 관련되겠는가."라고 하셨다.

【언해문 분석】

1. 니ᄅ샤딘 : 이르시되, 말씀하시기를
   기본형은 '니ᄅ다'로 분석하면 '니ᄅ-(어간) + -샤-(주체 높임 선어말 어미) + -(오)딘(설명의 연결 어미)'이다.

2. 求ᄒ거니와 : 구하지만, 구하거니와
   기본형은 '구(求)ᄒ다'로 분석하면 '求ᄒ-(어간) + -거니와(양보의 연결 어미)'이다.

3. 조희오ᄂ니라 : 깨끗하게 한다, 맑게 한다
   기본형은 '조희오다'로 분석하면 '조희오-(어간) + -ᄂ-(현재 시상 선어말 어미) + -니라(설명형 종결 어미)'이다.

4. 조ᄒ리라 : 깨끗할 것이다
   기본형은 '좋다(淨)'로 분석하면 '좋-(어간) + -ᄋ리-(미래 추측 선어말 어미) + -라(설명형 종결 어미)'이다.

5. 더러우미 : 더러운 것이, 더러움이
   기본형은 '더럽다'로 분석하면 '더럽-(어간) + -ㅁ(명사형 어미) + 이(주격 조사)'이다.

6. 이슈미언뎡 : 있는 것일지언정, 있는 것이지만
   기본형은 '이시다'로 분석하면 '이시-(어간) + -움(명사형 어미) + 이(서술격 조사) + -언뎡(양보의 연결 어미)'이다.

7. 엇뎌 : 어찌, 어째서

〈석보상절〉(1449)(6, 9a)에 '엇뎨'가 〈두시언해중간본〉(1632)(1, 6a)
에 '엇디' 등의 변형이 나타난다.

8. 브트리오 : 관련되겠는가

기본형은 '븥다'로 분석하면 '븥-(어간) + -으리-(미래 추측 선어말
어미) + -오(설명 의문형 종결 어미)'이다. '-오'는 의문사 '엇뎌'와
호응한다. 원문의 '關'을 언해한 것으로 '관계되다'의 의미이다.

先德ㅣ 云大抵衆生이

【원문】先德ㅣ 云大抵衆生이 識心自度ㅣ언뎡 佛不能度衆
生ㅣ시니라 佛若能度ㅣ신낸 過去諸佛이 已恒沙無量ㅣ샤딩
何故로 我等이 今不成佛고 故知自不修道ᄒ고 徒望淨土者ㅣ
錯矣ㅣ로다(43b, 3 - 43b, 6)

【현대역】 선덕(先德)이 이르시되 "무릇 중생이 마음을 알아 스스로를
제도(濟度)할지언정 부처가 능히 중생을 제도(濟度)하지 못하시느니라.
부처가 만일 능히 제도(濟度)하신다면 과거(過去)에도 부처들이 이미 항
아의 모래[恒沙]처럼 많아 헤아릴 수 없는데도 어떤 이유로 우리들이 지
금까지 성불(成佛)하지 못하는고? 그러므로 스스로 도(道)를 닦지 않고
한갓 정토(淨土)를 바라는 것이 착각인 것을 알겠도다."라고 하셨다.

【한자어 풀이】

1. 항사(恒沙) : 항하사(恒河沙)의 준말로 갠지스강을 말한다. 항하사(恒
   河沙)란 갠지스 강에 있는 모래와 같이 많다는 뜻으로 무수한 것에 비
   유하는 말이다.
2. 정토(淨土) : 부처님이 계시는 청정한 국토. 번뇌의 속박을 벗어난 깨
   끗한 세상을 말한다.

【언해문】先德ㅣ 니ᄅ·샤·딩 大抵혼·딩 衆生이 ᄆᄉᆷ 아·라

저·를 濟度·호미언:뎡 부:뎨 能히 衆生·을 濟度·티 ·몯·ㅎ·시
ᄂ·니라 부·뎨 ·ㅎ다가 能·히 濟度·ㅎ실:딘·댄 過去에 諸佛이
ㅎ·마 恒沙 ·근틔·야 그·지 ·업·스샤·딕 ·엇:던 다·ᄉ로 :우·
리·들히 ·이·제·ᄃ·록 成佛 ·몯ㅎ·얏ᄂ·뇨 그:럴·ᄉᆡ :졔 道 닷·
디 아:니·ㅎ고 ·ᄒᆞᆫ갓 淨土 ᄇ·라·ᄂᆞᆫ :사ᄅᆞ·미 錯인·ᄃᆞᆯ ·아·리
로다(43b, 7 − 44a, 1)

【현대역】 선덕(先德)이 이르시되 "무릇 중생이 마음을 알아 스스로를
제도할지언정 부처가 능히 중생을 제도하지 못하시느니라. 부처가 만일
능히 제도하신다면 과거에 제불(諸佛)이 이미 항하의 모래[恒沙] 같아
끝 없으신데 어떤 탓으로 우리들이 이제까지 성불(成佛)을 못하고 있는
가? 그러므로 스스로 도(道)를 닦지 않고 한갓 정토(淨土)를 바라는 것
은 착각인 것을 알겠도다."라고 하셨다.

【언해문 분석】

1. 人抵ㅎᄂᆡ : 무릇
   이 책 (7b, 1)과 (13a, 8)에 '大抵ㅎᄃᆡ'도 보인다.

2. 濟度호미언뎡 : 제도할지언정, 제도하는 것이지
   기본형은 '제도(濟度)ㅎ다'로 분석하면 '濟度ㅎ−(어간) + −옴(명사형
   어미) + 이(서술격 조사) + −언뎡(양보의 연결 어미)'이다.

3. 부뎨 : 부처가
   '부뎨'는 '부톄'의 잘못으로 보인다.

4. 몯ㅎ시ᄂ니라 : 못하시느니라
   기본형은 '몯ㅎ다'로 분석하면 '몯ㅎ−(어간) + −시−(주체 높임 선어
   말 어미) + −ᄂ−(현재 시상 선어말 어미) + −니라(설명형 종결 어
   미)'이다.

5. 濟度ㅎ실딘댄 : 제도하신다면, 제도하신 것인데

기본형은 '제도(濟度)ᄒ다'로 분석하면 '濟度ᄒ-(어간) + -시-(주체 높임 선어말 어미) + -ㄹ(관형형 어미) + ᄃ(의존 명사) + 이(서술격 조사) + -ㄴ댄(조건의 연결 어미)'이다.

6. ᄒ마 : 이미

   '이미'와 '장차'의 뜻이 있는데 여기서는 '이미'의 뜻으로 쓰였다.

7. 곧틱야 : 같아

   기본형은 '곧틱다'로 분석하면 '곧틱-(어간) + -야(부사형 연결 어미)'이다. 어간 '곧틱-'는 '곧ᄒ-'에 'ㄷ'이 중철되고 'ㅣ' 모음이 삽입된 형태이다.

8. 업스샤ᄃㅣ : 없으신데

   기본형은 '없다'로 분석하면 '없-(어간) + -으샤-(주체 높임 선어말 어미) + -(오)ᄃㅣ(설명의 연결 어미)'이다.

9. 다ᄉ로 : 탓으로

   분석하면 '닷(명사) + ᄋ로(도구의 부사격 조사)'이다.

10. 우리돌히 : 우리들이

    분석하면 '우리돓(명사) + 이(주격 조사)'이다.

11. 이제ᄃ록 : 이제까지

    분석하면 '이제(명사) + ᄃ록(한도의 보조사)'이다.

12. 몯ᄒ얏ᄂ뇨 : 못하고 있는가

    분석하면 '몯ᄒ-(어간) + -야(부사형 연결 어미) + (이)ㅅ-(有, 어간) + -ᄂ-(현재 시상 선어말 어미) + -뇨(설명 의문형 종결 어미)'이다. '엇던'과 호응한다.

13. 닷디 : 닦지

    기본형은 '닦다(修)'로 분석하면 '닷-(어간) + -디(부정 부사형 연결 어미)'이다. 어간형 '닷-'은 자음 앞에서 8종성으로 인하여 'ㄱ'이 탈락한 것이다.

13. 흔갓 : 한갓

부사 '흔갓'은 두 가지 의미를 가진다. 하나는 '한갓, 오직'의 의미이
고 다른 하나는 '공연히'의 의미이다. 여기서는 앞의 뜻으로 쓰였다.

14. 錯인 둘 : 착각인 것을

분석하면 '錯(명사) + 이(서술격 조사) + -ㄴ(관형형 어미) + 두(의
존 명사) + ㄹ(목적격 조사)'이다

15. 아리로다 : 알겠도다, 알겠구나

'知'를 언해한 것으로 이 책의 (23b, 4)와 (62a, 7)에 '알리로다'가 나
타나는 것으로 보아 '알리로다'의 잘못이다. 분석하면 '알-(어간) +
-리-(미래 추측 선어말 어미) + -로-(감동법 선어말 어미) + -다
(설명형 종결 어미)'이다.

【주】世典에 云 師曠ㅣ 雖巧ㅣ나 不能彈無絃之琴ㅣ며 狐貉
ㅣ 雖熅ㅣ나 不能熱無氣之人ㅣ라 ᄒᆞ고 佛經에 亦云 大醫王
ㅣ 能治一切病ㅣ·로·ᄃᆡ 不能治命盡之人ㅣ며 大覺王ㅣ 能度
一切衆生ㅣ샤·ᄃᆡ 不能度不信之人ㅣ라 ᄒᆞ시니 :일·로 ·보숩
긴:댄 信 ·업·슨 ·사ᄅᆞ미 自不修道ᄒᆞ고 徒望淨土·호·미 可謂
千錯萬錯ㅣ로다(44a, 1 - 44a, 5)

【주 현대역】세전(世典)에 이르되 "사광(師曠)이 비록 기교 있으나 줄
없는 거문고를 탈 수 없으며 여우와 오소리[狐貉]가 비록 따뜻하나 기
없는 사람을 따뜻하게 할 수 없다."라고 하고 불경(佛經)에 또한 이르되
"대의왕(大醫王)이 모든 병을 고칠 수 있되 목숨이 다한 사람을 고칠 수
없으며 대각왕(大覺王)이 모든 중생을 제도할 수 있으시되 믿지 않는 사
람을 제도할 수 없다."라고 하시니 이로 보건데 믿음[信] 없는 사람이 스
스로 도를 닦지 않고 한갓 정토(淨土)만을 바라는 것은 가위 천 가지가
그릇되고 만 가지가 그릇된 것이로다.

【주 한자어 풀이】

1. 세전(世典) : 세간에 전하는 전적(典籍). 특히 불교의 입장에서 볼 때 불교 이외의 책을 말한다.

2. 사광(師曠) : 춘추시대 진(晉)나라의 악사(樂師). 음(音)을 판별하여 길흉을 점쳤다고 한다.

3. 호학(狐狢) : 여우와 오소리.

4. 대의왕(大醫王) : 부처님을 말한다. 어진 의사가 병에 따라 약을 주어 병자를 낫게 하듯이 부처님이 중생의 근기에 따라 거기에 알맞은 교법을 말하며 그 고통을 없애고 편안하게 하였으므로 대의왕이라고 한다.

5. 대각왕(大覺王) : 부처님을 비유한 말. 큰 깨달음을 성취한 부처님을 말한다.

【주 언해문 분석】

1. 일로 : 이로
   분석하면 '이(대명사) + ㄹ + 로(도구의 부사격 조사)'이다. 'ㄹ'은 '로'의 'ㄹ' 때문에 첨가된 것이다.

2. 보슙긴댄 : 보건대
   이 책의 (5a, 3) 등에 보이는 '보슙건댄'을 참조하면 이것 역시 '보슙건댄'의 잘못으로 보인다. 분석하면 '보-(어간) + -슙-(객체 높임 선어말 어미) + -거-(확인의 과거 시상 선어말 어미) + -ㄴ댄(조건의 연결 어미)'이다.

評曰 上來諸德은

【원문】評曰 上來諸德은 直指一心ᄒ시고 別無方便ᄒ시니 理實如是ㅣ어니와 然ㅣ나 迹門에 實有極樂世界예 阿彌陁佛이 有四十八大願ᄒ시니 凡念十聲者ᄂᆫ 承此願力ᄒ야 必往生蓮胎ᄒ야 徑脫輪廻ᄒᄂ니 三世諸佛이 異口讚歎ᄒ시며 十方菩薩이 同願往生ㅣ온 又況古今往生之人이 傳記예 昭昭ᄒ시니 願諸行者ᄂᆫ 愼勿錯認ㅣ어다 但除其病ㅣ언뎡 不除其法ㅣ시니라(44a, 6 - 44b, 5)

【현대역】 평론하여 말하기를 "위에서 열거한 모든 덕[諸德]은 바로 한 마음[一心]을 가리키시고 별다른 방편이 없으시니 이치로는 참으로 이와 같지만 그러나 자취의 문[迹門]에는 진실로 극락세계에 아미타불(阿彌陁佛)이 사십팔대원(四十八大願)이 있어 무릇 열 번을 염하는 사람은 이 원력(願力)의 힘을 입어 반드시 연꽃태[蓮荒胎] 속에 왕생(往生)하여 윤회(輪廻)를 바로 벗어나니 삼세제불(三世諸佛)이 이구동성(異口同聲)으로 찬탄(讚歎)하시며 시방세계의 보살[十方菩薩]이 함께 왕생(往生)하기를 원(願)하고는 또한 하물며 고금(古今)의 왕생(往生)한 사람이 전기(傳記)에 분명히 나타나시니 원하건대 모두 수행하는 사람은 삼가 잘못 알지 말지어다. 오직 그 병을 덜 뿐이지 그 법(法)은 덜지 아니하느니라."라고 하셨다.

【주 한자어 풀이】

1. 이곳의 원문은 다른 곳의 원문과 달리 한 글자 아래에서 시작하여 제시되고 있다. 이 책의 '(22a, 3-5), (51a 4-5), (51b, 9-52a, 3)' 등에도 이런 표시가 나타난다.

2. 적문(迹門) : 본적이문(本迹二門)의 하나. 법화경(法華經) 28품 중 앞의 14품을 말함. 부처나 보살이 중생을 제도하기 위하여 드리운 자취를 말한다.

3. 아미타불(阿彌陀佛) : 서방정토에 있는 부처. 대승 불교 정토교의 중심을 이루는 부처로 모든 중생을 제도하겠다는 대원(大願)을 품고 성불하여 극락정토에서 교화하고 있으며 이 부처를 염하면 죽은 뒤에 극락세계에 간다고 한다.

4. 사십팔대원(四十八大願) : 아미타불이 법장보살 시절에 중생을 구제하기 위하여 세웠던 48가지의 서원(誓願)을 말한다.

5. 십성(十聲) : 십념(十念). 아미타불을 열 번 염하는 것. 곧 '나무아미타불'하고 열 번 염하는 것을 말한다.

6. 왕생(徃生) : 이 세계에서 벗어나 저 세계에서 나는 일.

7. 삼세제불(三世諸佛) : 과거·현재·미래에 출현하는 여러 부처.

8. 시방(十方) : 동·서·남·북·4유(四維, 동북·동남·서남·서북)·상(上)·하(下)를 이른다.

9. 소소(昭昭) : 밝은 모양.

10. 착인(錯認) : 잘못 알다.

【언해문】評論·ᄒ야 니ᄅ·샤·ᄃᆡ 우:희 諸德·은 바ᄅ 一心·을 ᄀᄅ·치시고 各別흔 方便이 ·업·스시·니 理·로·ᄂᆞᆫ 眞實로 이러·ᄒ커니·와 그러·나 迹門에 眞實로 極樂世界예 阿彌陀佛이 四十八大願·을 ·두겨·시·니 大凡 十聲·을 念·ᄒᆞᆫ ·사ᄅᆞ·ᄆᆞᆫ ·이 願:의 :힘·을 받ᄌᆞ·와 ·반ᄃᆞ기 蓮花胎中:에 ·가 나 輪廻·

룰 즐거 ·벗ᄂ·니 三世諸佛이 다ᄅᆞᆫ :이·브·로 기·리·시며 十方
菩薩·이 ᄒᆞᆫ가·지·로 :가 나·ᄆᆞᆯ 願ᄒᆞ:곤 ·ᄯᅩ ·ᄒᆞ·ᆯ며 古今徃生
ᄒᆞᆫ ·사ᄅᆞ·미 傳記:예 分明·ᄒᆞ시니 願·ᄒᆞᄂᆞᆫ :ᄃᆞᆫ 모·다 行·ᄒᆞᄂᆞᆫ
사ᄅᆞ·ᄆᆞᆫ 삼·가 그르 아·디 마롤·디어·다 오·직 그 病을 더·로
미언:뎡 그 法·은 :더디 아·니·ᄒᆞ시니라(44b, 6 - 45a, 3)

【현대역】 평론하여 이르시되 위에 제덕(諸德)은 바로 한마음[一心]을 가리키시고 각별한 방편이 없으시니 이치로는 진실로 이러하지만 그러나 자취의 문[迹門]에는 진실로 극락세계에 아미타불(阿彌陀佛)이 사십팔대원(四十八大願)을 두고 계시니 무릇 열 번을 염하는 사람은 이 원력의 힘[願力]을 받아 반드시 연화태(蓮花胎) 중에 가서 태어나 윤회(輪廻)를 바로 벗어나니 삼세제불(三世諸佛)이 다른 입으로 기리시며 시방 보살(十方菩薩)이 함께 가서 나는 것을 원(願)하고는 또한 하물며 고금(古今)의 왕생(徃生)한 사람이 전기(傳記)에 분명(分明)하시니 원하는 것은 모두 수행하는 사람은 삼가 그르게 알지 말지어다. 오직 그 병을 딜시언정 그 법(法)은 덜지 아니하시니라.

【언해문 분석】

1. 우희 : 위에
   분석하면 '웋(명사) + 의(특이 처소격 조사)'이다.

2. ᄀᆞᄅᆞ치시고 : 가리키시고
   기본형은 'ᄀᆞᄅᆞ치다'로 분석하면 'ᄀᆞᄅᆞ치-(어간) + -시-(주체 높임 선어말 어미) + -고(나열의 연결 어미)'이다. 'ᄀᆞᄅᆞ치다'는 중세국어에서 '가르치다(敎)'와 '가리키다(指)'의 뜻으로 쓰였다. 여기에서는 후자의 의미로 쓰였다.

3. 理로ᄂᆞᆫ : 이치로는
   분석하면 '理(명사) + 로(자격의 부사격 조사) + ᄂᆞᆫ(지정의 보조사)'이다.

4. 이러ᄒᆞ커니와 : 이러하지만, 이러하거니와

'이러ᄒ거니와'의 잘못으로 보인다. 분석하면 '이러ᄒ-(어간) + -거
니와(양보의 연결 어미)'이다.

5. 眞實로 : 진실로

분석하면 '眞實(명사) + -로(부사 파생 접사)'이다. 〈두시언해중간
본〉(1632) (7, 29b)에는 한자어 대신 '진실로'와 같이 언해로만 표기
된다.

6. 두계시니 : 두고 계시니

기본형은 '두계시다'로 분석하면 '두계시-(어간) + -니(설명의 연결
어미)'이다. 어간 '두계시-'는 '두-'와 '계시-'가 결합한 비통사적 합
성어이다.

7. 念ᄒᅀ온 : 염하는, 생각하는

기본형은 '염(念)ᄒ다'로 분석하면 '念ᄒ-(어간) + -ᅀᅩ-(객체 높임
선어말 어미) + -ㄴ(관형형 어미)'이다. 어형은 '念ᄒᅀᆫ〉念ᄒᅀ온'
으로 변화하였다. '-ᅀᅩ-'는 앞의 십성(十聲)을 높인다.

8. 받ᄌ와 : 받아

기본형은 '받줍다'로 분석하면 '받줍-(어간) + -아(부사형 연결 어
미)'이다. 어형은 '받ᄌ봐〉받ᄌ와'로 변화하였다. '줍'은 앞의 힘을 높
인 것인데 이 '힘'은 아미타불의 원력(願力)을 말한다.

9. 즐거 : 바로, 질러

기본형은 '즑다'로 분석하면 '즑-(어간) + -어(부사형 연결 어미)'이
다. 〈월인석보〉(1459)의 '아홉劫을 즐어 나시니이다'(7, 29b)와 〈능
엄경언해〉(1462)의 '어루 즐어 나사 가리라(1, 44b)를 보면 '즑-'의
받침 'ㄱ'은 보통 약화되어 'ㅇ'으로 표기된다.

10. 다ᄅᆫ : 다른

기본형은 '다ᄅᆞ다'로 분석하면 '다ᄅᆞ-(어간) + -ㄴ(관형형 어미)'이
다. 기본형은 '다ᄅᆞ다〉다르다'로 변화하였다.

11. 기리시며 : 기리시며, 칭찬하시며

기본형은 '기리다(讚嘆)'로 분석하면 '기리-(어간) + -시-(주체 높임 선어말 어미) + -며(나열의 연결 어미)'이다.

12. 흔가지로 : 함께

분석하면 '흔가지(명사) + 로(자격의 부사격 조사)'이다.

13. 나믈 : 나는 것을

기본형은 '나다(生)'로 분석하면 '나-(어간) + -ㅁ(명사형 어미) + 을 (목적격 조사)'이다.

14. 願ᄒ곤 : 원(原)하고는, 원하셨는데

기본형은 '원(原)ᄒ다'로 분석하면 '原ᄒ-(어간) + -고(나열의 연결 어미) + ㄴ(강세의 보조사)'이다.

15. 願ᄒ논 ᄃᆞᆫ : 원하는 것은, 원컨대

기본형은 '원(原)ᄒ다'로 분석하면 '原ᄒ-(어간) + -ᄂᆞ-(현재 시상 선어말 어미) + -오-(의도법 선어말 어미) + -ㄴ(관형형 어미) + ᄃ (의존 명사) + ㄴ(지정의 보조사)'이다.

16. 모다 : 모두

원문의 '諸'를 언해한 것으로 '모두'의 뜻이다.

17. 그르 : 그르게, 그릇

이 책의 (23a, 5)에는 '그ᄅᆞ'도 나타난다.

18. 마롤디어다 : 말지어다

기본형은 '말다'로 분석하면 '말-(어간) + -오-(의도법 선어말 어미) + -ㄹ디어다(설명형 종결 어미)'이다.

19. 더로미언뎡 : 덜지언정

기본형은 '덜다'로 분석하면 '덜-(어간) + -옴(명사형 어미) + 이(서 술격 조사) + -언뎡(양보의 연결 어미)'이다.

【주】此·ᄂᆞᆫ 依迹門·ᄒᆞ샤 偏讚念佛方便·ᄒᆞ·시니라 方便者ᄂᆞᆫ 方將一法·ᄒᆞ야 便逗諸根ㅣ니 諸佛 善巧·엣 法ㅣ시·니라 梵

語·에 阿彌陁·는 此云 無量壽ㅣ시며 亦云 無量光ㅣ시니 十方
三世:옛 第一佛號ㅣ시니라 曰名이 法藏比丘ㅣ·러시니 對世
自在王佛ㅎ슨·와 發四十八願ㅎ·샤·딕 我作佛時·예 十方無央
數世界:옛 諸天人民·으·로 以至蜎飛蝡動之流이 十聲念我名
者는 必生我利ㅎ리니 不得是願·인:댄 終不成佛·호링·이다 云
云·ㅎ시·니 ·이럴·식 先聖ㅣ 云唱佛 一聲에 天魔ㅣ 敬畏·ㅎ며
名除鬼簿ㅎ고 蓮出金池·ㅎᄂ·니라 ㅎ시니 輪廻速脫·호믄 ·쏜
念佛이 捷徑인 ·들 ·아·ᄉ·오리·로다 懺法애 云自力他力이 一
遲一速ㅎ니 欲越苦海者이 種樹作船ᄂ 比自力修行ㅎ니 遲也
ㅣ·오 借船越海ᄂ 比佛力蒙脫ㅎ니 速也ㅣ라 ·ㅎ·시며 又曰
自力經多劫ㅣ어니·와 佛威頃刻時ㅣ라 ㅎ시며 又曰 世間稚兒
ㅣ 迫於水火·ㅎ야 高聲大吽·ㅎ면 父母ㅣ 聞之則諸事且置·코
疾走救援·ㅎᄂ니 如人臨命終時예 高聲念佛則 彼佛ㅣ 具有天
眼天耳ㅎ실·식 決定來迎·ㅎ시리라 彌陁 大悲大願ㅣ 勝於父
母ㅎ시고 衆生 生死苦痛ㅣ 甚於水火ㅣ·로다 有人ㅣ 云唯心
ㅣ 淨土ㅣ라 淨土ᄂ 不可生ㅣ·오 自性ㅣ 彌陁ㅣ라 彌陁·ᄂ 不
可見ㅣ라 ㅎᄂ니 ·이 ·말ᄉ·미 :올ᄒᆞᆫ ·둧·ᄒᆞ·딕 도른·혀 :외·
도다 彼佛·른 無貪無瞋·ㅎ시니 我亦無貪無瞋乎아 彼佛른 變
地獄作蓮花를 易於反掌·ㅎ시거:든 我ᄂ 常恐業力·으·로 自墮
地獄ㅣ:온 況變作蓮花乎아 彼佛른 觀無盡世界·를 如在目前·
ㅎ시거·든 我ᄂ 隔壁事·도 猶不知ㅣ:온 況見十方·을 如目前
乎아 是故로 貪瞋이 雖空ㅣ나 能發業ㅎ고 業亦空ㅣ나 能招
地獄苦ㅎ고 地獄苦ㅣ 雖空ㅣ나 空ㅣ 只麽難忍ㅣ니라 密師ㅣ
云自心에 有體空成事二義ᄒᆞᆯ·식 設實頓悟·코도 終須漸修ㅎ라

·ᄒ시니 豈有天生釋迦自然彌陁ㅣ시·리오 又況馬鳴龍樹ᄂᆞᆫ 悉
是祖師ㅣ·샤ᄃᆡ 明垂言敎·ᄒ샤 深勸徃生·ᄒ시곤 我何人哉ㅣ
완·ᄃᆡ 不欲徃生·고 又各自特量·ᄒ라 如人ㅣ 飮水에 冷煖自知
ㅣ니 臨命終時예 生死去住ㅣ 乆得自在否아 若不如是ㄴ댄 莫
以一時貢高로 却致永劫沈墮ㅣ이다 ᄒ시며 又 佛이 自云 西
方이 去此ㅣ 十萬八千里ㅣ라 ·ᄒ시고 又云 去此ㅣ 不遠ㅣ라
ᄒ시니 何也오 機有利鈍홀·ᄉᆡ 敎有權實·ᄒ시며 語有顯密ᄒ
시니 法王 法中:에ᄂᆞᆫ 殺活ㅣ 自在ㅣ샷다 通人達士ᄂᆞᆫ 將此明
鏡ᄒᆞ야 須辨自面:의 姸醜ㅣ언뎡 毋滯一隅ᄒᆞ야 是是非非ㅣ어
다(45a, 3 – 46b, 2)

【주 현대역】 이는 자취의 문[迹門]에 의지하시어 오로지 염불방편(念佛方便)을 찬탄하시니라. 방편(方便)이라는 것은 바야흐로 한 방법으로 제근(諸根)에 적용하는 것이니 모든 부처[諸佛]의 선교(善巧)의 법(法)이시나. 멈어(梵語)에 아미타(阿彌陁)는 이를 이르되 "무량수(無量壽)"이시며 또 이르되 "무량광(無量光)"이시니 시방삼세(十方三世)에서 제일가는 부처님의 명호(名號)이시다. 수행할 때의 이름[日名]이 법장비구(法藏比丘)이시더니 세자재왕불(世自在王佛)을 대하고 사십팔원(四十八願)을 발(發)하시되 "내가 부처가 되었을 때에 시방(十方) 무앙수(無央數) 세계의 모든 하늘[諸天]과 인민(人民)으로 연비윤동(蜎飛蝡動)의 무리에 이르기까지 내 이름을 열 번 부르는 사람은 반드시 나의 나라에 태어나게 하리니 이 소원을 이루지 못한다면 끝내 성불(成佛)하지 않겠습니다."라고 운운(云云)하시니 이러므로 옛 성인이 이르기를 "부처를 부르는 한 소리에 천마(天魔)가 경외(敬畏)하며 이름이 귀신의 명부에서 지워지고 연꽃이 금 연못에서 나타난다."라고 하시니 윤회(輪廻)를 빨리 벗어나는 것은 또 염불(念佛)이 지름길[捷徑]인 것을 알 것이로다. 참법(懺法)에 이르기를 "자기의 힘과 남의 힘이 하나는 더디고 하나는 빠르

니 고해(苦海)를 건너고자 하는 사람이 나무를 심어 배를 만드는 것은 자력수행(自力修行)에 견줄 수 있으니 더딘 것이고 배를 빌려 바다를 건너는 것은 불력(佛力)에 힘입어 벗어나는데 견줄 수 있으니 빠른 것이다."라고 하시며 또한 이르기를 "스스로의 힘으로는 많은 겁(劫)을 지나야하지만 부처님은 짧은 시간[頃刻]에 없앤다."라고 하시며 또한 말하기를 "세간(世間)의 어린아이[稚兒]가 물이나 불 때문에 다급하여 고성으로 크게 외치면 부모가 듣고서 모든 일을 또한 제쳐두고 급히 달려가 구원하니 마치 사람이 숨을 거둘 때에 큰 소리로 염불(念佛)하면 저 부처님이 천안(天眼)과 천이(天耳)를 깆추고 계시므로 분명히 와서 맞이하시는 것과 같다."라고 하시니라. 아미타불[彌陁]의 대비대원(大悲大願)이 부모보다 나으시고 중생(衆生)의 생사 고통이 물이나 불보다 심하도다. 어떤 사람이 이르기를 "오직 마음[唯心]이 정토(淨土)라서 정토(淨土)는 나는 것이 아니고 자성(自性)이 아미타불[彌陁]이라서 아미타불[彌陁]은 보는 것이 아니다."라고 하니 이 말이 옳은 듯하지만 오히려 그르도다. 저 부처는 탐하지도 않고 성내지도 않으시니 나 또한 탐하지도 않고 성내지도 않았는가? 저 부처는 지옥(地獄)을 바꾸어 연꽃[蓮花] 만들기를 손바닥 뒤집는 것보다 쉽게 하시거든 나는 업력(業力)으로 스스로 지옥(地獄)에 떨어질까 늘 두려워하는데 하물며 변화시켜 연꽃을 만들 수 있는가? 저 부처는 무진세계(無盡世界) 보기를 눈앞[目前]에 있는 듯이 하시거든 나는 담 밖의 일[隔壁事]도 오히려 알지 못하는데 하물며 시방세계[十方] 보기를 눈앞에 있는 것처럼 하겠는가? 이런고로 탐하고 성내는 것이 비록 공(空)이지만 업보[業]를 부르고 업보가 역시 공(空)이지만 능히 지옥의 괴로움을 부르고 지옥고(地獄苦)가 비록 공(空)이지만 공(空)은 다만 참기 어려운 것이다. 밀사(密師)가 이르기를 "스스로의 마음에 체공(體空)과 성사(成事)의 두 뜻이 있으므로 설사 실제로 돈오(頓悟)하더라도 결국은 반드시 점수(漸修)하라."라고 하시니 어찌 천생(天生)의 석가(釋迦)와 자연(自然)의 미타(彌陁)가 있겠는가? 또 하물며 "마명(馬

鳴)과 용수(龍樹)는 모두 조사(祖師)이시지만 분명히 말씀을 하시어 왕
생(往生)을 간절히 권하신데 나는 어떤 사람이관데 왕생(往生)을 원하지
않는가? 또 각자 스스로 각별히 헤아려보라? 사람이 물을 마심에 차고
따뜻함을 스스로 아는 것과 같으니 목숨이 끊어질 때에 나고 죽고 떠나
가고 머무름이 정한대로 생각대로[自在] 되는가? 만일 이와 같지 않다면
한 때의 교만[貢高]으로 도리어 영겁(永劫)동안 깊이 떨어지는 데 이르
지 말라."라고 하시며 또 부처님이 스스로 이르기를 "서방(西方)이 거리
가 이곳에서 10만 8천 리이다."라고 하시고 또 이르기를 "거리가 이곳에
서 멀지 않다."라고 하시니 어찌된 것인가? 근기(根機)는 날카로움[利]
과 무딤[鈍]이 있으므로 가르침에도 방편[權]과 실질[實]이 있으시며 말
에도 나타낼 것[顯]과 감출 것[密]이 있으시니 법왕(法王)의 법 가운데에
는 죽이고 살리는 것이 마음대로이셨도다. 통인(通人)과 달사(達士)는
이 거울을 가지고 모름지기 자기 얼굴의 곱고 더러움[妍醜]을 분별할지
언정 한 모퉁이에만 막혀 옳고 그름을 따지지 말지어다.

【주 한자어 풀이】

1. 염불(念佛) : 입으로 아미타불의 명호를 일컫는 것.
2. 제근(諸根) : 감각기관(눈·귀·코·혀·몸)의 5근(根) 신(信)·진(進)·
   염(念)·정(定)·혜(慧)의 5근. 또는 그 외의 모든 선근(善根)을 말한다.
3. 선교(善巧) : 선권곡교(善權曲巧)의 뜻. 부처님이 중생을 제도할 적에
   그 근기에 맞추어 수단 방법을 쓰는 것이 공교롭고 묘함을 말한다.
4. 법장비구(法藏比丘) : 아미타불의 부처가 되기 전 이름. 아미타불은
   본래 국왕으로 발심 출가하여 중이 되고 호를 법장이라 했다. 세자재
   왕불에게 48원을 세우고 조재영겁(兆載永劫)의 수행을 성취하였으며
   드디어 현재의 아미타불이 되어 지금 극락세계에서 중생을 교화하며
   항상 법을 말씀하고 있다고 한다.
5. 세자재왕불(世自在王佛) : 세간자재왕(世間自在王). 세요왕(世饒王)

이라고도 한다. 아미타불이 법장비구일 때의 부처로 법장비구를 가르쳤다고 한다.

6. 무앙수(無央數) : 무수(無數). 무량(無量). 셀 수 없는 것.

7. 제천(諸天) : 여러 하늘.

8. 연비윤동(蜎飛蝡動) : 연(蜎)은 기어 다니는 것, 비(飛)는 나는 것, 윤(蝡)은 꿈틀거리는 것을 나타낸다. 벌레가 움직이는 모습 또는 벌레를 이른다.

9. 운운(云云) : 글이나 말을 인용하거나 생략할 때에 이러이러하다고 말함의 뜻으로 쓰는 말이다.

10. 선성(先聖) : 옛 성인. 고승. 선사. 과거의 고승들.

11. 천마(天魔) : 4마(魔)의 하나. 천자마(天子魔)라고도 한다. 수행하는 사람을 보면 자기네 권속들을 없애고 궁전을 파괴할 것이라 생각하고 마군을 이끌고 수행하는 이를 시끄럽게 하며 정도를 방해하므로 천마라 한다.

12. 귀부(鬼簿) : 절에서, 죽은 이들의 속명(俗名) · 법명(法名) · 죽은 날짜 따위를 적어 두는 장부.

13. 금지(金池) : 금빛이 나는 연못.

14. 첩경(捷徑) : 지름길.

15. 참법(懺法) : 자기가 저지른 계율상의 죄를 승단의 승려에게 고백하는 방법, 참회(부처님 앞에서 자기의 죄를 회개하고 용서를 비는 일)를 행하는 방법 모두를 이른다.

16. 고해(苦海) : 현실세계의 고통이 끝없음이 마치 바다와 같다는 뜻.

17. 경각(頃刻) : 눈 깜짝할 사이. 또는 아주 짧은 시간.

18. 치아(稚兒) : 치자(稚子). 열 살 전후의 어린 아이.

19. 천안(天眼) : 천취(天趣)에 나거나 또는 선정(禪定)을 닦아서 얻게 되는 눈. 미세한 사물까지도 멀리 또 널리 볼 수 있으며 중생들의 미래 생사도 미리 알 수 있다.

20. 천이(天耳) : 하늘의 귀. 하늘은 높은 곳에 있어도 하계(下界)의 것을 들어 안다고 한다.

21. 미타(彌陁) : 아미타불의 준말.

22. 대비원(大悲願) : 불 · 보살이 모든 중생을 구제하려는 대자 대비한 서원(誓願).

23. 무진세계(無盡世界) : 끝이 없는 세계.

24. 격벽사(隔壁事) : 담 밖의 일. 벽을 사이 둘 정도로 아주 가까움을 가리킨다.

25. 밀사(密師) : 종밀(宗密, 780-841). 중국 당나라 스님으로 화엄종 제 5조(祖)이다.

26. 체공(體空) : 공(空)이라는 것을 분석에 의하지 않고 그대로 체득하는 것.

27. 성사(成事) : 일을 이룸. 또는 일이 이루어짐.

28. 마명(馬鳴) : 중인도 마갈타국 사람. 부처 멸도 후 6백 년 경에 출세한 대승의 논사(論師). 북쪽의 월시국에 들어가 임금의 보호를 받고 대승불교를 선전하였으므로 대승불교의 시조라 불린다.

29. 용수(龍樹) : 부처 멸도 후 7백 년 경의 남인도 사람. 마명의 뒤에 출세하여 대승 법문을 크게 선양하였고 대승불교가 이로부터 발흥하였으므로 후세에서는 그를 제2의 석가(釋迦)라고 일컫는다.

30. 거주(去住) : 떠나감과 머무름. 현실의 생활.

31. 자재(自在) : 구속에서 벗어나 마음에 어떠한 거리낌도 없는 것. 일상의 삶 그대로가 부처의 도리에 어긋나지 않는 것.

32. 공고(貢高) : 교만. 자랑.

33. 영겁(永劫) : 장구한 세월.

34. 기(機) : 근기(根機). 수행자의 소질. 역량.

35. 권실(權實) : 권교(權敎)와 실교(實敎). 권(權)은 중생의 근기(根機)에 알맞도록 가설한 방편을 말하며 실(實)은 수단이 아니고 가설이 아

닌 구경(究竟) 불변하는 진실을 뜻한다.

36. 법왕(法王) : 부처님을 찬탄하여 이르는 말. 부처님은 법문의 주인이
며 중생을 교화함에 자유자재한 묘용(妙用)이 있으므로 이렇게 이름.

37. 통인(通人) : 사물에 통달한 사람.

38. 달사(達士) : 식견이 뛰어나고 사리에 정통하여 사물에 구속되지
않는 사람. 달인이라고도 한다.

【주 언해문 분석】

1. 善巧엣 : 신교(善巧)의
분석하면 '善巧(명사) + 에(처소격 조사) + ㅅ(관형격 조사)'이다.

2. 終不成佛호링이다 : 끝내 성불(成佛)하지 않겠습니다
분석하면 '終不成佛ㅎ-(어간) + -오-(의도법 선어말 어미) + -리-
(미래 추측 선어말 어미) + -이-(하쇼셔체 상대 높임 선어말 어미)
+ -디(설명형 종결 어미)'이다.

3. 捷徑인 둘 : 지름길인 것을
분석하면 '捷徑(명사) + 이(서술격 조사) + -ㄴ(관형형 어미) + 두
(의존 명사) + ㄹ(목적격 조사)'이다.

4. 아ᅀᆞ오리로다 : 알 것이로다, 알겠도다
기본형은 '알다'로 분석하면 '알-(어간) + -ᅀᆞ오-(객체 높임 선어말
어미) + -리-(미래 추측 선어말 어미) + -로-(감동법 선어말 어미)
+ -다(설명형 종결 어미)'이다. 어간형 '알-'의 'ㄹ'은 뒤에 오는 'ㅿ'
의 영향으로 탈락하였다.

5. 말ᄉᆞ미 : 말이
분석하면 '말ᄉᆞᆷ(명사) + 이(주격 조사)'이다. 어형은 '믈ᄉᆞᆷ(말씀)〉말
씀'으로 변화하였다. 이 어형은 각자병서 전폐 이전에는 '말ᄊᆞᆷ'으로
표기되었다.

6. 올흔 : 옳은
기본형은 '옳다'로 분석하면 '옳-(어간) + -ᅌᆞᆫ(관형형 어미)'이다.

7. 듯ᄒ되 : 듯하지만, 듯하되

   기본형은 '듯ᄒ다'로 분석하면 '듯ᄒ-(어간) + -오되(설명의 연결 어
   미)'이다.

8. 도ᄅ혀 : 도리어

   어형은 '도ᄅ혀〉도ᄅ혀〉도로혀〉도리어'로 변화하였다.

9. 외도다 : 그르도다

   기본형은 '외다(非)'로 분석하면 '외-(어간) + -도-(감동법 선어말
   어미) + -다(설명형 종결 어미)'이다.

10. 佛ᄅ른 : 부처는

   분석하면 '佛(명사) + ᄅ + 은(지정의 보조사)'이다. 이때의 'ᄅ'은 앞
   에 오는 체언 '불'의 말음 'ᄅ'로 인하여 중철표기된 것이다.

11. 深勸徃生ᄒ시곤 : 왕생(徃生)을 간절히 권하신데, 왕생(徃生)을 간
   절히 권하시고는

   분석하면 '深勸徃生ᄒ-(어간) + -시-(주체 높임 선어말 어미) + -
   고(나열의 연결 어미) + ㄴ(강세 보조사)'이다.

12. 我何人哉ㅣ완되 : 나는 어떤 사람이관데

   분석하면 我何人哉(명사) + ㅣ(서술격 조사) + -완되(가정의 연결
   어미)'이다. '-완되'는 '-관되'가 앞의 'ㅣ'모음으로 인해 'ㄱ'이 탈락
   한 형태이다.

【원문】 聽經은 有經耳之緣과 隨喜之福호니 今躯는 有盡ㅣ
어니와 實行은 不亡ㅣ니라(46b, - 46b, 4)

【현대역】 경전을 들으면 귀를 지나는 인연[緣]과 기쁨을 따르는 복(福)
이 있나니 거짓된 몸은 없어지지만 진실한 행실[眞實行]은 없어지지 않
느니라.

【한자어 풀이】
1. 수희(隨喜) : 남의 좋은 일을 보고 따라 좋아하기를 마치 자기의 좋은
   일과 같이 기뻐함을 말한다.

【언해문】 聽經·은 귀:예 디:난 緣·과 조·차 깃·거흔 福ㅣ 이
시·니 거:즛 ·모믄 다오·미 ·잇·거·니·와 眞實行은 ·업·디 아:
닌ᄂ니라(46b, 5 - 46b, 6)

【현대역】 청경(聽經)은 귀에 지나는 인연[緣]과 좋아 기뻐하는 복(福)
이 있으니 거짓 몸은 다함이 있지만 진실한 행실[眞實行]은 없어지지 않
느니라.

【언해문 분석】
1. 귀예 : 귀에
   분석하면 '귀(명사) + 예(처소격 조사)'이다. 'ㅣ'모음으로 끝났기 때

문에 '예'가 선택되었다.

2. 디난 : 지나는

　　기본형은 '디나다'로 분석하면 '디나-(어간) + -ㄴ(관형형 어미)'이
　　다. 기본형은 '디나다〉지나다'로 변화하였다.

3. 조차 : 좇아, 따라

　　기본형은 '좇다(隨, 逐, 追)'로 분석하면 '좇-(어간) + -아(부사형 연
　　결 어미)'이다.

4. 깃거흔 : 기뻐하는

　　기본형은 '깃거ㅎ다'로 분석하면 '깃거ㅎ-(어간) + -ㄴ(관형형 어
　　미)'이다. 어간형 '깃거ㅎ-'는 '깄-(喜, 어간) + -어(부사형 연결 어
　　미) + ㅎ-(어간)'가 결합한 통사적 복합어이다.

5. 거즛 : 거짓(假, 僞)

　　17세기 문헌 〈동국신속삼강행실도〉(1617)에 '거즌(忠 1, 22b)', 거즌
　　(烈 4, 33b) 거즛(烈, 6, 25b)' 등으로도 나타난다. '幻'을 언해한 것
　　으로 '환상, 꼭두각시'를 가리킨다.

6. 다ᄋ미 : 다함이

　　기본형은 '다ᄋ다'로 분석하면 '다ᄋ-(어간) + -옴(명사형 어미) +
　　이(주격 조사)'이다.

7. 잇거니와 : 있지만, 있거니와

　　기본형은 '잇다'로 분석하면 '잇-(어간) + -거니와(양보의 연결 어
　　미)'이다.

8. 업디 : 없어지지

　　기본형은 '업다'로 분석하면 '업-(어간) + -디(부정 부사형 연결 어
　　미)'이다. 중세국어에서 '업다'는 동사와 형용사로 모두 쓰였는데 이
　　곳의 '업다'는 동사로서 '없어지다'의 뜻이다.

9. 아닌ᄂ니라 : 않느니라

　　기본형은 '아니ㅎ다'로 분석하면 '아니ㅎ-(어간) + -ᄂ-(현재 시상

선어말 어미) + -니라(설명형 종결 어미)'이다. 'ᄒᆞ'의 'ㆍ'가 탈락하
고 남은 'ㅎ'이 뒤에 오는 현재 시상 선어말 어미 '-ᄂᆞ-'의 두음 'ㄴ'
에 동화되어 'ㄴ'으로 나타난다.

【주】 此明智學ᄒᆞ시니 如食金剛ㅣ며 勝施七寶ㅣ로다 壽師
ㅣ 云聞而不信ㅣ라도 尙結佛種之緣ㅣ오 學而不成ㅣ라도 猶
盖人天之福ㅣ라 ᄒᆞ시다(46b, 6 - 46b, 7)

【주 현대역】 이는 슬기롭게 배우는 것[智學]을 밝힌 것이니 금강을 먹
는 것 같으며[如食金剛] 칠보를 보시한 것보다 뛰어나도다[勝施七寶].
수(壽) 선사가 이르기를 "듣고서 믿지 않더라도 오히려 부처가 될[佛種]
인연을 맺고, 배워서 이루지 못하더라도 오히려 사람이나 하늘의 복을
덮을 것이다."라고 하셨다.

【주 한자어 풀이】

1. 칠보(七寶) : 7종류의 보물. 일반적으로 금(金) · 은(銀) · 유리(琉璃,
   검푸른 보옥) · 파려(玻瓈, 수정) · 자거(硨磲, 백산호) · 적주(赤珠,
   적진주) · 마노(瑪瑙, 짙은 녹색의 보옥)를 말한다.

2. 수(壽) : 영명연수(永明延壽, 904-975). 속성은 왕(王)씨로 항주부(杭
   州府) 여항(餘杭) 사람이다. 법안종의 3조(祖)이며 정토종에서도 그를
   6조로 섬긴다.

看經을 若不向自己上ᄒᆞ야

【원문】看經을 若不向自己上ᄒᆞ야 做工夫ㄴ댄 雖看盡萬藏
ㅣ라도 猶無益也ㅣ리라(46b, 8 – 46b, 9)

【현대역】경전(經傳) 보는 것[看經]을, 만일 자기(自己)를 향상시키기
위하여 공부하지 않는다면 비록 수많은 불경을 다 보았을지라도 오히려
이익(利益)이 없으리라.

【한자어 풀이】

1. 자기(自己) : 태어날 때부디 '불성'을 가시고 있는 자기.
2. 만장(萬藏) : 수많은 불경. 만(萬)은 '많다'는 의미이고 장(藏)은 장경
   (藏經) 곧 불경을 가리킨다.

【언해문】看經·을 ·ᄒᆞ다가 自己·를 向ᄒᆞ야 工夫 일·우·디
아·니·홀 딘·댄 비·록 萬藏 ·보·믈 다 홀·디라·도 ·오·히려 利
益 ·업·스리라(47a, 1 –47a, 2)

【현대역】경전(經傳) 보는 것[看經]을 만일 자기(自己)를 향하여 공부
(工夫) 이루지 아니할 것이면 비록 만장(萬藏) 보는 것을 다 할지라도 오
히려 이익(利益) 없으리라.

【언해문 분석】

1. 일우디 : 이루지

기본형은 '일우다'로 분석하면 '일우-(어간) + -디(부정 부사형 연결 어미)'이다. 원문의 '주(做)'를 언해한 것으로 어간형 '일우-'는 '일-(어근) + -우(사동의 파생 접사)'이다.

2. 아니홀딘댄 : 아니할 것이면

기본형은 '아니ᄒᆞ다'로 분석하면 '아니ᄒᆞ-(어간) + -오-(의도법 선어말 어미) + -ㄹ(관형형 어미) + ᄃᆞ(의존 명사) + 이(서술격 조사) + -ㄴ댄(조건의 연결 어미)'이다.

3. 홀디라도 : 할지라도

기본형은 'ᄒᆞ다'로 분석하면 'ᄒᆞ-(어간) + -ㄹ디라도(양보의 연결 어미)'이다.

4. 업스리라 : 없으리라, 없을 것이다.

기본형은 '없다'로 분석하면 '없-(어간) + -으리-(미래 추측 선어말 어미) + -라(설명형 종결 어미)'이다.

【주】此明愚學ᄒᆞ시니 春禽晝啼ㅣ며 秋蟲夜鳴ㅣ로다 密師ㅣ 云識字看經ㅣ 元不證悟ㅣ오 銷文釋義ㅣ 猶熾貪瞋邪見ㅣ라 ᄒᆞ시니라(47a. 2 – 47a. 3)

【주 현대역】이것은 어리석은 공부[愚學]를 밝히신 것이니 봄날 낮에 새가 울며[春禽晝啼] 가을 밤에 벌레가 우는 것[秋蟲夜鳴]이로다. 종밀 선사가 이르기를 "글자나 알아 경전 보는 것[識字看經]만으로는 원래 깨칠 수 없고, 문구를 새기고 뜻만 풀이하는 것[銷文釋義]이 오히려 탐내고 성내는 사견(邪見)을 낸다."라고 하시니라.

【주 한자어 풀이】

1. 춘금주제(春禽晝啼)·추충야명(秋蟲夜鳴) : '봄날 낮에 새가 울고 가을 밤에 벌레가 운다'는 뜻으로 별 뜻이 없음을 말한다. 불교의 공부가 모두 마음공부임을 비유적으로 표현한 말이다.

2. 밀사(密師) : 종밀(宗密, 780–841). 중국 당나라 스님으로 화엄종의 5조(祖)이다.

或有不窮世出世예

【원문】或有不窮世出世예 善惡曰果ㅣ 皆從一念起者는 居常時中에 輕御自心ᄒ야 不解省察ᄒᄂ니 以故로 雖有看經과 及禪偈예 忽然得意之時ㅣ라도 但即時欣幸ㅣ오 後便輕擲ᄒ야 不加決擇ᄒ고 反逐塵緣ᄒ야 念念流轉ᄒᄂ니 豈有成辦之期ㅣ리오(47a, 4 - 47a, 9)

【현대역】혹 세간(世間)과 출세간(出世間)에서 선악(善惡)의 인과(曰果)가 모두 한 생각[一念]을 좇아 일어남을 궁구(窮究)하지 않는 사람은 평소 생활하는 중에 자신의 마음[自心]을 가벼이 다스려 성찰(省察)하지 못하나니 이러므로 비록 경전 보는 것[看經]과 또 선게(禪偈)에서 홀연히 깨달음을 얻을 때가 있을지라도 단지 그 때만 기뻐할 뿐이고 그 뒤에는 문득 가볍게 버리고서 분별하는 것을 더 못하고 도리어 세속의 인연[塵緣]을 좇아 순간순간[念念]에 흘러 옮겨가니 어찌 성취하여 이룰 기약(期約)이 있겠는가.

【한자어 풀이】
1. 선게(禪偈) : 선승(禪僧)의 게송(偈頌). 게송으로 불법의 요결을 간결하게 표현한 것이다.
2. 흔행(欣幸) : 기뻐서 다행으로 여김.
3. 결택(決擇) : 의심을 품고 이치를 분별함.
4. 진연(塵緣) : 육진(六塵)의 인연을 말함. 소연(所緣)이 되어 마음을

더럽히기 때문에 '티끌'이라고도 한다.

5. 성판(成辦) : 성취하여 이룸.

【언해문】 或世間과 出世間에 善惡엣 因과 果왜 ·다 一念·을 브·터 :닌 ·들 窮究·티 아·니·ᄒᆞᄂᆞᆫ :사ᄅᆞ·ᄆᆞᆫ 常例十二時예 自心 다ᄉᆞ·류·믈 輕·히 ᄒᆞ야 省察·호ᄆᆞᆯ 아디 ·몯·ᄒᆞᄂᆞ니 ·이럴·ᄊᆡ 비록 看經과 ·ᄯᅩ 禪偈예 믄·득 ·ᄠᅳᆮ :어·든 時節이 이실·디·라·도 오·직 即時예 欣幸홀 ·ᄯᅮ니·오 後:에ᄂᆞᆫ ·믄·득 輕·히 ᄇᆞ·려 決擇·호ᄆᆞᆯ 더 아·니·코 도ᄅᆞ·혀 塵緣·을 조·차 念念·에 흘·러 :옮ᄂᆞ·니 ·엇뎌 成辦홀 期約ㅣ 이시·리오(47b, 1 - 47b, 5)

【현대역】 혹 세간(世間)과 출세간(出世間)에서 선악(善惡)의 원인[因]과 결과[果]가 모두 한 생각[一念]으로부터 일어나는 것을 궁구(窮究)하지 않는 사람은 항상 온종일에 자신의 마음[自心] 다스리는 것을 가볍게 하여 성찰(省察)하는 것을 알지 못하나니 이러므로 비록 경전 보는 것[看經]과 또 선게(禪偈)에 문득 뜻을 얻은 때가 있을지라도 오직 그 때에 기뻐할 뿐이고 (그) 뒤에는 문득 가벼이 버려 분별하는 것을 더 아니하고 도리어 인연[塵緣]을 좇아 순간순간[念念]에 흘러 옮겨가니 어찌 성취하여 이룰 기약(期約)이 있겠는가.

【한자어 풀이】

1. 세간(世間) : 일반적으로 우리가 사는 현실 사회를 뜻하는 말이지만 불교에서는 '속세'라는 뜻으로 '번뇌와 속박을 당하는 세계'를 가리킨다.

2. 출세간(出世間) : 3계의 번뇌를 떠나 깨달음의 경지에 들어감 또는 그러한 경지. 생멸 변화하는 미한 세계를 벗어나 해탈 경계에 들어가는 것을 말한다.

【언해문 분석】

1. 曰과 果왜 : 원인[曰]과 결과[果]가

   분석하면 '曰 + 과(공동격 조사) + 果 + 과(공동격 조사) + ㅣ(주격 조사)'이다. 후기 중세국어에서의 공동격은 대체로 음운 조건에 따라 그 말음이 모음이거나 자음 'ㄹ'일 경우에는 '와', 자음일 경우는 '과'로 교체되어 실현된다. 그러나 이 책에서는 일부를 제외하고는 모두 '과'로 쓰였다.

2. 一念을브터 : 한 생각[一念]으로부터

   분석하면 '一念 + 을브터(출발점의 보조사)'이다. '출발점'을 뜻하는 '브터'는 목적격조사를 선행시킨 '을브터' 형식이 중세국어에서 일반적인데 이것은 용언 '븥-(附)'이 문법화된 것으로 보인다.

3. 닌 둘 : 일어나는 것을

   기본형은 '닐다(起)'로 분석하면 '닐-(어간) + -ㄴ(관형형 어미) + ᄃ(의존 명사) + 을(목적격 조사)'이다. 어간형 '닐-'의 'ㄹ'은 뒤에 오는 '-ㄴ'의 영향으로 탈락하였다.

4. 아니ᄒᆞᄂᆞᆫ : 않는, 아니하는

   기본형은 '아니ᄒᆞ다'로 분석하면 '아니ᄒᆞ-(어간) + -ᄂᆞᆫ(현재 시상 관형형 어미)'이다.

5. 常例十二時예 : 항상 온종일에

   '常例'는 '항상'의 뜻인데 하루 온종일을 뜻하는 '十二時'와 함께 쓰여 '하루 종일 내내'라는 뜻으로 쓰였다.

6. 다ᄉᆞ류믈 : 다스리는 것을

   기본형은 '다ᄉᆞ리다(治)'로 분석하면 '다ᄉᆞ리-(어간) + -움(명사형 어미) + 을(목적격 조사)'이다. 기본형은 '다ᄉᆞ리다〉다스리다'로 변화하였다. 중세국어에서 '다ᄉᆞᆯ다'는 자동사로서 현대국어 '다스려지다'의 의미에 해당하며 여기에 사동 접사 '-이'가 붙어 '다ᄉᆞ리다'가 된 것이다.

7. 禪偈예 : 선게(禪偈)에

분석하면 '禪偈(명사) + 예(처소격 조사)'이다. 명사 말음 'ㅣ'모음의 영향으로 '예'가 선택되었다.

8. 이실디라도 : 있을지라도, 있어도

기본형은 '이시다(有)'로 분석하면 '이시-(어간) + -ㄹ디라도(양보의 연결 어미)'이다.

9. 쑨니오 : 뿐이고

분석하면 '쑨(명사) + 이(서술격 조사) + -오(나열의 연결 어미)'이다. 나열의 연결 어미 '-고'는 'ㅣ' 모음 아래에서 'ㄱ'이 탈락한다.

10. ᄇ려 : 버려

기본형은 'ᄇ리다'로 분석하면 'ᄇ리-(어간) + -어(부사형 연결 어미)'이다. 기본형은 'ᄇ리다>버리다'로 변화하였다.

11. 아니코 : 못하고, 않고

기본형은 '아니ᄒ다'로 분석하면 '아니ᄒ-(어간) + -고(나열의 연결 어미)'이다.

12. 옮ᄂ니 : 옮겨가니

기본형은 '옮다'로 분석하면 '옮-(어간) + -ᄂ-(현재 시상 선어말 어미) + -니(설명의 연결 어미)'이다. 현대국어의 '옮-'은 '병이 옮는다' 등에서처럼 병과 관련되어 사용되나 중세국어에서는 그 자체로 장소의 이동을 나타나기도 했다.

13. 이시리오 : 있겠는가, 있으리오

기본형은 '이시다'로 분석하면 '이시-(어간) + -리-(미래 추측 선어말 어미) + -오(설명 의문 종결 어미)'이다. '-오'는 의문사 '엇뎌'와 호응한다.

學者ㅣ 不能返照自心에

【원문】 學者ㅣ 不能返照自心에 煩惱性空故로 但將聰慧ᄒ
야 終年竟歲ᄐ록 數他珎寶ᄒᄂ니라(47b, 6 - 47b, 8)

【현대역】 배우는 사람이 능히 자신의 마음에 번뇌의 본성(本性)이 공
(空)한 것임을 비추어 보지 못하므로 다만 총명한 지혜[聰慧]를 가지고도
해[年]가 다하고 삶[歲]이 끝나도록 남의 보배[珎寶]만을 헤아리느니라.

【한자어 풀이】
1. 반조(返照) : 저녁 햇살이 삼라만상을 비추어 그 모습을 다시 밝히듯
   이 자신 안에 있는 본연의 밝은 마음의 빛을 돌이켜 본다는 뜻이다.

【언해문】 學者ㅣ 能히 自心에 煩惱性ㅣ 空ᄒ ·들 도ᄅ·혀
비:취디 ·몯홀·시 오·직 聰慧·를 가지 年 ᄆᆞ·ᄎ며 歲ㅣ 못·ᄃᆞ·
록 ·ᄂᆞ·믜 珎寶·를 :혜·아·리ᄂᄂ니라(47b, 8 -47b, 9)

【현대역】 배우는 사람이 능히 자신의 마음[自心]에 번뇌의 본성(本性)
이 공(空)한 것을 돌이켜 비추지 못하므로 오직 총명한 지혜[聰慧]를 가
지고 해[年] 마치며 삶[歲]이 마치도록 남의 보배[珎寶]를 헤아리느니라.

【언해문 분석】
1. 空ᄒ 들 : 공(空)한 것을, 빈 것을

기본형은 '공(空)ᄒ다'로 분석하면 '空ᄒ-(어간) + -ㄴ(관형형 어미) + 득(의존 명사) + 을(목적격 조사)'이다.

2. 도ᄅ혀 : 돌이켜

기본형은 '도ᄅ혀다'로 분석하면 '도ᄅ혀-(어간) + (-어)(부사형 연결 어미)'이다. 어형은 '도ᄅ혀〉도로혀〉돌이켜'로 변화하였다.

3. 몯홀ᄉ : 못하므로

기본형은 '몯ᄒ다'로 분석하면 '몯ᄒ-(어간) + -ㄹ식(원인의 연결 어미)'이다.

4. 가지 : 가지고

'가져'의 잘못으로 보인다. 분석하면 '가지-(어간) + -어(나열의 연결 어미)'이다.

5. ᄆᄎ며 : 마치며

기본형은 '몿다(終)'로 분석하면 '몿-(어간) + -ᄋ며(나열의 연결 어미)'이다. 기본형은 '몿다〉미치다'로 변화하였다.

6. ᄆ득록 : 마치도록, 끝나도록

기본형은 '몿다(竟)'로 분석하면 '몿-(어간) + -득록(한도의 연결 어미)'이다. 15세기에는 '-득록'이 일반적이었으나 간혹 '-도록'도 나타난다. 8종성법으로 인하여 'ᄆ득다'로 나타났다.

7. ᄂ믜 : 남의

분석하면 'ᄂᆷ(명사) + 의(관형격 조사)'이다. 어형은 'ᄂᆷ〉남'으로 변화하였다.

8. 혜아리ᄂ니라 : 헤아리느니라, 헤아린다

기본형은 '혜아리다'로 분석하면 '혜아리-(어간) + -ᄂ-(현재 시상 선어말 어미) + -니라(설명형 종결 어미)'이다. 기본형은 '혜아리다〉헤아리다'로 단순모음화하였다.

【주】鑽彼古紙ᄒ고 忘我寶藏ㅣ로다(47b, 9 - 47b, 9)

【주 현대역】 저 옛 종이만 연구하고 나의 보물창고를 잊었도다.

【주 한자어 풀이】
1. 찬고지(鑽古紙) : 고지(古紙)는 휴지. 곧 쓸모없는 것인데 찬고지는
   옛사람의 책만 연구하는 것을 비유한 말이다.
2. 보장(寶藏) : 귀중한 보배가 가득 찬 창고. 중생의 고액을 구제하는
   부처님의 미묘한 교법을 비유한 말이다.

凡人ㅣ 多於敎法上에

【원문】凡人ㅣ 多於敎法上에 悟ᄒ고 不於自心上에 悟ᄒᄂ
니 雖至成佛ㅣ라도 皆謂之聲聞見ㅣ니라(48a, 1 - 48a, 2)

【현대역】무릇 사람이 대부분 교법(敎法) 상에서는 깨우치고 자심(自
心) 상에서는 깨우치지 못하나니 비록 성불(成佛)에 이를지라도 모두 성
문(聲聞)의 견해(見解)라고 말할지니라.

【한자어 풀이】

1. 성문견(聲聞見) : 성문의 견해. 성문이란 자기 깨달음밖에 생각하지
   않는 출가승을 가리키며 넓은 의미로는 가르침의 음성을 듣고서야 비
   로소 깨달음을 얻을 수 있는 승려를 가리킨다.

【언해문】大凡 ·사ᄅ·미 :해 敎法上에 ·알고 自心上에 아디
·몯·ᄒᄂ·니 비·록 成佛·호매 니·를·디라도 다 聲聞·의 見解ㅣ
라 니ᄅᆯ·디니라(48a, 3 - 48a, 4)

【현대역】무릇 사람이 많이 교법(敎法) 상(上)에서 알고 자심(自心) 상
(上)에서 알지 못하나니 비록 성불(成佛)함에 이를지라도 모두 성문(聲
聞)의 견해(見解)라 이를지니라.

【언해문 분석】

1. 大凡 : 무릇

2. 해 : 많이

어근 '하-'에 부사 파생 접사 '-이'가 붙어서 이루어졌다.

3. 아디 : 알지, 깨우치지

중세국어의 '알다'는 불경에서 '깨우치다'로 쓰이는 경우가 많다. 여기에서도 '悟'를 언해한 것으로 '깨우치다'의 의미이다.

4. 成佛호매 : 성불(成佛)함에, 성불하는 것에

분석하면 '성불(成佛)ㅎ-(어간) + -옴(명사형 어미) + 애(처소격 조사)'이다.

5. 니를디라도 : 이를지라도, 이르러도

기본형은 '니르다(至)'로 분석하면 '니르-(어간) + -ㄹ디라도(양보의 연결 어미)'이다.

6. 니를디니라 : 이를지니라

기본형은 '니ᄅ다(謂)'로 분석하면 '니ᄅ-(어간) + -ㄹ디니라(설명형 종결 어미)'이다.

【주】憤悱欲窮沙數義ᄒᄂ니 豈知無說是眞乘ㅣ·리오(48a, 4 - 48a, 4)

【주 현대역】분비(憤悱)하여 모래알 같은 수많은 뜻을 궁리하고자 하니 어찌 말 없는, 이 진실한 가르침을 알겠는가.

【주 한자어 풀이】

1. 분비(憤悱) : 분(憤)은 격분하는 마음으로 모르는 것을 알려고 하는 것이며 비(悱)는 마음속에 의심을 품고 동의하지 않는 것이다.

2. 진승(眞乘) : 진실한 가르침.

先德ㅣ 云迷人ᄂᆫ

【원문】先德ㅣ 云迷人ᄂᆫ 向文字中求悟ㅣ어늘 悟人ᄂᆫ 向自心而覺ᄒᆞ며 迷人ᄂᆫ 修曰待果ㅣ어늘 悟人ᄂᆫ 了心本空ㅣ라 ᄒᆞ시니라(48a, 5 - 48a, 7)

【현대역】 선덕(先德)이 이르시되 "미혹한 사람은 문자 속에서 깨달음을 구하지만 깨달은 사람은 자신의 마음에서 깨치며 미혹한 사람은 인(曰)을 닦아 과(果)를 기다리지만 깨달은 사람은 마음이 본래 공한 것[空]을 안다."라고 하시니라.

【한자어 풀이】
1. 인과(曰果) : 원인과 결과. 원인 중에 인(曰)과 연(緣)이 있다.

【언해문】先德ㅣ 니ᄅᆞ·샤·딕 모·ᄅᆞ·ᄂᆞ ·사·ᄅᆞ·ᄆᆞᆫ 文字·를 向ᄒᆞ야 아·롬 求ᄒᆞ거늘 ·아ᄂᆞ ·사·ᄅᆞ·ᄆᆞᆫ 自心·을 向ᄒᆞ야 覺ᄒᆞ며 모·ᄅᆞ·ᄂᆞ ·사·ᄅᆞ·ᄆᆞᆫ 曰 닷가 果·를 기드:리거·니·와 아·ᄂᆞ ·사·ᄅᆞ·ᄆᆞᆫ 心:의 本來空·을 :아ᄂᆞ니라 ᄒᆞ시니라(48a, 8 - 48b, 1)

【현대역】 선덕(先德)이 이르시되 "모르는 사람은 문자를 향하여 아는 것을 구하는데 아는 사람은 자신의 마음을 향하여 깨치며, 모르는 사람은 인(因) 닦아 과(果)를 기다리지만 아는 사람은 마음이 본래 공[空]함을 안다."라고 하시니라.

【언해문 분석】

1. 文字룰 向ᄒᆞ야 : 문자를 향하여

   분석하면 '文字(명사) + 룰(목적격 조사) + 向ᄒᆞ-(어간) + -야(부사형 연결 어미)'이다. '문자를 향한다'는 것은 '문자에 주목하여' 또는 '문자를 주로 하여'라는 뜻이다.

2. 아롬 : 아는 것, 깨치는 것

   기본형은 '알다'로 분석하면 '알-(어간) + -옴(명사형 어미)'이다.

3. 求ᄒᆞ거늘 : 구하는데

   기본형은 '구(求)ᄒᆞ다'로 분석하면 '求ᄒᆞ-(어간) + -거늘(설명의 부사형 연결 어미)'이다.

4. 닷가 : 닦아

   기본형은 '닦다(修)'로 분석하면 '닦-(어간) + -아(부사형 연결 어미)'이다.

5. 기드리거니와 : 기다리지만, 기다리거니와

   기본형은 '기드리다'로 분석하면 '기드리-(어간) + -거니와(양보의 연결 어미)'이다. 기본형은 '기드리다〉기다리다'로 변화하였다.

6. 心의 : 마음이, 심(心)이

   분석하면 '心(명사) + 의(주어적 속격 조사)'이다.

【주】筌罤ㅣ 不是魚兎ㅣ오 糟粕ㅣ 不是本味ㅣ·로다(48b. 1 - 48b. 1)

【주 현대역】통발과 올가미[筌罤]는 물고기와 토끼가 아니고 술지게미[糟粕]는 본래의 맛이 아니로다.

【주 한자어 풀이】

1. 전제(筌罤) : 고기를 잡는 통발과 토끼를 잡는 올가미. 전의하여 목적을 달성하기 위한 방편을 뜻한다.

2. 조박(糟粕) : 술지게미. 전의하여 보잘 것 없는 것을 뜻한다.

祖師ㅣ 云千經萬論이

【원문】祖師ㅣ 云千經萬論이 莫過守本眞心ㅣ라 ᄒ시다(48b, 2 – 48b, 2)

【현대역】조사(祖師)가 이르시되 "천경만론(千經萬論)이 본래의 진심(眞心)을 지키는 것보다 크지 않다."라고 하셨다.

【한자어 풀이】

1. 천경만론(千經萬論) : 수없이 많은 경론. 경(經)은 부처의 말을 적은 것이고 논(論)은 이를 해석한 것을 말한다.
2. 진심(眞心) : 진여(眞如). 인간 본래의 마음. 인간의 마음으로 여기서는 깨달음을 말한다.

【언해문】祖師ㅣ 니ᄅ·샤·ᄃᆡ 千經과 萬論이 本眞心 디킈오:매 디:남 ·업다 ᄒ시다(48b, 3 – 48b, 3)

【현대역】조사(祖師)가 이르시되 "천 가지 경[千經]과 만 가지 논[萬論]이 본래의 진심 지키는 것보다 지남 없다."라고 하셨다.

【언해문 분석】

1. 디킈오매 : 지키는 것보다

   기본형은 '디킈다'로 분석하면 '디킈-(어간) + -옴(명사형 어미) + 애(비교격 조사)'이다. 이 책의 (3b, 1)에는 '딕킈여'도 나타난다.

2. 디남 : 지남, 지나는 것

기본형은 '디나다'로 분석하면 '디나-(어간) + -ㅁ(명사형 어미)'이
다. 기본형은 '디나다〉지나다'로 변화하였다.

【주】此ᄂᆞᆫ 結上諸文ᄒᆞ샤 重重警策 末世愚學ᄒᆞ샤 不着文字
ᄒᆞ고 歸就自己케 ᄒᆞ샷다(48b, 3 - 48b, 4)

【주 현대역】이는 위의 모든 글을 맺으시어 말세(末世)의 어리석은 배
움을 거듭 거듭 꾸짖으시어 문자에 얽매이지 않고 자기에게 돌아가게 하
셨도다.

【주 한자어 풀이】

1. 경책(警策) : 정신을 차리도록 크게 꾸짖음.
2. 말세(末世) : 말대(末代). 사람의 마음이 어지럽고 여러 가지 죄악이
성행하는 시대를 말한다.

直饒講得千經論ㅣ라도

【원문】直饒講得千經論ㅣ라도 也落禪家第二機ㅣ리라(48b, 5
- 48b, 5)

【현대역】설령 수많은 경론(經論)을 얻어 강설(講說)할지라도 선가(禪家)의 제이기(第二機)에 떨어질 것이다.

【한자어 풀이】
1. 직요(直饒) : 설령. 가령.
2. 선가(禪家) : 선종(禪宗)의 기운이나 가풍을 말한다.
3. 제이기(第二機) : 교의(敎義) 법문으로 절묘한 심기(心機, 제1기)와는 거리가 먼 마음 작용.

【언해문】비·록 千經論·을 講說:ᄒᆞᆯ다라:도 禪家 第二機예 디리라(48b, 6 - 48b, 6)

【현대역】비록 수많은 경론(經論)을 강설(講說)할지라도 선가(禪家) 제이기(第二機)에 떨어질 것이다.

【언해문 분석】
1. 講說ᄒᆞᆯ다라도 : 강설(講說)할지라도
   기본형은 '강설(講說)ᄒᆞ다'로 분석하면 '講說ᄒᆞ-(어간) + -ㄹ다라도
   (양보의 연결 어미)'이다.

2. 디리라 : 떨어질 것이다

　기본형은 '디다(落)'로 분석하면 '디-(어간) + -리-(미래 추측 선어말
　어미) + -라(설명형 종결 어미)'이다. 기본형은 '디다〉지다'로 변화하
　였다.

【주】 依敎離敎ㅣ 優劣迥然ㅣ로다 雖曰 海中千珠ㅣ나 何似
格外一寶ㅣ리오(48b, 6 - 48b, 7)

【주 현대역】 가르침을 의지하는 것과 가르침을 떠나는 것이 좋고 나쁨
이 뚜렷하도다. 비록 바다 속에 천 개의 구슬일지라도 어찌 격외(格外)
의 한 보배와 같다고 하겠는가.

【주 한자어 풀이】

1. 형연(迥然) : '아득히 멀다'라는 뜻으로 두 대상의 차이가 분명함을 비
　유한 말이다.
2. 격외(格外) : 보통의 격식이나 관례에서 벗어남. 세간적인 척도를 초
　월하거나 그 세계 규범을 벗어나서 진실상(眞實相)을 찾는 것 또는
　그러한 경지를 말한다.

先德ㅣ 云一法을 通ᄒ면

【원문】先德ㅣ 云一法을 通ᄒ면 萬法이 自通ᄒᄂ니 故로 好博聞者ᄂ 不知道ㅣ라 ᄒ시다(48b, 8 - 48b, 9)

【현대역】선덕(先德)이 이르시되 "한 법을 통하면 만법이 저절로 통하나니 그러므로 널리 듣는 것을 좋아하는 사람은 도(道)를 알지 못한다." 라고 하셨다.

【언해문】先德ㅣ 니ᄅ·샤·ᄃᆡ 一法을 通ᄒ면 萬法이 절·로 通·ᄒᄂ·니 그:럴·ᄉᆡ 러·비 드로·믈 ·즐기·ᄂ ·사ᄅᆞᆷ 道 ·아디 ·몯·ᄒᄂ니라 ᄒ시다(49a, 1 - 49a, 2)

【현대역】선덕(先德)이 이르시되 "한 법[一法]을 통하면 온갖 법[萬法] 이 저절로 통하나니 그러므로 널리 듣는 것을 즐기는 사람은 도(道)를 알지 못한다."라고 하셨다.

【언해문 분석】
1. 절로 : 저절로
   대명사 '저(自)'에 조격조사 '로'가 통합할 때에 'ㄹ'이 하나 더 나타난 다. '날로', '널로' 등에서 'ㄹ'이 덧나는 것과 동일하다. 현대국어의 '저절로'는 '저'가 더 첨가된 것이다.
2. 러비 : 널리, 넓게
   이 책의 (32a, 3)에는 '너비'로 나타나며 다른 책에서도 보통 '너비'로 나타나는데 여기에서는 '러비'로 나타난다.

3. 드로믈 : 듣는 것을

기본형은 '듣다(聞)'로 분석하면 '듣-(어간) + -옴(명사형 어미) + 을
(목적격 조사)'이다. '듣다'의 'ㄷ'은 뒤에 오는 모음으로 인하여 'ㄹ'
로 변화하였다.

4. 즐기ᄂ : 즐기는, 좋아하는

기본형은 '즐기다'로 분석하면 '즐기-(어간) + -ᄂ(현재 시상 관형형
어미)'이다. '好'를 언해한 것으로 '좋아하다'의 뜻이다.

5. 몯ᄒᄂ니라 : 못한다

기본형은 '몯ᄒ다'로 분석하면 '몯ᄒ-(어간) + -ᄂ-(현재 시상 선어
말 어미) + -니라(설명형 종결 어미)'이다.

【주】 一法은 離名絶相ㅣ어늘 萬思千慮ㅣ 無益於道ㅣ로다
(49a, 2 - 49a, 3)

【주 현대역】 한 법은 명(名)을 여의고 상(相)을 끊거늘 천만 가지 생각
이 도(道)에 이익이 없도다.

【주 한자어 풀이】

1. 명상(名相) : 모든 사물에 명(名)과 상(相)이 있는데 귀에 들리는 것을
   명(名), 눈에 보이는 것을 상(相)이라 한다. 둘 다 헛된 것으로 법의
   실상에 부합하지 않는데도 중생이 이에 얽매여 여러 가지 망령된 의
   혹을 일으킨다.

學未至於道ᄒ야셔

【원문】學未至於道ᄒ야셔 衒耀見聞ᄒ야 徒以口舌辯利로
相勝者ᄂ 如厠屋애 塗丹艧ㅣ니라(49a, 4- 49a, 5)

【현대역】 배움이 도(道)에 이르지 않고서 듣고 본 것을 자랑하여 한갓
혀끝의 교묘한 말로 서로 이기려는 사람은 뒷간에 단확(丹艧)을 바른 것
같으니라.

【한자어 풀이】

1. 현요(衒耀) : 자기 재주나 학문을 자랑하여 보임.
2. 변리(辯利) : 말을 교묘하게 하다.
3. 측옥(厠屋) : 뒷간. 변소.
4. 단확(丹艧) : 고운 빨간 빛깔의 흙.

【언해문】 學ㅣ 道:애 니·르디 ·몯·ᄒ야셔 듣본 거·슬 ·빗내·
여 ᄒᆞᆫ갓 ·혓 ·귿톄 ·ᄂᆞᆯ란 :말ᄉᆞᆷ·으로 서르 이·긔ᄂᆞᆫ ·사ᄅᆞ·ᄆᆞᆫ
厠屋애 丹艧 ᄇᆞ롬 ·ᄀᆞ튼·니라(49a, 6 - 49a, 7)

【현대역】 배움이 도(道)에 이르지 못하고서 듣고 본 것을 뽐내어 한갓
혀끝에 날랜 말로 서로 이기는 사람은 뒷간에 단확(丹艧)을 바른 것 같
으니라.

【언해문 분석】

1. 몯ᄒ야셔 : 못하고서

   기본형은 '몯ᄒ다'로 분석하면 '몯ᄒ-(어간) + -야셔(계기의 연결 어미)'이다.

2. 듣본 : 듣고 본

   기본형은 '듣보다'로 분석하면 '듣보-(어간) + -ㄴ(관형형 어미)'이다. 어간형 '듣보-'는 '듣-(聞, 어간) + 보-(見, 어간)'가 비통사적으로 결합한 것이다.

3. 빗내여 : 뽐내어, 빛내어

   기본형은 '빗내다'로 분석하면 '빗내-(어간) + -여(부사형 연결 어미)'이다. '衒耀'를 언해한 것으로 '뽐내다'의 의미이다.

4. 혓 귿톄 : 혀끝에

   분석하면 '혀(명사) + ㅅ(관형격 조사) + 귿(명사) + ㅌ + 에(처소격 조사)'이다. 이때의 'ㅌ'은 앞에 오는 명사 '귿'의 말음 'ㅌ'으로 인하여 중철표기된 것이다. '귿'의 'ㄷ'은 8종성으로 표기된 것이나.

5. ᄂᆞ란 : 날랜, 날카로운

   기본형은 'ᄂᆞ라다'로 분석하면 'ᄂᆞ라-(어간) + -ㄴ(관형형 어미)'이다.

6. 말ᄉᆞᆷ으로 : 말로

   분석하면 '말ᄉᆞᆷ(명사) + 으로(도구의 부사격 조사)'이다.

7. 이긔ᄂᆞᆫ : 이기는

   기본형은 '이긔다'로 분석하면 '이긔-(어간) + -ᄂᆞᆫ(현재 시상 관형형 어미)'이다. 기본형은 '이긔다〉이기다'로 변화하였다.

8. ᄇᆞ롬 : 바르는 것

   기본형은 'ᄇᆞᄅᆞ다(塗)'로 분석하면 'ᄇᆞᄅᆞ-(어간) + -ㅁ(명사형 어미)'이다. 기본형은 'ᄇᆞᄅᆞ다〉바르다'로 변화하였다.

學本修性ㅣ라

【원문】學本修性ㅣ라 豈慍人之不知ㅣ며 道本全生ㅣ라 何蘄世之爲用ㅣ리오(49a, 8 - 49a, 9)

【현대역】배움은 본래 본성을 닦는 것이니 어찌 사람이 알아주지 못하는 것을 성내며 도(道)는 본래 삶을 온전히 하는 것이니 어찌 세상(世上)에 쓰임 되는 것을 구하겠는가.

【언해문】學은 本來 性:을 닷·고·미라 ·엇뎌 ·사ᄅ·미 ·아·디 ·몯·호·믈 慍怒ᄒ며 道는 本來 生을 오ᄋᆞᆯ·오미라 ·엇뎌 世上에 ᄡᅴ·우믈 蘄求ᄒ리오(49b, 1 - 49b, 2)

【현대역】배움[學]은 본래 본성을 닦는 것이라서 어찌 사람이 알지 못하는 것을 성내며 도(道)는 본래 생(生)을 온전히 하는 것이라서 어찌 세상(世上)에 쓰이는 것을 구하겠는가.

【한자어 풀이】
1. 기구(蘄求) : 빌어 구함. 간절히 구함.

【언해문 분석】
1. 닷고미라 : 닦는 것이라서
   기본형은 '닦다'로 분석하면 '닦-(어간) + -옴(명사형 어미) + 이(서술격 조사) + -라(원인의 연결 어미)'이다.

2. 사르미 : 사람이

분석하면 '사룸(명사) + 이(주어적 속격 조사)'이다.

3. 몯호믈 : 못하는 것을

기본형은 '몯ㅎ다'로 분석하면 '몯ㅎ-(어간) + -옴(명사형 어미) +
을(목적격 조사)'이다.

4. 오슬오미라 : 온전히 하는 것이라서

기본형은 '오슬오다'로 분석하면 '오슬오-(어간) + -ㅁ(명사형 어미)
+ 이(서술격 조사) + -라(원인의 연결 어미)'이다. 어간형 '오슬오-'
는 '오슬-(全, 어근) + -오(사동의 파생 접사)'이다.

5. 쁴우믈 : 쓰이는 것을

기본형은 '쁴다'로 분석하면 '쁴-(어간) + -움(명사형 어미) + 을(목
적격 조사)'이다. 어간형 '쁴-'는 '쓰-(用, 어근) + -이(피동의 파생
접사)'이다.

【주】此三節은 深斥爲人之學ㅎ샤 以結三道字ㅎ시니라 即
心爲道者는 可謂尋流得源ㅣ로다(49b, 2 - 49b, 3)

【주 현대역】이 세 구절은 남에게 보이기 위하여 하는 공부[爲人之學]
를 크게 배척하시어 세 개의 도(道)자로 맺으시니라. 곧 마음이 도(道)라
는 것은 가히 흐름을 찾아 근원 얻는 것을 말한다.

出家人ㅣ 習外典 ᄒ논 디

【원문】出家人ㅣ 習外典ᄒ논 디 如以刀로 割泥ㅣ니 泥無所用ㅣ오 而刀ㅣ 自傷焉ㅣ니라(49b, 4 - 49b, 5)

【현대역】출가한 사람이 외전(外典)을 배우는 것은 마치 칼로 흙을 베는 것과 같으니 흙은 소용(所用)이 없고 칼만이 스스로 해어지느니라.

【한자어 풀이】

1. 출가(出家) : 속세를 벗어나 불문(佛門)에 드는 일.

2. 외전(外典) : 외서(外書). 불교 이외의 책.

【언해문】出家ᄒᆞᆫ 사ᄅᆞ미 外典 ·빈·호논 ·디 ·칼:로 ᄒᆞᆰ 베훔 ·ᄀ트·니 ᄒᆞᆰ 쓸듸·업고 :칼히 제 ·히여·디ᄂᆞ니라(49b, 6 - 49b, 7)

【현대역】출가한 사람이 외전(外典) 배우는 것이 칼로 흙을 베는 것 같으니 흙은 쓸데없고 칼이 스스로 해어지느니라.

【언해문 분석】

1. 빈호논 디 : 배우는 것이

기본형은 '빈호다(學)'로 분석하면 '빈호-(어간) + -ᄂᆞ-(현재 시상 선어말 어미) + -오-(의도법 선어말 어미) + -ㄴ(관형형 어미) + 둣(의존 명사) + 이(주격 조사)'이다.

2. 베훔 : 베는 것

기본형은 '베히다'로 분석하면 '베히-(어간) + -움(명사형 어미)'이
다. 어형은 '베히다〉베다'로 변화하였다.

3. 홀근 : 흙은

분석하면 '흙(명사) + 은(지정의 보조사)'이다. 어형은 '흙〉흙'으로 변
화하였다.

4. 제 : 스스로, 저절로

표기에는 평성인 '저'로 나타나나 여기서는 거성의 '·저'로 '스스로,
저절로'의 뜻인 부사이다.

5. 칼히 : 칼이

분석하면 '칼ㅎ(명사) + 이(주격 조사)'이다.

6. 히여디ᄂᆞ니라 : 해어지느니라, 손상되느니라

기본형은 '히여디다'로 분석하면 '히여디-(어간) + -ᄂᆞ-(현재 시상
선어말 어미) + -니라(설명형 종결 어미)'이다.

【주】門外長者子ㅣ 還入火宅中ᄒᆞ놋다(49ㅂ, 7 - 49ㅂ, 7)

【주 현대역】 문 밖에 있던 장자(長者)의 아이가 불난 집 안으로 도로
들어가도다.

【주 한자어 풀이】

1. 문외장자자(門外長者子) 환입화택중(還入火宅中) : 어떤 장자(長者)가
   외출했다가 돌아와 보니 집에 불이 났는데 어린애들은 철모르고 그
   집안에서 놀고만 있는 것이었다. 아무리 나오라고 불러도 듣지 않으므로
   양의 수레·사슴의 수레 같은 장난감으로 꾀어 대문 밖으로 이끌어
   내고는 온갖 보배를 실은 큰 수레에 태워 좋은 곳으로 이사시켰다고
   한다. 이는 부처님께서 번뇌의 불집 속에 있는 중생을 이끌어 내기 위하
   여 처음에는 이승(二乘) 곧 소승(小乘) 법을 보여주시다가 나중에 대승
   (大乘) 법으로 가르쳐서 저 언덕으로 인도하는 것을 비유한 것이다.

出家爲僧ㅣ 豈細事乎리오

【원문】出家爲僧ㅣ 豈細事乎리오 非求安逸也ㅣ며 非求溫
飽也ㅣ며 非求利名也ㅣ라 爲生死也ㅣ며 爲斷煩惱也ㅣ며 爲
續佛慧命也ㅣ며 爲出三界ᄒᆞ야 度衆生也ㅣ니라(49b, 8 - 50a, 2)

【현대역】출가하여 중 되는 것이 어찌 작은 일이겠는가. 편안하고 한
가로움을 구하는 것이 아니며 따뜻하고 배부른 것을 구하는 것이 아니며
명예와 이익을 구하는 것이 아니라 나고 죽는 것[生死]을 면함이며 번뇌
(煩惱)를 끊기 위함이며 부처의 혜명(慧命)을 잇기 위함이며 삼계(三界)
를 벗어나 중생(衆生)을 제도(濟度)하고자 하는 것이니라.

【한자어 풀이】
1. 혜명(慧命) : 지혜의 생명이라는 뜻으로 법신은 지혜가 수명이어서
   지혜의 명이 다하면 법신의 몸 잃음을 이르는 말이다.
2. 삼계(三界) : 중생이 생사 윤회하는 세 가지의 세계. 곧 욕계(欲界),
   색계(色界), 무색계(無色界)를 말한다. 욕계는 가장 밑에 있는 세계
   로 음욕(淫慾)·물욕(物慾) 따위가 강한 중생이 머무름이 강한 세계
   를 말하고 색계는 욕계위의 세계로 욕심을 벗어버린 깨끗한 세계를
   말하며 무색계는 물질을 초월한 고도의 정신적 세계를 말한다.

【언해문】出家ᄒᆞ야 :즁 되·요미 ·엇·뎌 ·져근 이·리리오 安
逸·을 求·혼 디 아·니며 溫飽를 求·혼 디 아니며 利名·을 求·

혼 디 아·니라 生死·를 爲ㅎ며 煩惱 그·추·믈 爲ㅎ며 부·텻 慧命 니·수믈 爲ㅎ며 三界예 ·나 衆生 濟度·호·믈 爲·호미니라

(50a, 3 - 50a, 5)

【현대역】 출가하여 중 되는 것이 어찌 작은 일이겠는가. 편안하고 한가로움을 구하는 것이 아니며 따뜻하고 배부른 것을 구하는 것이 아니며 명예와 이익을 구하는 것이 아니라 나고 죽는 것[生死]을 위함이며 번뇌(煩惱) 끊어지는 것을 위함이며 부처의 혜명(慧命) 잇는 것을 위함이며 삼계(三界)에서 벗어나 중생(衆生)을 제도(濟度)하는 것을 위하는 것이니라.

【언해문 분석】

1. 되요미 : 되는 것이
   기본형은 '되다'로 분석하면 되-(어간) + -욤(명사형 어미) + 이(주격 조사)이다.

2. 이리리오 : 일이겠는가
   분석하면 '일(명사) + 이(서술격 조사) + -리-(미래 추측 선어말 어미) + -오(설명 의문형 종결 어미)'이다. '-오'는 의문사 '엇뎌'와 호응한다.

3. 求혼 디 : 구하는 것이
   분석하면 '求ㅎ-(어간) + -오-(의도법 선어말 어미) + -ㄴ(관형형 어미) + 드(의존 명사) + 이(주격 조사)'이다.

4. 그추믈 : 끊어지는 것을
   기본형은 '긏다'로 분석하면 '긏-(어간) + -움(명사형 어미) + 을(목적격 조사)'이다 어간형 '긏다'는 타동사적 용법과 자동사적 용법을 다 가지고 있는 동사인데 타동사적 '긏-'은 '끊다' 의미를 자동사적 '긏-'은 '끊어지다'의 의미를 가진다. 여기에서는 자동사적 용법으로 쓰였다.

5. 니수믈 : 잇는 것을
   기본형은 '닛다'로 분석하면 '닛-(어간) + -움(명사형 어미) + 을(목

적격 조사)’이다. 기본형은 ‘닛다〉잇다’로 변화하였다.

6. 나 : 벗어나, 나서

　　기본형은 ‘나다(出)’로 분석하면 ‘나-(어간) + (-아)(부사형 연결 어
　　미)’이다.　원문의 ‘出’을 언해한 것으로 ‘벗어나다’의 뜻이다.

7. 爲호미니라 : 위하는 것이니라, 위하는 것이다

　　기본형은 ‘위(爲)ᄒ다’로 분석하면 ‘爲ᄒ-(어간) + -옴(명사형 어미)
　　+ 이(서술격 조사) + -니라(설명형 종결 어미)’이다.

經에 云無常之火·이

【원문】 經에 云無常之火·이 燒諸世間ㅣ라 ㅎ시며 又曰衆生
苦火이 四面俱焚ㅣ라 ㅎ시고 又云諸煩惱賊이 常伺殺人ㅣ라
ㅎ시니 道人ᄂᆞᆫ 宜自警悟ㅎ야 如救頭燃ㅎ라 ㅎ시니라(50a, 6 -
50a, 9)

【현대역】 경(經)에 이르되 "덧없[無常]는 불이 온 세상을 불사른다."라
고 하시며 또 이르시되 "중생의 고통스런 불이 사방에서 함께 붙는다."
라고 하시고 또 이르시되 "많은 번뇌(煩惱)의 도적[賊]이 항상 사람을 죽
이려 엿본다."라고 하시니 "도인은 스스로 경계하고 깨우쳐 마치 머리의
불을 구하듯 하라." 하시니라.

【한자어 풀이】
1. 무상(無常) : 인생의 덧없음.

【언해문】 經에 니르·샤·ᄃᆡ 無常 ·브리 한 世間·올 ·ᄉᆞᆫ다 ㅎ
시며 ·ᄯᅩ 니르·샤·ᄃᆡ 衆生·의 苦로은 ·브리 四面에 ᄒᆞᆫ:ᄢᅴ 븐
ᄂᆞ·다 ·ㅎ시고 ·ᄯᅩ 니르·샤·ᄃᆡ 한 煩惱賊이 常例 ·사ᄅᆞᆷ 주구믈
·엿ᄂᆞ·다 ·ㅎ시니 道人ᄂᆞᆫ ·ᄌᆞ갸 警策·ㅎ야 ·ᄊᆡ·여 머리옛 ·블
救·ᄃᆞᆺ ㅎ·라 ㅎ시니라(50b, 1 -50b, 3)

【현대역】 경(經)에 이르시되 "덧없[無常]는 불이 온 세상을 사른다."라

고 하시며 또 이르시되 "중생의 괴로운 불이 사방에서 함께 붙는다."라고 하시고 또 이르시되 "많은 번뇌(煩惱)의 적(賊)이 항상 사람 죽는 것을 엿본다."라고 하시니 도인은 스스로 경계하고 채찍질[警策]하여 깨우쳐 머리의 불을 구하듯 하라 하시니라.

【언해문 분석】

1. 슨다 : 사른다

   기본형은 '슬다'로 분석하면 '슬-(어간) + -ㄴ-(현재 시상 선어말 어미) + -다(설명형 종결 어미)'이다. 어간형 '슬-'의 'ㄹ'은 뒤에 오는 'ㄴ'의 영향으로 탈락하였다.

2. 苦로은 : 괴로운

   '苦로온'의 잘못이다. 기본형은 '苦롭다'로 분석하면 '苦롭-(어간) + -ㄴ(관형형 어미)'이다.

3. 흔쁴 : 함께

   어형은 '흔쁴〉홈쁴〉홈쁴〉함께'로 변화하였다. '흔(一, 同)'과 '쁴(時)'가 합성명사를 이룬 처소격형이다. 원래는 '한 때에, 같은 때에'의 의미를 가졌으나 형태소 경계가 없어지면서 '함께'의 의미가 되었다. 중세국어에서도 이 두 가지 의미로 다 쓰였는데 그 구별이 항상 뚜렷하지는 않다. 여기서는 후자의 의미로 쓰였다.

4. 븓ᄂ다 : 붙는다

   기본형은 '븥다(焚)'로 분석하면 '븥-(어간) + -ᄂ-(현재 시상 선어말 어미) + -다(설명형 종결어미)'이다. 어간형 '븥-'의 'ㅌ'은 뒤에 오는 'ㄴ'의 영향으로 'ㄴ'으로 변화하였다.

5. 엿ᄂ다 : 엿본다, 노린다

   기본형은 '엿다'로 분석하면 '엿-(어간) + -ᄂ-(현재 시상 선어말 어미) + -다(설명형 종결 어미)'이다.

6. ᄌᆞ갸 : 자기(自己), 스스로

'주갸'는 높임의 3인칭 재귀대명사로 '저'와 대립된다. 〈계축일기〉(195)에 '주가', 〈원각경언해〉(1465)(2, 37)에 '주개', 〈仁宣王后諺簡〉에 '주겨' 등의 형태도 나타난다.

7. 씨여 : 깨우쳐
   기본형은 '씨다(悟)'로 분석하면 '씨-(어간) + -여(부사형 연결 어미)'이다. 기본형은 '씨다〉깨다'로 변화하였다.

8. 救둣 : 구(救)하듯
   분석하면 '救(ᄒᆞ)-(어근) + -둧(부사 파생 접사)'이다.

【주】無常之鬼ᄂᆞᆫ 以殺爲戲ᄒᆞᄂᆞ니 天地도 尙有終窮이온 況 萬物乎아 寒暑徃來과 日月盈虛과 乃至花開葉落과 念念刹那ㅣ 皆是無常이라 苦火四焚ᄂᆞᆫ 比生老病死也ㅣ라(50b, 3 -50b, 5)

【주】 덧없음[無常]의 귀신[鬼]은 죽이는 것으로 놀이를 삼나니 천지(天地)도 오히려 끝이 있는데 하물며 만물(萬物)이랴. 추위와 더위가 오고 가는 것과 해와 달이 차고 이지러짐과 또는 꽃이 피고 잎이 떨어짐과 순간순간 찰나가 다 이 덧없음[無常]이다. 괴로움의 불이 사면에서 불타는 것은 생노병사(生老病死)를 비유한 것이다.

【주 한자어 풀이】

1. 종궁(終窮) : 끝. 죽음.

2. 내지(乃至) : 또는. 혹은. 무엇부터 무엇 무엇에 이르기까지라는 뜻으로 중간에 생략할 때 쓰는 말이다.

3. 생노병사(生老病死) : 중생의 반드시 겪어야 하는 네 가지 고통. 곧 나고 늙고 병들고 죽는 것을 말한다.

$$\boxed{\text{貪世浮名은 枉功勞形ㅣ오}}$$

【원문】貪世浮名은 枉功勞形ㅣ오 營求世利는 業火에 加薪ㅣ로다(50b, 6- 50b, 7)

【현대역】세상의 허황된 이름[浮名]을 탐(貪)하는 것은 헛된 공부에 몸이 괴로운 것이고 세상의 이익을 구하려고 힘쓰는 것은 업(業)의 불에 섶을 더하는 것이로다.

【한자어 풀이】

1. 왕공노형(枉功勞形) : 헛된 공부에 몸을 괴롭힘. 명예가 헛된 것인 줄 모르고 이름 하나를 얻기 위해 도를 닦거나 도(道)를 쌓지 않고 도인인 체하는 것은 헛수고일 뿐만 아니라 죄를 짓는 것임을 비유한 말이다.
2. 영구(營求) : 구하려고 힘씀. 꾀하여 구함.
3. 업화(業火) : 업(業)의 불. 중생이 과거에 지은 악업 때문에 몸을 해치는 것을 비유한 말이다.

【언해문】世間에 浮名貪着·호믄 :거·즛 功夫에 몸 잇·부미오 世間애 利欲營求·호믄 業 :브레 섭 더 노·호미로다(50b, 8 - 50b, 9)

【현대역】세상에서 허황된 이름[浮名] 탐착(貪着)하는 것은 거짓 공부에 몸 고달픈 것이고 세상에서 이익을 좇아 힘쓰는 것은 업(業) 불에 섶을 더 놓는 것이로다.

【한자어 풀이】

1. 이욕(利欲) : 이익을 탐하는 욕심.

【언해문 분석】

1. 거츳 : 거짓(假, 僞)

   17세기 문헌 〈동국신속삼강행실도〉(1617)에 '거즌(忠 1, 22b), 거즌
   (烈 4, 33b), 거즛(烈 6, 25b)' 등으로도 나타난다.

2. 잇부미오 : 고달픈 것이고, 힘든 것이고,

   기본형 '잇브다'로 분석하면 '잇브-(어간) + -움(명사형 어미) + 이
   (서술격 조사) + -오(나열의 연결 어미)'이다. 나열의 연결 어미 '-
   오'는 나열의 어미 '-고'가 ' ㅣ '모음 아래에서 'ㄱ'이 탈락한 것이다.

3. 브레 : 불에

   분석하면 '블(명사) + 에(처소격 조사)'이다. 어형은 '블〉불'로 원순모
   음화하였다.

4. 섭 : 섶

   '섭'은 '섶'을 8종성으로 표기한 것이다.

5. 노호미로다 : 놓는 것이로다

   기본형은 '놓다'로 분석하면 '놓-(어간) + -옴(명사형 어미) + 이(서술
   격 조사) + -로-(감동법 선어말 어미) + -다(설명형 종결 어미)'이다.

【주】世間 名利ᄂᆞᆫ ·블브:ᄐᆞᆯ 섭·ᄑᆡ니 法華에 麁蔽ᄒᆞᆫ 色聲香味ᄂᆞᆫ
致火之具ㅣ니 貪·티 :말라 ᄒᆞ시니 이 ᄠᅳ디샷다(50b, 9 – 51a, 1)
【주 현대역】 세상의 명예와 이익은 불붙는 섶이니 법화경(法華經)에
"거칠고 낡은 형체[色]·소리[聲]·냄새[香]·맛[味]은 불을 일으키는
도구이니 탐하지 말라."라고 하시니 이 뜻이셨도다.

【주 한자어 풀이】

1. 법화(法華) : 〈묘법연화경(妙法蓮華經)〉의 약칭. 불교의 대표적인 대
   승경전의 하나로 부처의 종교적 생명에 대한 설법을 담고 있다.
2. 추폐(麁蔽) : 거칠고 낡음.

【주 언해문 분석】

1. 블브틀 : 불붙는
   기본형은 '블븥다'로 분석하면 '블븥-(어간) + -을(관형형 어미)'이
   다. 기본형은 '블븥다〉불붙다'로 원순모음화(ㅡ〉ㅜ)하여 번화하였다.
2. 섭피니 : 섶이니
   분석하면 '섭(명사) + ㅍ + 이(서술격 조사) + -니(설명의 연결 어
   미)'이다. 이때의 'ㅍ'은 앞에 오는 명사 '섶'의 말음 'ㅍ'으로 인하여
   중철표기된 것이다. '섭'의 'ㅂ'은 8종성으로 표기된 것이다.
3. 쁘디샷다 : 뜻이셨도다
   분석하면 '뜯(명사) + 이(서술격 조사) + -샤-(주체 높임 선어말 어
   미) + -(오)ㅅ-(감동법 선어말 어미) + -다(설명형 종결 어미)'이다.

先德ㅣ 云名利衲子ᄂᆞᆫ

【원문】先德ㅣ 云名利衲子ᄂᆞᆫ 不如草衣野人ㅣ라 ᄒᆞ시니라
(51a, 2 - 51a, 2)

【현대역】선덕(先德)이 이르시되 "명리납자(名利衲子)는 풀 옷의 시골 사람[野人]만도 같지 못하다."라고 하시니라.

【한자어 풀이】

1. 명리납자(名利衲子) : 명예와 이익을 탐하는 수도승을 말한다.
2. 야인(野人) : 시골 사람.

【언해문】先德ㅣ 니ᄅᆞ·샤·ᄃᆡ 名利衲子ᄂᆞᆫ 草衣 니:븐 野人:만도 ·ᄀᆞᆮ디 ·몯ᄒᆞ다 ᄒᆞ시니라(51a, 3- 51a, 3)

【현대역】선덕(先德)이 이르시되 "명리납자(名利衲子)는 풀 옷 입은 시골 사람[野人]만도 같지 못하다."라고 하시니라.

【언해문 분석】

1. 니븐 : 입은
   기본형은 '닙다'로 분석하면 '닙-(어간) + -은(관형형 어미)'이다. 기본형은 '닙다〉입다'로 변화하였다.
2. 野人만도 : 시골 사람만도
   분석하면 '野人(명사) + 만(정도 표시의 보조사) + 도(강조의 보조사)'이다.

末世예 羊質虎皮之輩ㅣ

【원문】末世예 羊質虎皮之輩ㅣ 不識廉恥ᄒ고 望風隨勢ᄒ
야 陰媚取寵ᄒᄂ니 噫ㅣ라 其懲也夫ᄂ뎌(51a, 4 - 51a, 5)

【현대역】말법(末法) 세상에서 양(羊)의 바탕에 범의 가죽을 쓴 무리들
이 염치(廉恥)를 알지 못하고 바람[風]을 따라 권세를 좇아 몰래 아첨하
며 총애를 취하나니 슬프다! 잘못을 고쳐 바로 잡을 것이로다.

【한자어 풀이】

1. 이곳의 원문은 다른 곳의 원문과 달리 한 글자 아래에서 시작하여 제
   시되고 있다. 이 책의 '(22a, 3-5), (44a, 6-44b, 5), (51b, 9-52a,
   3)' 등에도 이런 표시가 나타난다.

2. 말세(末世) : 사람의 마음이 어지럽고 여러 가지 죄악이 성행하는 시
   대. 석존 입멸 후 오백 년을 정법(正法) 세상, 그 다음 천 년을 상법
   (像法) 세상, 그 뒤의 일만 년을 말법(末法)의 세상이라 한다.

3. 징야부(懲也夫) : 잘못을 고쳐 바로 잡을 것이로다. '징(懲)'은 잘못을
   뉘우치고 고치다, 징계하다의 뜻이다. 증거를 세우다, 밝히다, 징험
   하다 등의 의미로도 쓰인다. '야부(也夫)'는 강세조사로 당위성을 강
   조하고 있다.

【언해문】末法에 羊·의 얼구:레 범·의 가·칫 :무리 廉과 恥·를
·아디 ·몯ᄒ고 風·을 ·ᄇ라며 勢·를 조차 그스기 ·고:온 양 ·ᄒ

야 괴오·믈 取·ᄒᆞᄂᆞ·니 슬프·다 그 懲證·호린뎌(51a, 6 – 51a, 7)
【현대역】 말법(末法)에 양(羊)의 형체에 범의 가죽의 무리가 부끄러움과 수치스러움을 알지 못하고 바람[風]을 바라며 세(勢)를 좇아 그윽이 고운 양하여 사랑하는 것을 취하나니 슬프다 징험할 것이로다.

【한자어 풀이】
1. 징증(懲證) : 징험함. 어떤 징조를 느껴 바로 잡는다는 뜻이다.

【언해문 분석】
1. 얼구레 : 형체에, 형상에
   분석하면 '얼굴 + 에(처소격 조사)'이다. 중세국어의 '얼굴(狀)'은 '형체, 형상'의 뜻을 가진다. 이 어형이 '얼굴(顏)'의 뜻으로 사용된 용례는 18세기 〈동문유해〉(1748) (상 18)에 이르러서야 문헌에 나타난다.
2. 가칫 : 가죽의
   분석하면 '갗(皮) + 이(특이 처소격 조사) + ㅅ(관형격 조사)'이다.
3. 그스기 : 그윽이
   어형은 '그스기〉그으기〉그윽이'로 변화하였다. 원문의 '陰'을 언해한 것으로 '몰래'의 뜻이다.
4. 고온 : 고운
   기본형은 '곱다'로 분석하면 '곱-(어간) + -ㄴ(관형형 어미)'이다. 어형은 '고ᄫᆞᆫ〉고온〉고운'으로 변화하였다.
5. 괴오믈 : 사랑하는 것을
   기본형은 '괴다'로 분석하면 '괴-(어간) + -옴(명사형 어미) + 을(목적격 조사)'이다.
6. 懲證호린뎌 : 징험할 것이로다
   기본형은 '징증(懲證)ᄒᆞ다'로 분석하면 '懲證ᄒᆞ-(어간) + -오-(의도법 선어말 어미) + -리-(미래 추측 선어말 어미) + -ㄴ뎌(감탄형 종결 어미)'이다.

【주】末世佛子ㅣ 心染世利ᄒ·야 忘廉忘恥ᄒ고 趨走風塵ᄒ·
야 反取笑於俗人ㅣ로다 風勢媚寵ᄋᆫ 阿附權門ᄒ·ᄂ 즈·시라
名利衲子·ᄅᆞᆯ 以羊質虎皮·로 證驗ᄒᆯ·시 懲也夫 三字로 結ᄒ시
니 文出莊子ᄒᄂ·니라(51a, 7 – 51b, 1)

【주 현대역】 말법 시대의 불자(佛子)가 마음이 세상의 이익에 물들어
엄치(廉恥)를 잃고 풍진(風塵)을 향해 달려 도리어 세상 사람들에 웃음
거리를 취하도다. 풍세(風勢)나 미총(媚寵)은 권문(權門)에 아부하는 모
습이다. 명리납자(名利衲子)를 양의 얼굴에 범의 가죽 쓴 것으로 증헌
(證驗)했으므로 징야부(懲也夫) 세 글자로 맺으셨는데 이것은 〈장자(莊
子)〉에 나온다.

【주 한자어 풀이】
1. 불자(佛子) : 불제자(佛弟子). 불문에 든 사람.
2. 풍진(風塵) : 바람과 티끌. 사람이 사는 세상의 번거로운 일들을 비유
   한 말이다.

【주 언해문 분석】
1. 즈시라 : 모습이다
   기본형은 '즛(명사) + 이(서술격 조사) + -라(설명형 종결 어미)'이
   다. '態, 容, 貌'의 언해로 쓰인다.

先德ㅣ 云末世佛法이

【원문】先德ㅣ 云末世佛法이 變於人情호야 以世利로 賤賣
호니 可悲로다 호시니라(51b, 2 - 51b, 3)

【현대역】선덕(先德)이 이르시되 "말세(末世)에 불법(佛法)이 인정(人情)에 이끌려 변해서 세상의 이익으로 천하게 팔리니 가히 슬프도다."라고 하셨느니라.

【언해문】先德ㅣ 니ᄅᆞ·샤·ᄃᆡ 末世예 佛法이 人情에 變호야 世利·로 賤·히 ·ᄑᆞᄂᆞ니 可히 슬푸·미로다 호시니라(51b, 4 - 51b, 5)

【현대역】선덕(先德)이 이르시되 "말세(末世)에 불법(佛法)이 인정(人情) 때문에 변하여 세상의 이익으로 천하게 파니 가히 슬픈 것이로다."라고 하시니라.

【언해문 분석】
1. 人情에 : 인정 때문에
   분석하면 '人情(명사) + 에(원인의 부사격 조사)'이다.
2. 賤히 : 천하게
   분석하면 '賤ㅎ-(어근) + -이(부사 파생 접사)'이다.
3. ᄑᆞᄂᆞ니 : 파니, 흥정하니
   기본형은 '폴다'로 분석하면 '폴-(어간) + -ᄂᆞ-(현재 시상 선어말 어미) + -니(설명의 연결 어미)'이다. 어간형 '폴-'의 'ㄹ'은 뒤에 오는

'ㄴ'의 영향으로 탈락하였다.

4. 슬푸미로다 : 슬픈 것이로다

기본형은 '슬프다'로 분석하면 '슬프-(어간) + -움(명사형 어미) + 이(서술격 조사) + -로-(감동법 선어말 어미) + -다(설명형 종결 어미)'이다.

經에 云云何賊人이

【원문】經에 云云何賊人이 假我衣服ᄒ야 裨販如來ᄒ며 造
種種業ㅣ어뇨 ᄒ시다(51b, 6 - 51b, 7)

【현대역】경(經)에 이르되 "어떤 도적(盜賊)이 내 의복(衣服)을 빌려
여래(如來)를 팔며 갖가지 업(業)을 짓는가."라고 하셨다.

【언해문】經에 니ᄅ·샤디 ·엇단 盜賊이 내 衣服 假借·ᄒ야
如來 ·풀·며 가·즈가·즛 業 :짓거·뇨 ᄒ시다(51b, 8 - 51b, 8)

【현대역】셩(經)에 이르시되 "어떤 도적(盜賊)이 내 의복(衣服)을 빌려
여래(如來) 팔며 가지가지의 업(業) 지었는가."라고 하셨다.

【언해문 분석】

1. 엇단 : 어떤
   이곳에만 유일하게 보이는 용례이다. 이 책의 (43b, 9)와 (53a, 3)에
   는 '엇던'으로 나타난다.

2. 가즈가즛 : 가지가지의
   이 책의 (42b, 9)에는 '가지가짓'이 나타난다.

3. 짓거뇨 : 지었는가
   기본형은 '짓다(作)'로 분석하면 '짓-(어간) + -거-(확인의 과거 시
   상 선어말 어미) + -뇨(설명 의문 종결 어미)'이다. '-뇨'는 의문사
   '엇단'과 호응한다.

末法에 比丘ㅣ

【원문】 末法에 比丘ㅣ 有多般名字ᄒ니 或鳥鼠僧ㅣ라 ᄒ며
或啞羊僧ㅣ라 ᄒ며 或禿居士ㅣ라 ᄒ며 或地獄滓ㅣ라 ᄒ며 或
披袈裟賊ㅣ라 ᄒ시니 噫라 其所以以此일ᄉᆞㅣ니라(51b, 9 - 52a, 3)

【현대역】 말법(末法)에 비구(比丘)는 여러 가지의 이름이 있나니 혹 박
쥐중[鳥鼠僧]이라 하며 혹 벙어리염소중[啞羊僧]이라 하며 혹 대머리거
사(居士)라 하며 혹 지옥(地獄)찌꺼기라 하며 혹 가사(袈裟) 입은 도적
(盜賊)이라 하시니 슬프다 그것은 이것 때문이니라.

【한자어 풀이】

1. 이곳의 원문은 다른 곳의 원문과 달리 한 글자 아래에서 시작하여 제
   시되고 있다. 이 책의 '(22a, 3-5), (44a, 6-44b, 5), (51a 4-5)' 등
   에도 이런 표시가 나타난다.

2. 비구(比丘) : 남자로서 출가하여 걸식으로 생활하는 승려로 250계를
   받아 지니는 이를 말한다.

3. 조서승(鳥鼠僧) : 박쥐중. 파계한 비구를 비유한 말로 속인도 아니고
   중도 아니라는 뜻이다.

4. 아양승(啞羊僧) : 벙어리염소중. 선학의 계율을 분별하지 못하여 범
   하고도 참회할 줄 모르는 어리석은 수행승을 말한다. 염소가 죽어도
   소리를 내지 못하는 것에 비유한 말이다.

5. 독거사(禿居士) : 대머리 거사. 외형은 출가자의 모습을 하고 있지만

실제는 계율을 깨고 가르침을 지키지 않는 자를 말한다.

6. 가사(袈裟) : 승려가 입는 법의.

7. 소이이차(所以以此) : 그것은 이것 때문이니라. 여기서 그것은 앞의
'噫'로 슬픈 이유를 말한다.

【언해문】末法에 比丘ㅣ 여러 가·짓 名字ㅣ 이시·니 或 鳥
鼠僧ㅣ라 ᄒ며 或 啞羊僧ㅣ라 ᄒ며 或 머·리 민 居士ㅣ라 ᄒ
며 或 地獄 즈·싀ㅣ라 ᄒ며 或 袈裟 니·븐 盜賊ㅣ라 ᄒ시니
슬프·다 긔 ·이·러ᄒ 젼·질·싀니라(52a, 4 - 52a, 6)

【현대역】말법(末法)에 비구(比丘)가 여러 가지의 이름이 있으니 혹 박
쥐중[鳥鼠僧]이라 하며 혹 벙어리 염소중[啞羊僧]이라 하며 혹 머리 빠
진 거사(居士)라 하며 혹 지옥(地獄) 찌꺼기라 하며 혹 가사(袈裟) 입은
도적(盜賊)이라 하시니 슬프다 그것이 이러한 까닭인 것이니라.

【언해문 분석】

1. 민 : 빠진
   기본형은 '믜다(禿)'로 분석하면 '믜-(어간) + -ㄴ(관형형 어미)'이다.

2. 즈·싀ㅣ라 : 찌꺼기라
   분석하면 '즈싀(명사) + ㅣ(서술격 조사) + -라(설명형 종결 어미)'이
   다. 어형은 '즛의/즈싀〉즈싀/즈으〉즛싁〉쓰의〉즉긔/쯱기〉찌끼'로 변
   화하였다.

3. 이러ᄒ : 이러한
   기본형은 '이러ᄒ다'로 분석하면 '이러ᄒ-(어간) + -ㄴ(관형형 어미)'
   이다.

4. 젼질싀니라 : 까닭인 것이니라
   '젼ᄌ'는 이곳에서만 보이는 형태로 다른 책이나 이 책의 상권 (19a,
   9)에서는 '젼ᄎ'의 형태로 나타난다. 분석하면 '젼ᄌ(명사) + ㅣ(서슬

격 조사) + ─ㄹ(관형형 어미) + 수(의존 명사) + ㅣ(서술격 조사) +
─니라(설명형 종결 어미)'이다.

【주】此ᄂᆞᆫ 通結上文ᄒᆞ시니라 非徒賣法ㅣ라 兼販如來·ᄒᆞᅀᆞ
와 撥囙果排罪福ᄒᆞ며 沸騰身口ᄒᆞ며 迭起憎愛ᄒᆞ니 可謂哀哉
吁哉ㅣ며 愴然悲酸ㅣ로다 避僧避俗曰鳥鼠ㅣ오 舌不說法曰
啞羊ㅣ오 僧形俗心曰 禿居士ㅣ오 罪重不遷曰地獄滓ㅣ오 賣
佛營生曰 披袈裟賊ㅣ라 以披袈裟賊·ᄋᆞ·로 證此多名ᄒᆞᆯ·ᄉᆡ 以
此二字·로 結ᄒᆞ시니 文出老子ᄒᆞ니라(52a, 6- 52b, 1)

【주 현대역】 이는 앞 글(上文)을 통틀어 맺으신 것이다. 한갓 법을 팔
뿐 아니라 겸하여 여래(如來)를 팔아 원인[囙]과 결과(果)를 없애고 죄와
복이 없다 하며 몸과 입으로 업을 물 끓듯이 지으며 사랑과 미움을 자주
일으키니 가히 슬프고 애서로우며 창연(愴然)히 비참하다고 말할 것이
로다. 중도 아니고 속인도 아닌 사람을 박쥐중[鳥鼠]이라 말하고 입으로
설법하지 못하는 사람을 염소중[啞羊]이라 말하고 형상은 중[僧]이나 마
음은 속인(俗人)인 사람을 대머리 거사[禿居士]라 말하고 죄가 무거워
돌이키지 못하는 사람을 지옥의 찌꺼기[地獄滓]라 말하고 부처님을 팔
아 생활하는 사람을 가사 입은 도적[披袈裟賊]이라 말한다. 가사 입은
도적으로 이런 많은 이름들을 증거 할 수 있기 때문에 '이차(以此)' 두
글자로 맺으셨는데 이것은 〈노자(老子)〉에 나온다.

【주 한자어 풀이】
1. 창연(愴然) : 창연히. 슬퍼 상심하는 모양을 말한다.
2. 비산(悲酸) : 비도산고(悲悼酸苦)의 줄임말. 아랫사람의 불행에 대하
   여 몹시 슬프고 마음이 쓰림.

【주 언해문 분석】

1. 販如來ᄒᆞᅀᆞ와 : 여래(如來)를 팔아

　　기본형은 '판여래(販如來)ᄒᆞ다'로 분석하면 '販如來ᄒᆞ-(어간) + -ᅀᆞ오-(객체 높임 선어말 어미) + -아(부사형 연결 어미)'이다. 객체 높임 선어말 어미 '-ᅀᆞ오-'가 쓰인 것은 목적어가 '여래(如來)'이기 때문이다.

> 於戲ㅣ라 佛子의 一衣一食이

【원문】於戲ㅣ라 佛子의 一衣一食이 莫非農夫之血ㅣ며 織女之苦ㅣ니 道眼을 未明ㅎ면 如何消得ㅣ리오(52b, 2 - 52b, 3)

【현대역】슬프다! 불자(佛子)의 한 벌 옷과 한 그릇 밥이 농부(農夫)의 피와 베 짜는 여인[織女]의 고생[苦] 아닌 것이 없으니 도(道)의 눈을 밝히지 못하면 어찌 소화할 수 있겠는가.

【한자어 풀이】

1. 소득(消得) : 소(消)는 '소화하다, 누리다, 사용하다'의 의미이고 득(得)은 허사이다.

【언해문】슬프·다 佛子의 흔 ·옷 흔 ·바비 農夫·의 ·피며 織女의 苦 아·니니 업·스니 道眼·을 볼·키디 ·몬ㅎ:면 엇뎌 消得ㅎ리:오(52b, 4 - 52b, 5)

【현대역】슬프다! 불자(佛子)의 한 옷, 한 밥이 농부(農夫)의 피며 베 짜는 여인[織女]의 고생[苦] 아닌 것이 없으니 도(道)의 눈을 밝히지 못하면 어찌 소화하겠는가.

【언해문 분석】

1. 아니니 : 아닌 것이

   기본형은 '아니다'로 분석하면 '아니-(어간) + -ㄴ(관형형 어미) +

이(의존 명사) + (이)(주격 조사)'이다.

2. 블키디 : 밝히지

   기본형은 '블키다'로 분석하면 '블키-(어간) + -디(부정 부사형 연결
   어미)'이다. 어간형 '블키-'는 '븕-(어근) + -히(사동의 파생 접사)'
   이다. 기본형은 '븕히다>밝히다'로 변화하였다.

3. 消得ᄒ리오 : 소화하겠는가, 사용하겠는가

   기본형은 '소득(消得)ᄒ다'로 분석하면 '消得ᄒ-(어간) + -리-(미래
   추측 선어말 어미) + -오(설명 의문 종결 어미)'이다. '-오'는 의문사
   '엇뎌'와 호응한다.

【주】傳燈에 一道人ㅣ 道眼이 明·티 ·몯ᄒ야 長者園中에 木
菌·으·로 信施 갑·ᄑ니라(52b, 5 - 52b, 6)

【주 현대역】〈전등록(傳燈錄)〉에 한 도인이 도(道)의 눈이 밝지 못하여 장자
(長者)의 정원 안[園中]에서 목균(木菌)으로 보시의 신세[信施]를 갚느니라.

【주 한자어 풀이】

1. 전등(傳燈) : 〈경덕전등록(景德傳燈錄)〉. 송(宋)나라의 승천도원(承
   天道源)이 경덕원년(景德元年, 1400)에 지은 선종의 사서(史書).
2. 목균(木菌) : 목이(木耳) 버섯.
3. 신시(信施) : 신앙심이 발로하여 금전이나 곡식 따위를 절에 기부하
   는 것을 말한다.

【주 언해문 분석】

1. 갑ᄑ니라 : 갚느니라

   기본형은 '갚다'로 분석하면 '갑-(어간) + ㅍ + -ᄋ니라(설명형 종결
   어미)'이다. 이때의 'ㅍ'은 앞에 오는 어간 '갚-'의 말음 'ㅍ'으로 인하
   여 중철표기된 것이다. 'ㅂ'은 8종성법으로 표기된 것이다.

故로 曰要識披毛戴角底麼아

【원문】故로 曰要識披毛戴角底麼아 即今에 虛受信施者이 是
ㅣ어늘 有人는 未飢而食ᄒ며 未寒而衣ᄒᄂ니 是誠何心哉오 都
不思目前之樂이 便是身後之苦也ㅣ라 ᄒ시니라(52b, 7 - 53a, 1)

【현대역】 그러므로 이르되 "털 쓰고 뿔 이는 것을 알고자 하는가? 곧
오늘날 신시(信施)를 헛되이 받는 것이 이것이거늘 어떤 사람은 배고프
지 않아도 먹으며 춥지 않아도 입으니 이는 진실로 어떤 마음인가. 눈앞
의 즐거움이 곧 이 후생의 괴로움[苦]인 것을 다 생각하지 않는다."라고
하시니라.

【한자어 풀이】

1. 피모대각저마(披毛戴角底麼) : 피모(披毛)는 피모(被毛)와 같다. 대각
   저마(戴角底麼)의 저마(底麼)는 허사이다. 창법선사(昌法禪師)가 "저
   털을 덮어 쓰고 머리에 뿔 이고 있는 소를 보는가? 평소에 정신 차리
   지 못한 자이니라. 제 혀를 뽑는 지옥이 무슨 이유 때문인지 알겠는
   가? 어리석은 중생을 속이고 유혹하는 자이라. 저 얼음 지옥이 무슨
   이유 때문인지 알겠느냐? 신도의 보시를 함부로 받은 때문이니라."라
   고 하였다.

2. 허수(虛受) : 불교에서는 '보시를 거저 받다', '함부로 받다'라는 의미
   이다. 허수신시(虛受信施)는 파계의 몸으로 신도가 베풀어 주는 음식
   등을 받은 죄나 과오의 의미로도 쓰인다.

3. 미기이식(未飢而食) 미한이의(未寒而衣) : 배고프지 않아도 먹으며
   춥지 않아도 입음. 출가인의 그릇된 행동으로 배고프지 않은데도 먹
   고 춥지 않은데도 입는 출가인의 정도(正道)를 정진하여 보시를 함부
   로 받는 일이 없도록 당부하는 내용이다.

【언해문】그:럴식 닐오·딕 털 니·브며 :쓸 이·믈 ·알오져 ·
ᄒᆞᄂᆞ냐 ·곧 이:제 信施을 虛히 受·ᄒᆞᄂᆞ 거시 ·이어·늘 或 有
·사ᄅᆞᆷ 은 :비고·프·디 아·녀·셔 머·그며 ·칩·디 아·녀·셔 닙ᄂᆞ니
·이 眞實·로 ·엇:던 ᄆᆞᅀᆞ미어·뇨 目前·의 樂이 ·곧 ·이 身後엣
苦ᄂᆞᆫ 들 ·다 思量·티 아:닌ᄂᆞ·다 ·ᄒᆞ시니라(53a, 2 – 53a, 4)

【현대역】그러므로 이르되 "털 입으며 뿔 이는 것을 알고자 하는가? 곧
이제 신시(信施)를 헛되이 받는 것이 이것이거늘 혹 어떤 사람은 배고프
지 않은데 먹으며 춥지 않은데 입느니 이는 진실로 어떤 마음이었는가.
눈앞의 즐거움이 곧 이 후생이 괴로움[苦]인 것을 다 생각하지 않는다."
라고 하시니라.

【언해문 분석】

1. 니브며 : 입으며
   기본형은 '닙다'로 분석하면 '닙-(어간) + -으며(나열의 연결 어미)'
   이다. 기본형은 '닙다〉입다'로 변화하였다.

2. 쓸 : 뿔
   어형은 '쓸〉뿔'로 변화하였다.

3. 이믈 : 이는 것을
   기본형은 '이다(戴)'로 분석하면 '이-(어간) + -ㅁ(명사형 어미) + 을
   (목적격 조사)'이다.

4. 알오져 : 알고자
   기본형은 '알다'로 분석하면 '알-(어간) + -오져(희구의 연결 어미)'

이다. '-오져'는 '-고져'가 'ㄹ' 아래에서 'ㄱ'이 약화된 형태이다.

5. ᄒᆞᄂᆞ냐 : 하는가, 하느냐

기본형은 'ᄒᆞ다'로 분석하면 'ᄒᆞ-(어간) + -ᄂᆞ-(현재 시상 선어말 어미) + -냐(판정 의문형 종결 어미)'이다.

6. 이어늘 : 이것이거늘

분석하면 '이(대명사) + (이)(서술격 조사) + -어늘(구속의 연결 어미)'이다. '-어늘'은 '-거늘'이 'ㅣ'모음 아래에서 'ㄱ'이 탈락한 것이다.

7. 고픈디 : 고프지

기본형은 '고프다'로 분석하면 '고프-(어간) + -디(부정 부사형 연결 어미)'이다. 다른 문헌에는 일반적으로 '고프다'기 니뎌난다.

8. 아녀셔 : 않은데

기본형은 '아니다'로 분석하면 '아니-(어간) + -어셔(설명의 연결 어미)'이다.

9. 칩디 : 줍지

기본형은 '칩다'로 분석하면 '칩-(어간) + -디(부정 부사형 연결 어미)'이다. 기본형은 '칩다>춥다'로 변화하였다.

10. ᄆᆞᅀᆞ미어뇨 : 마음이었는가

분석하면 'ᄆᆞᅀᆞᆷ(명사) + 이(서술격 조사) + -어-(과거 확인 선어말 어미) + -뇨(설명 의문 종결 어미)'이다. 과거 확인의 선어말 어미 '-어-'는 '-거-'가 서술격 조사 '이' 때문에 'ㄱ'이 탈락한 것이다. '-뇨'는 의문사 '엇던'과 호응한다.

11. 苦ㅣᆫ 들 : 괴로움[苦]인 것을

분석하면 '고(苦) + ㅣ(서술격 조사) + -ㄴ(관형형 어미) + ᄃᆞ(의존 명사) + 을(목적격 조사)'이다.

12. 아닌ᄂᆞ다 : 않는다

기본형은 '아니ᄒᆞ다'로 분석하면 '아니ᄒᆞ-(어간) + -ᄂᆞ-(현재 시상 선어말 어미) + -다(설명형 종결 어미)'이다. 'ᄒᆞ'의 'ㆍ'가 탈락하고 남은 'ㅎ'이 뒤에 오는 'ㄴ'에 동화되어 '아닌ㄴ다'가 되었다.

【주】智論에 一道人ㅣ 五粒粟애 受牛身ᄒ야 生償筋骨ᄒ고
死還皮肉ᄒ니 虛受信施ㅣ 報如影響ㅣ로다(53a, 4 - 53a, 6)
【주 현대역】〈지론(智論)〉에 "한 도인이 다섯 낟알 때문에 소의 몸을
받아 살아서는 힘써서 갚고 죽어서는 가죽과 살로 되돌려 준다."라고 하
니 헛되이 받은 시주가 영향(影響)과 같이 돌아오도다.

【주 한자어 풀이】
1. 지론(智論) : 〈대지도론(大智度論)〉. 인도 대승불교 초기의 고승인 용
   수(龍樹)가 저술한 〈대품반야경(大品般若經)〉의 주석서이다.
2. 수우신(受牛身) : 소의 몸을 받다. 소가 되다.
3. 도인(道人) : 〈대지도론〉에 나오는 교범발제(憍梵鉢提)이다. 그는 전
   생에 소였기에 소의 습관이 남아서 항상 먹은 음식을 토해 올려 새김
   질을 한다고 한다.
4. 근골(筋骨) : '체력'을 비유적으로 이르는 말이다.
5. 영향(影響) : 그림자와 울림. 그림자가 형상을 따르고 울림에 소리에
   응하듯이 행실에 따라 이루어진 결과를 말한다.

故로 曰寧以熱鐵로

【원문】故로 曰寧以熱鐵로 纏身ㅣ언뎡 不受信心人의 衣ᄒ
며 寧以洋銅로 灌口ㅣ언뎡 不受信心人의 食ᄒ며 寧以鐵鑊의
投身ㅣ인뎡 不受信心人의 房舍等ㅣ라 ᄒ시니라(53a, 7 – 53b, 1)

【현대역】 그러므로 이르되 "차라리 뜨거운 쇠로 몸을 감쌀지언정 신도
의 옷을 받지 말며 차라리 끓어 오르는 구리로 입에 부을지언정 신도의
음식을 받지 말며 차라리 무쇠 가마에 몸을 던질지언정 신도의 방사(房
舍) 등을 받지 말라."라고 하시니라.

【한자어 풀이】
1. 열철(熱鐵) : 뜨거운 쇠.
2. 신심인(信心人) : 신도. 종교를 믿는 사람을 말한다.
3. 양동(洋銅) : 끓어 오르는 구리.
4. 철확(鐵鑊) : 무쇠 가마.
5. 방사(房舍) : 수행승이 거주하는 건물.

【언해문】 그:럴·식 닐·오·딕 ·출히 더:운 ·쇠로 :몸을 :쌀:디
언·뎡 信心人의 衣·를 受·티 :말:며 출히 구·리 노·근 :믈·로
이:베 브슬디언·뎡 信心人의 食을 受·티 :말며 출히 :쇠가마:
예 ·몸·을 둘·디언·뎡 信心人의 房舍·들흘 受·티 말라 ᄒ시니

라(53b, 2 - 53b, 4)

【현대역】 그러므로 이르되 "차라리 더운 쇠로 몸을 쌀지언정 신도의 옷을 받지 말며 차라리 구리 녹은 물로 입에 부을지언정 신도의 음식을 받지 말며 차라리 쇠가마에 몸을 둘지언정 신도의 방사(房舍)들을 받지 말라."라고 하시니라.

【언해문 분석】

1. 츨히 : 차라리

   〈번역소학〉(1517)(8, 4b)에 '츨하리'의 형태도 나타난다.

2. 빨디언뎡 : 쌀지언정

   기본형은 '빤다(包)'로 분석하면 '빤-(어간) + -ㄹ디언뎡(양보의 연결 어미)'이다.

3. 브슬디언뎡 : 부을지언정

   기본형은 '븟다'로 분석하면 '븟-(어간) + -ㄹ디언뎡(양보의 연결 어미)'이다. 기본형은 '븟다〉붓다'로 원순모음화하였다.

4. 房舍 둘흘 : 방사(房舍)들을

   분석하면 '房舍둟(명사) + 을(목적격 조사)'이다.

【주】 菩薩 大願ᄂ 梵網經 心地法門品에 ·다 ᄀ·초 나·토시니라(53b, 4 - 53b, 5)

【주 현대역】 보살(菩薩) 대원(大願)은 〈범망경(梵網經)〉 심지법문품(心地法門品)에 모두 갖추어 나타내셨느니라.

【주 한자어 풀이】

1. 범망경(梵網經) : 대승불교의 계율사상을 담은 경전. 상하 2권.

【주 언해문 분석】

1. ᄀ초 : 갖추어

'ᄀ초다'의 어간이 부사화 된 것으로 〈경신록언해〉(1886)(9a)에 '가초', (44a)에 'ᄀ초'의 형태로도 나타난다.

2. 나토시니라 : 나타내셨느니라

기본형은 '나토다'로 분석하면 '나토-(어간) + -시-(주체 높임 선어말 어미) + -니라(설명형 종결 어미)'이다. 어간형 '나토-'는 '낱-(어근) + -오(사동의 파생 접사)'이다.

故로 曰道人ᄂᆞᆫ

【원문】 故로 曰道人ᄂᆞᆫ 進食을 如進毒ᄒᆞ며 受施ᄅᆞᆯ 如受箭ㅣ 어다 幣厚言甘이 道人의 所畏ㅣ라 ᄒᆞ시니라(53b, 6 – 53b, 7)

【현대역】 그러므로 이르되 "도인(道人)은 음식 먹는 것을 독약(毒藥) 먹듯이 하며 보시 받는 것을 화살 받듯이 할지어다. 후한 폐백(幣帛)과 달콤한 말이 도인(道人)의 두려워하는 바이다."라고 하시니라.

【한자어 풀이】

1. 폐후언감(幣厚言甘) : 후한 선물(대접)과 달콤한 말. 시주자가 제공하 는 좋은 공양물을 상징한다.

【언해문】 그·럴·ᄉᆡ 닐오·ᄃᆡ 道人·ᄂᆞᆫ 밥 머구·믈 毒藥 ·먹둧 ᄒᆞ며 信施受用·호ᄆᆞᆯ ·살 受·ᄃᆞᆺ ·홀·디어다 幣帛 厚·히 주·고 · 말·ᄉᆞᆷ 들히 닐우·미 道人의 저픈 ·고·디라 ᄒᆞ시니라(53b, 8 – 53b, 9)

【현대역】 그러므로 이르되 "도인(道人)은 밥 먹는 것을 독약(毒藥) 먹 듯이 하며 보시 받는 것을 화살 받듯이 할지어다. 폐백(幣帛) 후히 주고 말 달게 이르는 것은 도인(道人)이 두려운 것이다."라고 하시니라

【언해문 분석】

1. 道人ᄂᆞᆫ : 도인(道人)은

    분석하면 '道人(명사) + ㄴ + ᄋᆞᆫ(지정의 보조사)'이다. 이때의 'ㄴ'은
    앞에 오는 체언 '도인'의 말음 'ㄴ'으로 인하여 중철표기된 것이다.

2. 머구믈 : 먹는 것을

    기본형은 '먹다'로 분석하면 '먹-(어간) + -움(명사형 어미) + 을(목
    적격 조사)'이다.

3. 먹듯 : 먹듯이

    기본형은 '먹다'로 분석하면 '먹-(어간) + -듯(부사형 어미)'이다.

4. ᄃᆞᆯ히 : 달게

    'ᄃᆞᆯ-(甘)'의 파생부사이다. 16세기의 〈소학언해〉(1585)(5, 16b)에는
    'ᄃᆞᆯ이'로도 나타난다.

5. 닐우미 : 이르는 것이

    기본형은 '닐다'로 분석하면 '닐-(어간) + -움(명사형 어미) + 이(주
    격 조사)'이다.

6. 저픈 : 두려운

    기본형은 '저프다'로 분석하면 '저프-(어간) + -은(관형형 어미)'이
    다. 이 책의 (61a, 7)에는 '저픈'이 나타난다.

7. 고디라 : 것이다

    분석하면 '곧(명사) + 이(서술격 조사) + -라(설명형 종결 어미)'이
    다. '곧'은 '所'를 언해한 것으로 '處'를 언해한 '곳'과는 구별된다.

故로 曰逆境界는

【원문】故로 曰逆境界는 易打ㅣ어니와 順境界는 難打ㅣ라
ᄒ시니라(54a, 1 - 54a, 1)

【현대역】그러므로 이르되 "역경계(逆境界)는 타파하는 것이 쉽거니와
순경계(順境界)는 타파하는 것이 어렵다."라고 하시니라.

【한자어 풀이】

1. 역경계(逆境界) : 위경(違境). 자기의 마음을 거역하는 경계다.
2. 순경계(順境界) : 자신의 마음에 순응하는 경계로서 번뇌와 미혹을
   일으키는 것은 순경에 의하기 때문이다.

【언해문】그·릴·ᄉ ᆡ 닐·오ᄃᆡ 逆境界·는 ·튜미 :쉽거니와 順境
界·는 ·튜·미 어렵·다 ᄒ시니라(54a, 2 - 54a, 2)

【현대역】그러므로 이르되 "역경계(逆境界)는 치는 것이 쉽지만 순경
계(順境界)는 치는 것이 어렵다."라고 하시니라.

【언해문 분석】

1. 그릴ᄉ ᆡ : 그러므로
   '그럴ᄉ ᆡ'의 잘못으로 보인다.
2. 튜미 : 치는 것이, 타파하는 것이
   기본형은 '티다(打)'로 분석하면 '티-(어간) + -움(명사형 어미) + 이

(주격 조사)'이다. 기본형은 '티다〉치다'로 구개음화(티〉치)하였다.

3. 쉽거니와 : 쉽지만, 쉽거니와

　　기본형은 '쉽다'로 분석하면 '쉽-(어간) + -거니와(양보의 연결 어미)'이다.

【주】逆順境界는 我相·의 所致니라(54a, 2 - 54a, 3)

【주 현대역】 역경계(逆境界)와 순경계(順境界)는 아상(我相) 때문이니라.

【주 한자어 풀이】

1. 아상(我相) : 나라는 상(相). 실체로서의 자아가 있다는 생각. 중생들이 실제의 자아라고 집착하는 잘못된 나의 상(相)을 말한다.

2. 소치(所致) : 그렇게 된 까닭 또는 이유.

故로 曰修道之人는

【원문】 故로 曰修道之人는 如一塊磨刀之石ᄒ니 張三也ㅣ
來磨ᄒ며 李四也ㅣ 來磨ᄒ야 磨來磨去에 別人刀는 快而自家
石은 漸消ㅣ어늘 然ㅣ나 有人는 更嫌他人이 不來我石上磨ᄒ
ᄂ니 實爲可惜ㅣ라 ᄒ시니라(54a, 4 - 54a, 8)

【현대역】 그러므로 이르되 "수도(修道)하는 사람은 한 덩이의 칼을 가
는 돌과 같으니 중생들이 와서 갈아 갈며 오고 감에 다른 사람의 칼은
잘 들지만 내 집의 돌은 점점 없어지거늘 그러나 어떤 사람은 또 다른
사람이 와서 자기 돌에 갈지 않는 것을 싫어하나니 진실로 가히 슬픈 일
이다."라고 하셨느니라.

【한자어 풀이】

1. 장삼이사(張三李四) : 장씨 성의 세 사람과 이씨 성의 네 사람. 지극
   히 평범하거나 하찮은 사람을 표현한 말로 불교에서는 평범한 일상을
   살아가는 사람을 말한다.

【언해문】 ·그:럴·시 닐오딕 修道·ᄒ·ᄂ ·사ᄅ·ᄆ ·ᄒᆫ 무적 ·
칼 ·ᄀᄂ :돌 ·ᄀᄐ니 張家 :세히 :와 ·ᄀ며 李家 :네·히 :와
ᄀ라 ᄀ며 ᄀ로·매 ᄂ미 :칼·은 快호·딕 自家 ·돌ᄒ 漸漸 消
커·늘 그·러나 或 有 ·사ᄅ·ᄆ ·ᄯ 다·ᄅᆫ ·사ᄅ·미 내 ·돌히 :와

·ㄱ디 아·니·호믈 嫌心·ㅎㄴ니 眞實로 可히 슬프·다 ·ㅎ시니
라(54a, 9 - 54b, 3)

【현대역】 그러므로 이르되 "수도(修道)하는 사람은 한 무더기의 칼 가
는 돌 같으니 장(張)씨 셋이 와서 갈며 이(李)씨 넷이 와서 갈아 갈며 가
는 것 때문에 남의 칼은 잘 들지만 자기 돌은 점점 사라지거늘 그러나
혹 어떤 사람은 또 다른 사람이 내 돌에 와서 갈지 않는 것을 싫어하니
진실로 가히 슬프다."라고 하시니라.

【언해문 분석】

1. 무적 : 무더기

    〈신증유합〉(1576)(하 48)에는 '무작'도 나타난다.

2. ㄱᄂ : 가는

    기본형은 'ᄀᆯ다'로 분석하면 'ᄀᆯ-(어간) + -ᄂ(현재 시상 관형형 어
    미)'이다. 어간 'ᄀᆯ-'의 'ㄹ'은 뒤에 오는 'ㄴ'으로 인하여 탈락하였다.

3. ᄀᆮ니 : 같으니

    기본형은 'ᄀᆮᄒ다'로 분석하면 'ᄀᆮᄒ-(어간) + -니(설명의 연결 어
    미)'이다.

4. 세히 : 셋이, 세 명이

    분석하면 '셓(명사) + 이(주격 조사)'이다. 어형은 '셓〉셋'으로 변화하
    였다.

5. 와 : 와서

    기본형은 '오다'로 분석하면 '오-(어간) + -아(계기의 연결 어미)'이다.

6. 네히 : 넷이, 네 명이

    분석하면 '넿(명사) + 이(주격 조사)'이다.

7. ᄀᆯ로매 : 가는 것 때문에, 갊에

    기본형은 'ᄀᆯ다'로 분석하면 'ᄀᆯ-(어간) + -옴(명사형 어미) + 애(원
    인의 부사격 조사)'이다.

8. 快호티 : 잘 들지만, 쾌(快)하지만

기본형은 '쾌(快)ᄒ다'로 분석하면 '快ᄒ-(어간) + -오티(설명의 연결 어미)'이다.

9. 돌희 : 돌에

분석하면 '돓(명사) + 희(특이 처소격 조사)'이다.

10. ᄀ디 : 갈지

기본형은 'ᄀᆯ다(磨)'로 분석하면 'ᄀᆯ-(어간) + -디(부정 부사형 연결 어미)'이다. 뒤에 오는 'ㄷ'의 영향으로 'ㄹ'이 탈락하였다.

11. 아니호ᄆᆯ : 않는 것을

기본형은 '아니ᄒ다'로 분석하면 '아니ᄒ-(어간) + -옴(명사형 어미) + ᄋᆯ(목적격 조사)'이다.

【주】 此는　釋上境界ᄒ시니라(54b, 3 ~ 54b, 3)

【주 현대역】 이는 위의 경계(境界)를 풀이하신 것이다.

故로 古語에

【원문】 故로 古語에 亦有之ᄒ니 曰三途苦ᄂᆞᆫ 未是苦ㅣ어니와 袈裟下애 失人身이 始是苦也ㅣ라 ᄒ시니라(54b, 4 – 54b, 5)

【현대역】 그러므로 옛날 말에 또 있나니 이르되 "삼도의 고통[三途苦]은 고통[苦]이 아니거니와 가사(袈裟)를 입고서 사람 몸을 잃는 것이 정말로 고통[苦]이다."라고 하셨느니라.

【한자어 풀이】

1. 삼도(三途) : 지옥(地獄)・아귀(餓鬼)・축생(畜生)의 삼악도(三惡道)를 말하며 삼악도(三惡途) 또는 삼악취(三惡趣)라고도 한다.

【언해문】 그·럴·ᄉᆡ :녜 :말·ᄉᆞᆷ:애 ·ᄯᅩ 잇ᄂᆞ니 닐오ᄃᆡ 三途苦·ᄂᆞᆫ ·이 苦이 아니어·니와 袈裟下:애 人身 일·후미 ·비·릇 ·이 苦ㅣ·라 ᄒ시니라(54b, 6 – 54b, 7)

【현대역】 그러므로 옛날 말에 또 있나니 이르되 "삼도의 고통[三途苦]은 이것이 고통[苦]이 아니거니와 가사(袈裟) 아래에서 사람 몸을 잃는 것이 비로소 이것이 고통[苦]이다."라고 하시니라.

【언해문 분석】

1. 녜 : 옛날, 옛적

   '녜'는 명사로도, 부사로도 사용되는 단어이다. 어형은 '녜〉예'로 변화하였다.

2. 잇ᄂ니 : 있나니

　기본형은 '잇다'로 분석하면 '잇-(어간) + -ᄂ-(현재 시상 선어말 어미) + -니(설명의 연결 어미)'이다.

3. 아니어니와 : 아니거니와, 아닌 것이지만

　분석하면 '아니-(어간, 未) + -어니와(양보의 연결 어미)'이다. 'ㅣ' 모음 아래에서 'ㄱ'이 탈락하여 '-어니와'로 나타난다.

4. 일후미 : 잃는 것이

　기본형은 '잃다'로 분석하면 '잃-(어간) + -움(명사형 어미) + 이(주격 조사)'이다.

5. 비릇 : 비로소

　부사 파생 접사 '-오'가 결합하여 '비로소'가 되었다.

【주】 始起於一於戲ᄒ샤 終結於一古語ᄒ시고 中間에 紬繹 許多故로 ㅂ字ᄒ시니 此亦一段文法ㅣ로다(54b, 7 - 54b, 8)

【주 현대역】 하나의 오호(於戲)에서 처음 시작하시어 하나의 고어(古語)에서 마무리하시고 중간에 대단히 많은 '고(故)로 왈(曰)'이라는 글사를 연이어 나열하셨으니 이 또한 한 단락[一段]의 문장 법칙이로다.

【주 한자어 풀이】

1. 주역(紬繹) : 연이어 풂.

2. 일단문법(一段文法) : 한 단락의 문장법칙. 한 단락을 구성하는 문장 법칙을 말한다.

咄哉此身ㅣ여

【원문】咄哉此身ㅣ여 九孔애 常流ㅣ로다 百千癰疽예 一片
薄皮ㅣ로다 ᄒ시며 又云革囊에 盛糞ㅣ오 膿血之聚ㅣ라 臭穢
可鄙ㅣ니 無貪惜之ㅣ어다 何況百年을 將養ᄒ다가 一息에 背
恩잇ᄯ녀(54b, 9 – 55a, 3)

【현대역】 "아아, 이 몸이여! 아홉 구멍에서 항상 흐르는도다. 수많은
부스럼에 한 조각 엷은 가죽이로다."라고 하시며 또 이르시되 "가죽 자
루에 똥이 가득차고 피고름의 무더기라 냄새 나고 더러우니 탐(貪)내거
나 아까워하지 말지어다. 어찌 하물며 백 년을 잘 길러주어도 단숨에 은
혜를 배반하는가."라고 하셨다.

【한자어 풀이】
1. 구공(九孔) : 몸의 아홉 개의 구멍. 두 눈, 두 귀, 두 코, 입, 똥오줌
   구멍을 말한다. 불교에서는 이로부터 항상 더러운 것이 나온다고 한다.
2. 옹저(癰疽) : 부스럼.
3. 일편박피(一片薄皮) : 한 조각의 엷은 가죽. 인간의 육신을 감싸고 있
   는 가죽이라는 말이다.
4. 혁낭(革囊) : 가죽 자루. 인간은 더러운 것을 담고 있는 얇은 살갗으
   로 싸고 있음을 가죽 자루로 비유한 것이다.
5. 농혈(膿血) : 피고름.

【언해문】:애 ·이 모미:여 九孔애 常例 흐르ᄂᆞᆺ도다 百千 브스름:에 一片 열:운 가·치·로다 ᄒ시며 ᄯᅩ 니ᄅ샤ᄃᆡ 갓 쟐:에 ᄯᅩᇰ :담고 고:롬과 ·피의 무·디라 ·내 나 더러운 거·시니 貪ᄒ야 ·앗·기·디 마롤·디어다 ·엇·뎌 ·ᄒᄆᆞᆯ·며 百年·을 거ᄂᆞ려 ·치다·가 ᄒᆞᆫ 수:에 思惠ᄅᆞᆯ 背叛·호미ᄯᆞ·녀(55a, 4 ‒ 55a, 6)

【현대역】 아아, 이 몸이여! "아홉 구멍에 항상 흐르는도다. 수많은 부스럼에 한 조각 엷은 가죽이로다."라고 하시며 또 이르시되 "가죽 자루에 똥 담고 고름과 피의 무더기라서 냄새 나고 더러운 것이니 탐(貪)하여 아까워하지 말지어다. 어찌 하물며 백 년을 거느려 기르다가 한 숨에 은혜를 배반함이겠는가!"

【언해문 분석】

1. 애 : 아아!
   '咄哉'를 번역한 소리로 탄식하는 소리이나.

2. 모미여 : 몸이여
   분석하면 '몸(명사) + 이여(감탄의 호격 조사)'이다.

3. 흐르ᄂᆞᆺ도다 : 흐르는도다
   기본형은 '흐르다'로 분석하면 '흐르-(어간) + -ᄂᆞ-(현재 시상 선어말 어미) + -(오)ㅅ도-(감동법 선어말 어미) + -다(설명형 종결 어미)'이다. '-옷도-'는 감동법 형태가 두 번 반복된 것으로 감동의 효과를 높이는 기능을 하고 있다.

4. 열운 : 엷은
   기본형은 '엷다'로 분석하면 '엷-(어간) + -ㄴ(관형형 어미)'이다.

5. 가치로다 : 가죽이로다
   분석하면 '갗(皮, 명사) + 이(서술격 조사) + -로-(감동법 선어말 어미) + -다(설명의 연결 어미)'이다.

6. 갓 : 가죽

‘갗’은 8종성법으로 인하여 ‘갓’으로 나타났다.

7. 쟐에 : 자루에

분석하면 ‘쟐(명사) + 에(처소격 조사)’이다. ‘쟐’은 모음 앞에서, ‘쟈
ᄅ’는 자음 앞에서 선택된다.

8. 똥 답고 : 똥 담고

원문의 ‘盛糞’을 언해한 것으로 ‘똥 담고’의 오각으로 보인다.

9. 무디라 : 무더기라서

분석하면 ‘무디(명사) + (이)(서술격 조사) + ﹣라(원인의 연결 어미)’
이다.

10. 내 : 냄새, 내

어형은 ‘닉〉내’로 변화하였다. 중세국어에서 ‘내’는 ‘냄새’의 뜻이고
‘닉’는 ‘연기’의 뜻이다.

11. 나 : 나고

기본형은 ‘나다(出)’로 분석하면 ‘나﹣(어간) + ﹣아(나열의 연결 어
미)’이다. 모음 ‘ㅏ’가 계속되어 하나가 탈락한 것이다.

12. 앗기디 : 아까워하지

기본형은 ‘앗기다’로 분석하면 ‘앗기﹣(어간) + ﹣디(부정 부사형 연결
어미)’이다.

13. 마롤디어다 : 말지어다

기본형은 ‘말다’로 분석하면 ‘말﹣(어간) + ﹣오﹣(의도법 선어말 어미)
+ ﹣ㄹ디어다(설명형 종결 어미)’이다.

14. 엇뎌 : 어찌, 어째서

〈석보상절〉(1449)(6, 9a)에 ‘엇뎨’가 〈두시언해중간본〉(1632)(1, 6a)
에 ‘엇디’ 등의 변형이 나타난다.

15. 거ᄂ려 : 거느려

기본형은 ‘거ᄂ리다’로 분석하면 ‘거ᄂ리﹣(어간) + ﹣어(부사형 연결
어미)’이다.

16. 흔 수에 : 한 숨에

   원문의 '一息'을 언해한 것으로 '흔 수매'의 오각으로 보인다.

17. 背叛호미ᄯ녀 : 배반함이겠는가

   기본형은 '배반(背叛)ᄒ다'로 분석하면 '背叛ᄒ-(어간) + -옴(명사형
   어미) + -이ᄯ녀(수사 의문형 종결 어미)'이다. 중세국어에서는 특이
   한 의문법의 형태로 '-이ᄯᆫ, -이ᄯ녀, -이ᄯ니잇가' 등이 있다. 이들
   은 서술을 강조하기 위하여 반어법을 사용한 것이다.

【주】 九孔·은 一身에 上七下二ㅣ라 上來諸業이 皆由此身
일·ᄉᆡ 發聲叱咄ᄒ시고 特明過惡ᄒ샤 使修心人·으·로 毋貪毋
惜:게 ·ᄒ샷다 ·이 ·몸은 糞聚ㅣ라 :내 나 ·더·러우미 이·러ᄒ
니 常例 行實 ·업·수·미 ᄀ:장 陋愶ᄒ야 善神ㅣ ·다 背去·ᄒᄂ
니라 威儀經에 云不洗淨手로 經卷 잡거나 佛前:에 고춤 받거
나 ᄒ:면 ·이 ·사ᄅᆞ·ᄆᆞᆫ ·다 厠蟲 되·이·리라 ᄒ시고 ᄯᅩ 登厠에
洗淨 아:닌 사:ᄅᆞᆷ도 이러ᄒ리라 ᄒ시고 又云 凡入厠時예 몬
져 모로미 彈指三聲ᄒ야 厠鬼 警戒ᄒ고 ·고춤 받·디 :말며 語
言 作聲 :말며 畫壁書字 :말고 五呪·을 黙誦ᄒ야 着實洗淨ᄒ
라 壞ᄒ다가 ·이 五呪·을 誦持 아니ᄒ:면 비·록 七恒河水·로
洗淨ᄒ야도 身器이 ·조·티 ·몯ᄒ리라 ᄒ시며 又云 洗淨에 須
用冷水ᄒ며 洗手애 須用木屑灰泥ᄒ라 ᄒ시니라 此登厠洗淨
이 亦是 道人의 日用行實일·ᄉᆡ 畧引經文ᄒ야 幷附于此ᄒ노
라(55a, 7 – 55b, 7)

【주 현대역】 아홉 구명은 한 몸에서 위에 일곱, 아래에 둘이다. 위에서
말한 모든 업[上來諸業]이 모두 이 몸으로 말미암아 생기므로 소리쳐 꾸
짖으시고 특히 허물과 악을 밝히시어[特明過惡] 마음을 닦는 사람으로

하여금 탐하거나 아까워하지 못하게[毋貪毋惜] 하셨도다. 이 몸은 똥 덩어리[糞聚]라서 냄새 나고 더러운 것이 이러하니 항상 행실(行實) 나쁜 것이 가장 비루(鄙陋)하고 추하여 착한 신이 모두 등지고 가느니라. 위의경(威儀經)에 이르기를 "깨끗하지 않는 손으로 경전[經卷]을 잡거나 부처 앞에서 코를 풀고 침 뱉거나 하면 이 사람은 모두 뒷간의 벌레가 될 것이다."라고 하시고 또 "뒷간에 갔다가 씻지 않은 사람도 이러할 것이다."라고 하시고 또한 이르기를 "무릇 뒷간을 들어갈 때에 먼저 모름지기 손가락을 튕겨 세 번 소리 내어[彈指三聲] 뒷간의 귀신을 경계하고 코를 풀거나 침을 뱉지 말며 말이나 소리를 내지 말며 벽에 그림 그리거나 글씨를 쓰지[畫壁書字] 말고 다섯 가지 주문을 묵묵히 외우며 착실히 씻어라. 일곱 번 만약 이 다섯 가지 주문을 외우지[誦持] 않으면 비록 일곱 항하(恒河)의 물로 씻어도 몸[身器]이 깨끗하지 못할 것이다."라고 하시며 또 이르기를 "씻음에 모름지기 찬물을 쓰며 손을 씻음에 모름시기 톱밥[木屑]이나 재[灰泥]를 쓰라."라고 하시니라. 이 뒷간에 가서 씻는 이러한 일이 또한 도인(道人)의 일상 행실(行實)이므로 간략히 경문(經文)을 인용하여 아울러 이에 덧붙이노라[幷附于此].

【주 한자어 풀이】

1. 질돌(叱咄) : 꾸짖음.

2. 특명과악(特明過惡) : 특히 허물과 악을 밝힘.

3. 무탐무석(毋貪毋惜) : 탐하거나 아까워하지 않음. '毋'는 '母'와 통용된다.

4. 분취(糞聚) : 똥 덩어리.

5. 행실(行實) : 일상의 행동이나 품행.

6. 위의경(威儀經) : 위의(威儀)에 관한 경전. 위의란 규율과 예법에 맞는 행동이나 태도. 곧 일상의 생활양식을 말한다.

7. 경권(經卷) : 부처님의 교법을 적은 경 · 율 등의 경전. 옛적에는

책이 두루마리로 되었으므로 권(卷)이라 한다.

8. 탄지삼성(彈指三聲) : 손가락을 튕겨 세 번 소리 냄.

9. 화벽서자(畵壁書字) : 벽에 그림을 그리거나 글씨를 씀.

10. (㡓) : 미상. 이상의 경지인 피안(彼岸)에 도달하는 보살의 수행
    을 '도(度)'라 하며 5도(度), 6도(度), 10도(度)가 있는 것을 참조하
    면 이 역시 수행방법의 하나임을 가리키는 듯하다.

11. 항하(恒河) : 항가(恒伽)·항수(恒水)라고도 한다. 인도의 설산. 곧
    히말라야산맥에서 근원하여 동쪽으로 흘러 벵골 만으로 들어가는
    갠지스 강을 말한다.

12. 신기(身器) : 몸. 몸은 모든 법을 받는 그릇과 같다라는 것을 비유
    한 말이다.

13. 경문(經文) : 불경의 문구.

【주 언해문 분석】

1. ᄒᆞ샷다 : 하셨도다
   기본형은 'ᄒᆞ다(爲)'로 분석하면 'ᄒᆞ-(어간) + -샤-(주체 높임 선어
   말 어미) + -(오)ㅅ-(감동법 선어말 어미) + -다(설명형 종결 어미)'
   이다.

2. 糞聚ㅣ라 : 똥 덩어리라서
   분석하면 '糞聚(명사) + ㅣ(서술격 조사) + -라(원인의 연결 어미)'이다.

3. 더러우미 : 더러운 것이, 더러움이
   기본형은 '더럽다'로 분석하면 '더럽-(어간) + -움(명사형 어미) +
   이(주격 조사)'이다.

4. 업수미 : 나쁜 것이, 없는 것이
   기본형은 '없다'로 분석하면 '없-(어간) + -움(명사형 어미) + 이(주
   격 조사)'이다. 여기에서는 '품행이 나쁨'의 뜻으로 쓰였다.

5. 받거나 : 뽑거나

기본형은 '밭다'로 분석하면 '밭-(어간) + -거나(선택의 연결 어미)'
이다. 어간 '밭-'은 8종성법에 의하여 '받'이 되었다. '고춤 받거나'는
'코를 풀거나 침을 뱉거나'라는 뜻이다.

6. 되이리라 : 될 것이다

기본형은 '되이다'로 분석하면 '되이-(어간) + -리-(미래 추측 선어
말 어미) + -다(설명형 종결 어미)'이다. 어간형 '되이-'는 '되-(어
근) + -이(피동의 파생 접사)'이다.

7. 아닌 : 않는

기본형은 '아니ᄒ다'로 분석하면 '아니(ᄒ)-(어간) + -ㄴ(관형형 어
미)'이다.

8. 이러ᄒ리라 : 이러할 것이다

기본형은 '이러ᄒ다'로 분석하면 '이러ᄒ-(어간) + -리-(미래 추측
선어말 어미) + -라(설명형 종결 어미)'이다.

9. 본져 : 먼저

어형은 '몬져〉먼저'로 변화하였다. 또한 〈용비어천가〉(1447)(7장)에
'몬제', 〈능엄경언해〉(1462)(1, 98)에 '몬졔'의 형태로도 나타난다.

10. 모로미 : 모름지기, 반드시

다른 문헌에는 '모로매, 모롬애, 모롬이, 모ᄅ매, 모ᄅ미' 등도 나타난다.

大抵道人는 宜應端心ᄒ야

【원문】大抵道人는 宜應端心ᄒ야 以質直으로 爲本ㅣ니라
一瓢一衲으로 旅泊無累ᄒ야 出言을 涉典章ᄒ며 說法을 傍稽
古ㅣ어다 語是心苗ㅣ니 豈恣胸臆ㅣ리오(55b, 8 – 56a, 1)

【현대역】무릇 도인은 마땅히 마음을 단정히 하여 질박하고 정직[質
直]한 것으로 근본(根本)을 삼느니라. 표주박 하나[一瓢]와 누더기[衲
衣] 한 벌로 나그네 머물듯이 걸림이 없고 말을 법칙[典章]에 맞게 하며
설법을 옛것에 상고할시이다. 말은 마음의 싹이니 어찌 짐작으로 방자
하게 하겠는가.

【한자어 풀이】
1. 의응(宜應) : 마땅히. 응당.
2. 질직(質直) : 질박하고 정직함. 참되고 속임이 없음.
3. 일표일납(一瓢一衲) : 표주박 하나와 누더기 한 벌.
4. 전장(典章) : 법칙. 제도와 문물. 규칙.
5. 계고(稽古) : 옛일을 상고함. 전하여 학문·학습.
6. 흉억(胸臆) : 가슴. 마음. 확대하여 마음속 생각을 나타낸다.

【언해문】大抵·ᄒ·디 道人는 ·반ᄃ기 ᄆᆞᅀᆞ·ᄆᆞᆯ 端正·히 ᄒ야
質直·ᄒ오보·로 根本 사모·미 :맛당ᄒ니라 一瓢와 一衲으·로 나
ᄀᆞ:내 븓·ᄃᆞᆺ ᄒ야 걸:욘 ᄃᆡ ·업·서 ·말ᄉᆞᆷ 내 요·ᄆᆞᆯ 典章에 干涉

ᄒᆞ며 法 닐·오믈 稽古에 依傍·홀·디어·다 ·말ᄉᆞ문 ·이 ᄆᆞᅀᆞ민
:엄삭·시니 ·엇뎌 짐·쟉:으·로 放恣·히 ᄒᆞ리오(56a, 2 – 56a, 5)

【현대역】 무릇 도인은 반드시 마음을 단정히 하여 질박하고 정직[質
直]한 것으로 근본(根本)을 삼는 것이 마땅하느니라. 표주박 하나[一瓢]
와 누더기[衲衣] 한 벌로 나그네 붙듯이 하여 걸리는 데 없고 말 내는
것을 전장(典章)에 간섭(干涉)하며 법 이르는 것을 옛것을 상고함에 의
지할지어다. 말은 이 마음에 움이나 싹이니 어찌 짐작으로 방자하게 하
겠는가.

【한자어 풀이】
1. 간섭(干涉) : 서로 간여하여 통함.
2. 의방(依傍) : 의지하다. 의뢰하다.

【언해문 분석】
1. 반ᄃᆞ기 : 반드시, 꼭 마땅히, 당연히
   〈경민편 중간본〉(1658)(35b)에 '반드시', 〈칠장사판 천자문〉(1661)(6a)
   에 '반득', 〈가례언해〉(1632)(10, 16b)에 '반ᄃᆞ시' 등으로도 나타난다.
2. 質直호모로 : 질박하고 정직[質直]한 것으로
   기본형은 '질직(質直)ᄒᆞ다'로 분석하면 '質直ᄒᆞ-(어간) + -옴(명사형
   어미) + 오로(도구의 부사격 조사)'이다. '오로'는 'ᄋᆞ로'가 앞의 모음
   '오'로 이끌린 것이다.
3. 사모미 : 삼는 것이
   기본형은 '삼다'로 분석하면 '삼-(어간) + -옴(명사형 어미) + 이(주
   격 조사)'이다.
4. 맛당ᄒᆞ니라 : 마땅하느니라
   기본형은 '맛당ᄒᆞ다'로 분석하면 '맛당ᄒᆞ-(어간) + -니라(설명형 종
   결 어미)'이다. 기본형은 '*맛당ᄒᆞ다〉맛당ᄒᆞ다〉맛짱ᄒᆞ다〉마땅하다'

로 변화하였다.

5. 나ㄱ내 : 나그네

어형은 '나ㄱ내〉나그내〉나그네'로 변화하였다. 〈이륜행실도〉(1518)
(38a)에 '나가닉'도 나타난다.

6. 븓둣 : 붙듯이, 의지하듯이

기본형은 '븓다(附)'로 분석하면 '븓(어간) + -둣(부사형 어미)'이다.
여기에서는 '泊'을 언해한 것이다.

7. 걸욘 딕 : 걸리는 데

기본형은 '걸이다'로 분석하면 '걸이-(어간) + -오-(의도법 선어말
어미) + -ㄴ(관형형 어미) + 딕(의존 명사)'이다. 어간형 '걸이-'는
'걸-(어근) + -이(피동의 파생 접사)'이다.

8. 내요믈 : 내는 것을

기본형은 '내다'로 분석하면 '내-(어간) + -욤(명사형 어미) + 을(목
적격 조사)'이다.

9. 엄삭시니 : 움과 싹이니

분석하면 '엄(芽, 명사) + 삯(명사) + 이(서술격 조사) + -니(설명의
연결 어미)'이다. '엄삯'은 같은 의미가 반복된 형태이다.

10. 짐쟉으로 : 짐작으로

분석하면 '짐쟉(명사) + 으로(도구의 부사격 조사)'이다. 어형은 '짐
쟉〉짐작'으로 변화하였다.

【주】此ᄂᆞᆫ 釋質直 二字ᄒᆞ시니라(56a, 5 - 56a, 5)
【주 현대역】이는 질직(質直) 두 글자를 풀이하신 것이다.

佛ㅣ 言心如直絃ㅎ라

【원문】佛ㅣ 言心如直絃ㅎ라 ㅎ시며 淨名ㅣ 云直心ㅣ 是道場ㅣ며 直心ㅣ 是淨土ㅣ라 ㅎ시니라(56a, 6 - 56a, 7)

【현대역】부처[佛]가 이르시되 "마음을 곧은 줄과 같이 하라."라고 하시며 정명(淨名)이 이르시되 "곧은 마음[直心]이 곧 도량[道場]이며 곧은 마음이 곧 정토(淨土)이다."라고 하시니라.

【한자어 풀이】

1. 도장(道場) : 도량[道場]이라고도 한다. 모든 보살이 깨달음을 얻기 위해 수행하는 장소를 말한다.
2. 정토(淨土) : 부처님이 계시는 청정한 땅을 말하는데 대승불교에서 성불하면 가게 된다고 한다.

【언해문】佛ㅣ 니르·샤딕 무슨·물 고·딕 시·울 ·フ티 ㅎ라 ㅎ시며 淨名ㅣ 니르·샤딕 直心ㅣ ·이 道場ㅣ며 直心ㅣ ·이 淨土ㅣ라 ㅎ시니라(56a, 8 - 56a, 9)

【현대역】부처[佛]가 이르시되 "마음을 곧은 시위 같이 하라."라고 하시며 정명(淨名)이 이르시되 "곧은 마음[直心]이 이것이 도량[道場]이며 곧은 마음이 이것이 정토(淨土)이다."라고 하시니라.

【언해문 분석】

1. 고ᄃᆞᆫ : 곧은

   기본형은 '곧다(直)'로 분석하면 '곧-(어간) + -은(관형형 어미)'이다.

2 시울 : 시위

   어형은 '시울〉시위'로 변화하였다.

3. ᄀᆞ티 : 같이

   분석하면 'ᄀᆞᇀ-(어근) + -이(부사 파생 접사)'이다.

【주】 此ᄂᆞᆫ 結上文ᄒᆞ시니라(56a, 9 – 56a, 9)

【주 현대역】 이는 위 문장을 맺으신 것이다.

有罪애 即懺悔ㅎ고

【원문】有罪애 即懺悔ㅎ고 發業에 即慚愧ㅎ면 有丈夫氣象
ㅎ니라 又改過自新ㅎ면 罪隨心滅ㅎ리며 又知非底一念이 成
佛作祖基本ㅣ니라(56b. 1 - 56b. 3)

【현대역】 허물[罪]이 있음에 곧 참회(懺悔)하고 악업(惡業)이 생김에 곧
뉘우쳐 부끄러워하면 장부(丈夫)의 기상(氣象)이 있는 것이다. 또 허물을
고쳐 스스로 새로워지면 죄(罪)가 마음을 따라 없어질 것이며 또 잘못된
것을 아는 한 생각이 부처가 되며 조사(祖師)가 되는 바탕이니라.

【한자어 풀이】
1. 참회(懺悔) : 스스로 범한 죄를 뉘우쳐 용서를 비는 일.
2. 발업(發業) : 번뇌로 언어나 동작 등에서 업을 짓는 것이다.
3. 참괴(慚愧) : 허물을 부끄러워하는 것. 참(慚)은 자기가 지은 죄를 스
   스로 부끄러워하는 것이며, 괴(愧)는 다른 사람에 대하여 자기 죄를
   부끄럽게 생각하는 것을 말한다.

【언해문】 罪ㅣ 이·슈·매 ·즉제 懺悔ㅎ고 業ㅣ 發·호매 ·즉제
慚愧ㅎ면 丈夫의 氣象ㅣ 잇ᄂ·니라 ·쏘 허·므·를 고:텨 ·제
새·로오:면 罪ㅣ ᄆᅀᆞ·믈 조·차 滅ㅎ리며 ·쏘 외·요·믈 :안 一
念이 부텨 되이·며 祖師 되:욜 터히·니라(56b. 4 - 56b. 6)

【현대역】 죄(罪)가 있음에 즉시 참회(懺悔)하고 업(業)이 발생함에 즉
시 뉘우쳐 부끄러워하면 장부(丈夫)의 기상(氣象)이 있느니라. 또 허물
을 고쳐 스스로 새로우면 죄(罪)가 마음을 좇아 없어질 것이며 또 그릇
된 것을 아는 한 생각이 부처가 되며 조사(祖師)가 되는 바탕이니라.

【언해문 분석】

1. 이슈매 : 있음에, 있기 때문에

    기본형은 '이시다'로 분석하면 '이시-(어간) + -움(명사형 어미) +
    애(원인의 부사격 조사)'이다.

2. 즉제 : 즉시, 곧바로

    '즉시, 즉시예, 즉직, 즉자히, 즉재, 즉채, 즌시' 등은 모두 같은 말인
    데 이 책의 (1b, 1)에는 '즉재'가 나타난다.

3. 허므를 : 허물을

    분석하면 '허믈(명사) + 을(목적격 조사)'이다. 어형은 '허믈〉허물'로
    원순모음화(ㅡ〉ㅜ)하였다.

4. 고텨 : 고쳐

    기본형은 '고티다(改)'로 분석하면 '고티-(어간) + -어(부사형 연결
    어미)'이다.

5. 새로오면 : 새로우면

    기본형은 '새롭다(新)'로 분석하면 '새롭-(어간) + -으면(조건의 연
    결 어미)'이다.

6. 외요믈 : 그릇된 것을, 그릇됨을

    기본형은 '외다(非)'로 분석하면 '외-(어간) + -욤(명사형 어미) + 을
    (목적격 조사)'이다.

7. 안 : 아는

    기본형은 '알다(知)'로 분석하면 '알-(어간) + -ㄴ(관형형 어미)'이
    다. 어간형 '알-'의 'ㄹ'은 뒤에 오는 'ㄴ'의 영향으로 탈락하였다.

8. 되이며 : 되며

　　기본형은 '되이다'로 분석하면 '되이-(어간) + -며(나열의 연결 어미)'

　　이다. 어간형 '되이-'는 '되-(어근) + -이(피동의 파생 접사)'이다.

9. 되욜 : 되는

　　기본형은 '되이다'로 분석하면 '되이-(어간) + -오-(의도법 선어말

　　어미) + -ㄹ(관형형 어미)'이다. 어간형 '되이-'는 '되-(어근) + -이

　　(피동의 파생 접사)'이다.

10. 터히니라 : 바탕이니라, 터이니라, 기초이니라

　　분석하면 '텋(基, 명사) + 이(서술격 조사) + -니라(설명형 종결 어

　　미)'이다. 어형은 '텋〉터'로 변화하였다.

【주】懺悔ᄂᆞᆫ 懺其前愆ᄒᆞ며 悔其後過ㅣ오 慚愧ᄂᆞᆫ 慚責於內
ᄒᆞ며 愧發於外ᄒᆞᆯ·시라 그·러나 心本空寂ㅣ라 罪業無主ㅣ로
다(56b, 6 - 56b, 7)

【주 현대역】참회(懺悔)는 먼저 지은 허물에 대하여 뉘우치며 나중에
허물에 대하여 용서를 비는 것이고 참괴(慚愧)는 안으로는 뉘우쳐 꾸짖
으며 밖으로는 부끄러움을 나타내는 것이다. 그러나 마음은 본래 텅 비
고 고요한[空寂] 것이라 죄업(罪業)이 붙을 수 없도다.

實際理地옌 不受一塵ㅣ어니와

【원문】實際理地옌 不受一塵ㅣ어니와 佛事門中엔 不捨一法ㅣ니라(56b, 8 – 56b, 9)

【현대역】진여 실상의 경지[實際理地]에서는 하나의 티끌도 받지 않지만 가르침의 방편에서는 한 법도 버리지 않는 것이라.

【한자어 풀이】

1. 실제이지(實際理地) : '이지(理地)'라고도 하며 '진실구경(眞實究竟)'의 경지. 곧 진여(眞如)의 무상한 경지를 말한다.
2. 일진(一塵) : 하나의 티끌. 곧 미세한 것을 비유한 말이다.
3. 불사문(佛事門) : 가르침의 내용. 선종에서 가르쳐 이끄는 방편을 말한다.

【언해문】實際 理 짜·해는 一塵도 받·디 아·니:려니·와 佛事門짜:온·듸는 一法도 ㅂ·리디 아:닌ㄴ니라(57a, 1 – 57a, 2)

【현대역】실제 진리[理]의 땅에서는 하나의 티끌[一塵]도 받지 않겠지만 불사문(佛事門) 가운데는 하나의 법[一法]도 버리지 않느니라.

【언해문 분석】

1. 짜해는 : 땅에서는
   분석하면 '짱(명사) + 애(처소격 조사) + 는(대조의 보조사)'이다.
2. 받디 : 받지

기본형은 '받다'로 분석하면 '받-(어간) + -디(부정 부사형 연결 어미)'이다.

3. 아니려니와 : 않겠지만, 않겠거니와

기본형은 '아니ᄒᆞ다'로 분석하면 '아니(ᄒᆞ)-(어간) + -리-(미래 추측 선어말 어미) + -어니와(양보의 연결 어미)'이다.

4. ᄭᅡ온ᄃᆡᄂᆞᆫ : 가운데는

분석하면 'ㅅ + 가온ᄃᆡ(명사) + ᄂᆞᆫ(대조의 보조사)'이다. 'ㅅ'은 앞의 '佛事門'다음에 오는 사잇소리이다.

5. ᄇᆞ리디 : 버리지

기본형은 'ᄇᆞ리다'로 분석하면 'ᄇᆞ리-(어간) + -디(부정 부사형 연결 어미)'이다. 기본형은 'ᄇᆞ리다〉버리다'로 변화하였다.

6. 아닌ᄂᆞ니라 : 않느니라

기본형은 '아니ᄒᆞ다'로 분석하면 '아니ᄒᆞ-(어간) + -ᄂᆞ-(현재 시상 선어말 어미) + -니라(설명형 종결 어미)'이다. 'ᄒᆞ'의 'ㆍ'가 탈락하고 남은 'ㅎ'이 뒤에 오는 현재 시상 선어말 어미 '-ᄂᆞ-'의 두음 'ㄴ'에 동화되어 'ㄴ'으로 변화된 것이다.

【주】 此ᄂᆞᆫ 揔結上來萬行諸文ᄒᆞ시니라 玄中銘에 云森羅萬像ᄋᆞᆫ 古佛家風ㅣ오 碧落靑宵ᄂᆞᆫ 道人活計ㅣ라 ᄒᆞ시니라(57a, 2 - 57a, 3)

【주 현대역】 이는 앞에 나온 만행(萬行)에 대한 모든 글을 총괄하여 맺으신 것이다. 〈현중명(玄中銘)〉에 이르기를 "삼라만상(森羅萬象)은 옛 부처의 가풍(家風)이고 푸른 하늘[碧落靑宵]은 도인의 살아갈 방도이다."라고 하시니라.

【주 한자어 풀이】

1. 만행(萬行) : 갖가지 행위. 수행을 위하여 하는 모든 행위를 말한다.

2. 현중명(玄中銘) : 중국 조동종(曹洞宗)의 개조 동산량(洞山良, 807-869)
   의 저서.

3. 삼라만상(森羅萬像) : 우주 사이에 존재하는 사물이나 현상.

4. 고불(古佛) : 옛날 고승에 대한 존칭으로 쓰인다. 이 밖에도 살아 있
   는 고승.

5. 가풍(家風) : 한 집안의 풍습. 여기에서는 선종에서의 규범(規範) 또
   는 그 종(宗)만의 특수한 가르침이나 방편을 말한다.

6. 벽락청소(碧落淸宵) : 푸른 하늘. 벽락(碧落)은 원래 '동쪽 하늘'을 뜻
   하는데 확대되어 '푸른 하늘'을 뜻하게 되어 '청소(淸宵)'와 같은 뜻이
   되었다.

7. 활계(活計) : 살아갈 방도.

凡夫는 取境호고

【원문】凡夫는 取境호고 道人는 取心호느니 心境을 兩忘호
야사 乃是眞法ㅣ니라(57a, 4 - 57a, 5)

【현대역】범부(凡夫)는 (현실적인) 경계[境]만을 취하고 도인(道人)은 마음[心]만을 취하나니 마음과 경계를 모두 잊어야 곧 참된 법[眞法]이니라.

【언해문】凡夫는 境을 取호고 道人는 心·을 取호느니 心과
境을 다 니·저사 이 眞法ㅣ니라(57a, 6 - 57a, 6)

【현대역】범부(凡夫)는 경계(境)를 취하고 도인(道人)은 마음[心]을 취하니 마음과 경계를 다 잊어야 이것이 참된 법[眞法]이니라.

【언해문 분석】
1. 道人는 : 도인은
   분석하면 '道人 + ㄴ + 은(지정의 보조사)'이다. 이때의 'ㄴ'은 앞에 오는 체언 '도인'의 말음 'ㄴ'으로 인하여 중철표기된 것이다.
2. 니저사 : 잊어야
   기본형은 '닛다'로 분석하면 '닛-(어간) + -어사(의무의 부사형 연결 어미)'이다. '-어사'가 오늘날 '-어야'로 바뀌었다.

【주1】此는 合論凡夫二乘호시니라(57a, 6 - 57a, 7)

【주1 현대역】이는 범부(凡夫)와 이승(二乘)을 함께 논하신 것이다.

【주1 한자어 풀이】

1. 이승(二乘) : 성문승(聲門乘)과 연각승(緣覺乘). 승(乘)은 중생을 싣고 생사의 바다를 건너 열반에 이르게 하는 교법을 의미한다. 성문승은 부처님의 가르침을 듣고 사체(四諦)의 진리로 깨달은 사람이고 연각승은 이법(理法)을 체득하여 부처님의 가르침에 의지하지 않고 스스로 깨달은 사람이다. 대승에서는 자신만 깨닫고 다른 사람을 구제하기 위해 나가지 않으므로 열등하다 하여 이를 가리켜 소승이라 한다.

【주2】天地尙空秦日月ㅣ오 山河不見漢君臣ㅣ로다(57a, 7 -57a, 7)

【주2 현대역】천지(天地)에는 오히려 진(秦)나라 해와 달이 없고 산하(山河)에는 한(漢)나라 임금과 신하가 보이지 않도다.

聲聞은 宴坐林中호딕

【원문】聲聞은 宴坐林中호딕 被魔王의 捉ㅣ어니와 菩薩은
遊戱世間호딕 外魔이 不覓ᄒᄂ니라(57a, 8 - 57a, 9)

【현대역】성문(聲聞)은 숲 속에 가만히 앉아 있을지라도 마왕(魔王)에
게 잡히지만 보살(菩薩)은 세간(世間)에서 유희(遊戱)할지라도 외도와
마군(魔軍)이 찾지 못하느니라.

【한자어 풀이】

1. 성문(聲聞) : 가르침을 듣는 수행승. 부처님에게 직접 가르침을 받은
   수행승.
2. 외마(外魔) : 외도와 마군(魔軍). 외도는 불교 이외의 사람 또는 종
   교. 마군은 악마의 군세(軍勢)를 뜻한다.

【언해문】聲聞은 林中에 宴寂·히 안조딕 魔王·의 자보믈 닙
거니와 菩薩은 世間에 노·라 戱弄호·딕 外魔이 ·얻디 ·몯ᄒᄂ
니라(57b, 1 - 57b, 2)

【현대역】성문(聲聞)은 숲 속에 편안하게 앉는데도 마왕(魔王)이 잡는
것을 입거니와 보살(菩薩)은 세상에서 놀고 희롱(戱弄)하는데도 외도와
마군(魔軍)이 찾지 못하느니라.

【한자어 풀이】

1. 연적(宴寂) : 성자의 죽음. 여기서는 '편안하고 조용히 가는' 뜻으로 쓰였다.

【언해문 분석】

1. 안조딕 : 앉는데도, 앉되

  기본형은 '앉다'로 분석하면 '앉-(어간) + -오딕(설명의 연결 어미)'이다.

2. 魔王의 : 마왕이

  분석하면 '魔王(명사) + 의(주어적 속격 조사)'이다.

3. 자보물 : 잡는 것을

  기본형은 '잡다'로 분석하면 '잡-(어간) + -옴(명사형 어미) + 을(목적격 조사)'이다.

4. 닙거니와 : 입거니와

  기본형은 '닙다'로 분석하면 '닙-(어간) + -거니와(양보의 연결 어미)'이다. 기본형은 '닙다>입다'로 변화하였다.

5. 노라 : 놀고

  기본형은 '놀다'로 분석하면 '놀-(어간) + -아(나열의 연결 어미)'이다.

6. 얻디 : 찾지, 찾지

  기본형은 '얻다'로 분석하면 '얻-(어간) + -디(부정 부사형 연결 어미)'이다. 여기에서는 '覓'을 언해한 것으로 '찾다'의 의미이다.

【주1】 此ᄂᆞᆫ 合論聲聞菩薩ᄒᆞ시니라(57b, 2 - 57b, 2)

【주1 현대역】 이는 성문(聲聞)과 보살(菩薩)을 함께 논하신 것이다.

【주2】 三月懶遊花下路ᄒᆞ니 一家愁閉雨中門ㅣ로다(57b, 2- 57b, 3)

【주2 현대역】 춘삼월 꽃길을 한가로이 노니는데 어떤 집은 빗속에 근심스레 갇혔도다.

衆生이 迷己逐物故로

【원문】衆生이 迷己逐物故로 說諸法의 本來空寂ᄒᆞ샤 爲第
一體句ᄒᆞ시고 又恐沈空滯寂故로 說恒沙妙用ᄒᆞ샤 爲第二用
句ᄒᆞ시고 又是走殺兩頭故로 說不空不有ᄒᆞ샤 爲第三體用句
ᄒᆞ시니 此ᄂᆞᆫ 佛祖의 不易之軌則也ㅣ시니라(57b, 4 - 57b, 8)

【현대역】중생(衆生)이 자기를 몰라 사물을 좇으므로 모든 법[諸法]이
본래 공적(空寂)한 것을 말하시어 제일(第一) 체구(體句)로 삼으시고 또
공(空)에 빠지며 적(寂)에 걸릴까 걱정하시어 항사(恒沙)의 묘용(妙用)
을 말하시어 제이(第二)의 용구(用句)로 삼으시고 또 두 견해(體句와 用
句)에 마구 달려들므로 공하지도 않고[不空] 있지도 않는 것[不有]을 말
하시어 제삼(第三)의 체용구(體用句)로 삼으시니 이것은 부처와 조사(祖
師)의 바꾸지 못할 법(法)이시니라.

【한자어 풀이】

1. 공적(空寂) : 공공적적(空空寂寂)의 준말. 형상이 있는 것이나 없는
   것이나 모두 실체가 공무(空無)하여 아무것도 생각하고 분별할 것이
   없는 정적 그 자체의 상태를 이르는 말이다.
2. 항사(恒沙) : 항하사(恒河沙)의 준말. 항하는 갠지스강을 말한다. 항
   하사(恒河沙)란 갠지스 강에 있는 모래와 같이 많다는 뜻으로 무수한
   것에 비유하는 말이다.
3. 체구(體句) : 체(體)에 관한 구절. 가르침. 체란 실체 본체를 말하는

데 일정하여 불변하는 사물의 근본을 가리킨다.

4. 묘용(妙用) : 오묘한 작용.

5. 용구(用句) : 용(用)에 관한 구절, 가르침. 용이란 작용 또는 현상을 말하는데 사물에 갖추어진 기능을 가리킨다.

6. 양두(兩頭) : 두 견해. 유무(有無) · 미오(迷悟) · 시비(是非) · 득실(得失) 등의 상대적이고 대립적인 견해를 말한다.

7. 체용구(體用句) : 체(體)와 용(用)에 관한 구절, 가르침. 사물의 본체와 작용. 체는 실체 또는 본체이며 용은 작용 또는 현상의 뜻으로 풀 수 있다.

【언해문】衆生이 己·를 :몰라 物·를 조:출·시 諸法·의 本來 空寂·을 니르·샤 第一 體句 사무시고 쏘 空:에 줌기·며 寂:에 거릴가 저흐실·시 恒沙妙用을 니르·샤 第二 用句 사·무시고 쏘 ·이 兩頭·에 헤드·를·시 不空과 不有를 니르샤 第三 體用句 사무시니 ·이·는 ·부텨과 祖師의 改易디 몯홀 法ㅣ시니라
(57b, 9 - 58a, 3)

【현대역】중생(衆生)이 자기를 몰라 사물을 좇으므로 모든 법[諸法]이 본래 공적(空寂)한 것을 이르시어 제일(第一)의 체구(體句)로 삼으시고 또 공(空)에 잠기며 적(寂)에 걸릴까 두려워하시어 항사(恒沙)의 묘용(妙用)을 이르시어 제이(第二)의 용구(用句)로 삼으시고 또 두 견해[兩頭]에 헤쳐 달려들므로 공하지도 않고[不空] 있지도 않는 것[不有]을 이르시어 제삼(第三)의 체용구(體用句)로 삼으시니 이것은 부처와 조사(祖師)가 고쳐 바꾸지 못할 법(法)이시니라.

【언해문 분석】

1. 조출시 : 좇으므로, 좇기 때문에

기본형은 '좇다(隨, 逐, 追)'로 분석하면 '좇-(어간) + -을식(원인의 연결 어미)'이다.

2. 諸法의 : 모든 법[諸法]이

분석하면 '諸法(명사) + 의(주어적 속격 조사)'이다.

3. 사무시고 : 삼으시고

기본형은 '삼다'로 분석하면 '삼-(어간) + -으시-(주체 높임 선어말 어미) + -고(나열의 연결 어미)'이다.

4. 줌기며 : 잠기며, 빠지며

기본형은 '줌기다'로 분석하면 '줌기-(어간) + -며(나열의 연결 어미)'이다. 원문의 '沈'을 언해한 것으로 '잠기다, 빠지다'의 뜻이다.

5. 거릴가 : 걸릴까

기본형은 '거리다'로 분석하면 '거리-(어간) + -ㄹ가(판정 의문형 종결 어미)'이다. 어간형 '거리-'는 '걸-(어근) + -이(피동의 파생 접사)'이다. 이 책의 (23a, 4)에 '걸유미', (30b, 4)에 '걸이디', (56a, 3)에 '걸욘 디'의 분철표기도 나타난다.

6. 저흐실식 : 두려워하시어, 걱정하시어

기본형은 '젛다'로 분석하면 '젛-(어간) + -으시-(주체 높임 선어말 어미) + -ㄹ식(원인의 연결 어미)'이다.

7. 헤둗룰식 : 헤쳐 달려들므로

기본형은 '헤둗다'로 분석하면 '헤둗-(어간) + -ㄹ식(원인의 연결 어미)'이다. 어간형 '헤둗-'은 '헤-(披, 어간) + 둗-(走, 어간)'이 결합한 비통사적 복합어이다.

8. 祖師의 : 조사(祖師)가

분석하면 '祖師(명사) + 의(주어적 속격 조사)'이다.

【주】常憶江南三月裏예 鷓鴣啼處百花香ᄒᆞ노라(58a, 3 – 58a, 3)

【주 현대역】늘 강남(江南)의 삼월(三月)을 생각함에 자고새[鷓鴣] 우

는 곳에 온갖 꽃 향기롭도다.

【주 한자어 풀이】

1. 자고(鷓鴣) : 꿩과에 속하는 새. 매추라기와 비슷하며 조금 크고 등 부분이 회청색(灰靑色)이며 감색의 반점이 있고 배 부분은 회색인 새이다.

大抵衆生이 外迷着相ㅎ고

【원문】 大抵衆生이 外迷着相ㅎ고 內迷着空ㅎᄂ니 經에 云 衆生의 虛妄浮心이 多諸巧見ㅣ라 ㅎ시니라(58a, 4 – 58a, 5)

【현내역】 무릇 중생(衆生)이 밖에 미혹(迷惑)되어 상(相)에 집착하고 안에 미혹되어 공(空)에 집착하나니 경(經)에 이르시되 "중생(衆生)의 허망(虛妄)하게 들뜬 마음이 여러 그럴싸한 견해[巧見]가 많다."라고 하시니라.

【한자어 풀이】

1. 교견(巧見) : 겉만 번드르르한 견해. 곧 그럴싸한 견해를 말한다.

【언해문】 大抵ᄒᆞ·디 衆生이 밧:글 迷ᄒᆞ야 相에 着ᄒᆞ고 ·안·흘 迷ᄒᆞ야 空에 着·ᄒᆞᄂ니 經에 니ᄅ·샤·ᄃᆡ 衆生의 虛妄히 ·쁜 ᄆᆞᅀᆞ미 여·러 巧見ㅣ 하·다 ᄒᆞ시니라(58a, 6 – 58a, 7)

【현대역】 무릇 중생(衆生)이 밖을 헤매어 상(相)에 집착하고 안을 헤매어 공(空)에 집착하니 경(經)에 이르시되 "중생(衆生)의 허망(虛妄)하게 뜬 마음이 여러 그럴싸한 견해[巧見]가 많다."라고 하시니라.

【언해문 분석】

1. 밧글 : 밖을

분석하면 '밖(外, 명사) + 을(목적격 조사)'이다. 어형은 '밖>밖'으로 변화하였다.

2. 안홀 : 안을

　　분석하면 '않(內, 명사) + 을(목적격 조사)'이다.

3. 뜬 : 뜬

　　기본형은 '쁘다'로 분석하면 '쁘-(어간) + -ㄴ(관형형 어미)'이다. 기
　　본형은 '쁘다〉뜨다'로 변화하였다.

4. 하다 : 많다

　　기본형은 '하다(多)'로 분석하면 '하-(어간) + -다(설명형 종결 어미)'
　　이다.

【주】 此ᄂ 通結上意ᄒ시니 引敎已竟ᄒ시니라(58a, 7 - 58a, 8)

【주 현대역】 이는 위의 뜻을 통틀어 맺으신 것이니 가르침을 인용하여
끝마치신 것이다.

先德 ┃ 云禪學者ᄂᆞᆫ

【원문】先德 ┃ 云禪學者ᄂᆞᆫ 取湛然不動清淨境界ᄒᆞ야 爲是
佛法ᄒᆞᄂᆞ니 也大錯也 ┃ 로다 亦云湛湛黑暗深坑이 寔可怖畏
┃ 라 ᄒᆞ시니라(58a, 9 - 58b, 2)

【현대역】 선덕(先德)이 이르시되 "참선[禪學]하는 사람은 맑고 고요하
며 움직이지 않는 청정(清淨)의 경계만을 취하여 이것이 불법(佛法)이라
고 하는데 큰 착각(錯覺)이로다." ᄯᅩ 이르시되 "맑고 맑지만 검고 어두운
깊은 구덩이가 참으로 가장 두렵도다."라고 하시니라.

【한자어 풀이】
1. 잠연(湛然) : 맑은 고요한 모양.
2. 야대착야(也大錯也) : 큰 착각. 앞의 '也'는 강조의 의미이다.
3. 잠잠(湛湛) : 물이 깊고 고요한 모양. 맑은 물이 고여 있는 모양을 말한다.
4. 식가포외(寔可怖畏) : 이것이 참으로 두렵고 두렵도다.

【언해문】先德 ┃ 니ᄅᆞ·샤·ᄃᆡ 禪學者ᄂᆞᆫ 믈·가 動티 아니·ᄒᆞᄂᆞ
ᄂᆞ 清淨境界·ᄅᆞᆯ 取ᄒᆞ야 ·이 佛法 삼ᄂᆞ니 :큰 錯 ┃ 로다 ᄯᅩ 니
ᄅᆞ·샤·ᄃᆡ 믈·고 믈고ᄃᆡ 黑暗ᄒᆞᆫ 깁픈 굴·형이 ᄀᆞ:장 접프·다 ᄒᆞ
시니라(58b, 3 - 58b, 5)

【현대역】 선덕(先德)이 이르시되 "참선[禪學]하는 사람은 맑아 움직이

지 않는 청정(淸淨)한 경계를 취하여 불법(佛法)을 삼나니 큰 착각(錯覺)이로다.” 또 이르시되 “맑고 맑되[湛湛] 검고 어두운[黑暗] 깊은 구덩이가 가장 두렵다.”라고 하시니라.

【언해문 분석】

1. 아니ᄒᆞᄂᆞᆫ : 않는, 아니하는
   기본형은 ‘아니ᄒᆞ다’로 분석하면 ‘아니ᄒᆞ-(어간) + -ᄂᆞᆫ(현재 시상 관형형 어미)’이다.

2. ᄆᆞᆰ고ᄃᆡ : 맑되, 맑지만
   기본형은 ‘ᄆᆞᆰ다’로 분석하면 ‘ᄆᆞᆰ-(어간) + -오ᄃᆡ(설명의 연결 어미)’이다. 기본형은 ‘ᄆᆞᆰ다〉맑다’로 변화하였다.

3. 깁픈 : 깊은
   기본형은 ‘깊다’로 분석하면 ‘깁-(어간) + ㅍ + -은(관형형 어미)’이다. 이때의 ‘ㅍ’은 앞에 오는 어간 ‘깊-’의 말음 ‘ㅍ’으로 인하여 중철 표기된 것이다. ‘ㅂ’은 8종성법에 따른 표기이다.

4. 굴헝이 : 구덩이가
   분석하면 ‘굴헝(명사) + 이(주격 조사)’이다.

5. 접프다 : 두렵다
   기본형은 ‘접프다’로 분석하면 ‘접프-(어간) + -다(설명형 종결 어미)’이다.

【주1】 此下ᄂᆞᆫ 喝出禪者之病ᄒᆞ시니라(58b, 5 - 58b, 5)
【주1 현대역】 이 아래는 참선하는 사람의 병통을 꾸짖으신 것이다.

【주1 한자어 풀이】

1. 할(喝) : 선승이 수행자를 위해 꾸짖고 호통을 칠 때 내는 소리.
2. 선자(禪者) : 선승(禪僧). 참선하는 사람.

【주2】休言拂石能堅久ㅣ어다 若比無生是利那ㅣ니라(58b, 5
- 58b, 6)

【주2 현대역】불석겁(拂石劫)동안 굳건히 오래할 수 있다고 말하지 말
지어다. 만일 무생(無生)에 견주면 찰나(利那)이니라.

【주2 한자어 풀이】

1. 불석(拂石) : 불석겁(拂石劫). 반석겁(盤石劫)이라고도 하며 겁이 오
   랜 것을 비유한 말이다. 길이와 넓이와 높이가 각각 40리 씩 되는 큰
   바위를 사람이 100년마다 한 번씩 나가면서 가벼운 옷사락으로 스쳐
   이 바위가 닳아 없어질 때까지의 시간을 말한다.

2. 무생(無生) : 생기거나 없어지는 변화가 적용되지 않는 상태나 세계
   로서 불생불멸(不生不滅)이라고도 한다.

3. 찰나(利那) : 일념(一念)이라고노 하며 지극히 짧은 시간. 사람이 손
   가락을 한번 퉁기는 사이에 65찰나가 지나간다고 하는데 계산하면
   75분의 1초이다.

禪學者는 本地風光을

【원문】禪學者는 本地風光을 若未發明則孤峭玄關에 擬從
何透ㅣ리오 徃徃애 斷滅空으로 以爲禪ᄒᆞ며 無記空으로 以爲
道ᄒᆞ며 一切俱無로 以爲高見ᄒᆞᄂᆞ니 此는 冥然頑空ㅣ라 受病
幽矣니 今天下之言禪者이 多坐在此病ᄒᆞ니라(58b, 7 - 59a, 2)

【현대역】참선[禪學]하는 사람이 본래면목(本來面目)을 만일 밝히지
못하면 우뚝 솟은 진리의 관문[玄關]을 어떻게 헤아려 꿰뚫겠는가. 때때
로 끊어져 없어진 빈 것[斷滅空]으로 선(禪)을 삼으며 기록할 수 없는 빈
것[無記空]으로 도(道)를 삼으며 일체가 다 없는 것으로 높은 소견[高見]
을 삼나니 이것은 어둡고 치우친 빈 것(頑空)이라서 병(病)을 받는 것이
깊으니 지금 천하에 선법(禪法)을 이르는 사람이 거의 이 병에 걸려 있
느니라.

【한자어 풀이】
1. 본지풍광(本地風光) : 본래면목(本來面目). 자기 심성의 본분을 형용
   하는 선문의 말이다.
2. 현관(玄關) : 깊고 묘한 이치에 들어가는 관문. 곧 도를 깨치는 단서
   를 말한다.
3. 단멸(斷滅) : 인과의 상속(相續)이 없다고 보는 견해. 모든 법의 인과
   는 상속하므로 단(斷)이라 하지 않는데 이런 이치를 무시하는 잘못된
   견해[邪見]을 말한다.

4. 무기(無記) : 일체법은 선(善)·불선(不善)·무기(無記) 등의 삼성(三
   性)으로 나눌 수 있다. 무기는 비선비불선(非善非不善)으로 선과 악
   을 기록할 수 없기 때문에 무기(無記)라고 한다.

5. 고견(高見) : 높은 소견. 뛰어난 생각.

6. 완공(頑空) : 편공(偏空)이라고도 하며 공(空)이라는 극단에 치우쳐
   정체되어 있는 상태를 말한다.

【언해문】禪學者ᄂᆞᆫ 本地風光을 ·ᄒ다가 發明·티 몯ᄒ:면 ·
ᄯ·로 놉·고 깁픈 關에 어:듸·릴브·터 ᄉᄆᄎ리오 므리므리:
예 斷滅空·ᄋᆞ·로 禪 사ᄆᆞ며 無記空ᄋᆞ·로 道 사·ᄆᆞ며 一切 ·다
·업·스ᄆ로 高見 :삼ᄂᆞ·니 ·이ᄂᆞᆫ :아득ᄒᆞ야 頑空ㅣ라 病·을
受·호미 깁·프니 ·이·제 天下에 禪法 니ᄅᆞᆫ 사ᄅᆞ미 해 ·이 病
에 안:잔ᄂᆞ니라(59a, 3 ‒ 59a, 6)

【현대역】참선[禪學]하는 사람은 본지풍광(本地風光)을 만일 밝히지
못하면 따로 높고 깊은 관(關)을 어디로부터 꿰뚫겠는가. 때때로 끊어져
없어진 빈 것[斷滅空]으로 선(禪) 삼으며 기록할 수 없는 빈 것[無記空]
으로 도(道) 삼으며 일체가 다 없는 것으로 고견(高見) 삼나니 이것은 아
득하여 치우친 빈 것(頑空)이라서 병(病)을 받는 것이 깊으니 이제 천하
에 선법(禪法)을 이르는 사람이 많이 이 병에 앉아 있느니라.

【언해문 분석】

1. ᄯ로 : 따로
   어형은 'ᄯ로〉ᄯᆞ로〉따로'로 변화하였다.

2. 어듸롤브터 : 어디로부터
   분석하면 '어듸(명사) + 롤브터(출발점의 보조사)'이다. '출발점'을
   뜻하는 '브터'는 목적격조사를 선행시킨 '을브터' 형식이 중세국어에

서 일반적인 것으로 보아 용언 '븥-(附)'이 문법화된 것으로 보인다. '어디'는 '*어느듸〉어듸〉어듸〉어디'로 변화하였다.

3. 스뭇츠리오 : 꿰뚫겠는가, 통달하겠는가

　기본형은 '스뭇다'로 분석하면 '스뭇-(어간) + -으리-(미래 추측 선어
　말 어미) + -오(설명 의문 종결 어미)'이다. 여기에서는 '透'를 언해한
　것으로 '뛰어넘다'의 의미이다. '-오'는 의문사 '어듸'와 호응한다.

4. 므리므리예 : 때때로, 이따금

5. 업스므로 : 없는 것으로, 없음으로

　기본형은 '없다'로 분석하면 '없-(어간) + -음(명사형 어미) + 으로
　(도구의 부사격 조사)'이다.

6. 頑空ㅣ라 : 치우친 빈 것[頑空]이라서

　분석하면 '頑空(명사) + ㅣ(서술격 조사) + -라(원인의 연결 어미)'이다.

7. 해 : 많이

　분석하면 '하-(어근) + -이(부사 파생 접사)'이다.

8. 안잣ᄂ니라 : 앉아 있느니라

　분석하면 '앉-(어간) + -아(부사형 연결 어미) + (이)ㅅ-(在, 어간)
　+ -ᄂ-(현재 시상 선어말 어미) + -니라(설명형 종결 어미)'이다.
　'ㅅ'은 뒤에 오는 'ㄴ'의 영향으로 'ㄴ'으로 변화하였다.

【주1】 向上一關ᄂ 措足無門ㅣ로다 雲門大師ㅣ 云光不透脫
에 有兩種病ᄒ고 法身에 亦有兩種病ᄒ니 ㅡㅡ透出ᄉ야 始得다
ᄒ시니라(59a, 6 - 59a, 8)

【주1 현대역】 위로 향하는 한 관문(關門)에는 발붙일 문이 없도다. 운
문대사(雲門大師)가 이르기를 "빛이 뚫고 나가지 못하는 데에 두 가지
종류의 병이 있고 법신(法身)에도 또한 두 가지 종류의 병이 있나니 하
나하나 뚫고 나가야 비로소 얻는다."라고 하시니라.

【주1 한자어 풀이】
1. 운문(雲門) : 운문대언(雲門大偃, 864- 949). 속성은 장씨(張氏)이며 절강성 가흥(嘉興)사람이다.
2. 법신(法身) : 법불(法佛), 법신불(法身佛), 자성신(自性身), 법성신(法性身), 보불(寶佛) 등과 같은 말. 진리의 신체. 부파불교(部派佛教) 시대에는 부처의 육신에 대해 부처가 베푸신 정법(正法)을 법신이라 했으며 대승불교에서는 절대적인 진리를 법신이라 한다.

【주2】 不行芳草路ㅣ면 難至落花村ㅣ로다(59a, 8 - 59a, 8)
【수2 현대역】 향기로운 풀밭길을 걷지 않으면 꽃 지는 마을에 이르기 어렵도다.

【주2 한자어 풀이】
1. 방초로(芳草路) : 향기로운 풀밭길. 자신의 본바탕을 말한다.
2. 낙화촌(落花村) : 꽃 지는 마을. 법신이 깃들여 있는 곳을 말한다.

宗師ㅣ 亦有多病ㅎ니

【원문】宗師ㅣ 亦有多病ㅎ니 病在耳目者는 以瞠眉努目ㅎ며 側耳點頭로 爲禪ㅎ고 病在口舌者는 以顚言倒語ㅎ며 胡喝亂喝로 爲禪ㅎ고 病在手足者는 以進前退後ㅎ며 指東畫西로 爲禪ㅎ고 病在心腹者는 以窮玄究妙ㅎ며 超情離見으로 爲禪ㅎ느니 據實而論컨댄 無非是病ㅣ니라(59a. 9 - 59b. 5)

【현대역】종사(宗師)가 또 많은 병이 있나니 병이 귀와 눈에 있는 이는 눈썹을 찡그리며 눈을 부릅뜨며 귀를 기울이며 머리 조아리는 것으로 선(禪)을 삼고, 병이 입과 혀에 있는 이는 문자를 뒤집고 말을 뒤집으며 함부로 할(喝)하며 난잡하게 할(喝)하는 것으로 선(禪)을 삼고, 병이 손과 발에 있는 이는 앞으로 나아가며 뒤로 물러나며 이쪽[東]을 가리키며 저쪽[西]을 그리는 것으로 선(禪)을 삼고, 병이 마음속에 있는 이는 현묘(玄妙)한 진리를 찾으며 인정[情]을 뛰어넘으며 견해를 여의는 것으로 선(禪)을 삼나니 진실로 논하자면 병(病) 아닌 것 없느니라.

【한자어 풀이】

1. 종사(宗師) : 덕행이 높아서 후학의 모범이 되는 선사.

2. 당미노목(瞠眉努目) : 눈썹을 찡그리며 눈을 부릅뜸.

3. 측이점두(側耳點頭) : 귀를 기울이고 머리를 조아림.

4. 전언도어(顚言倒語) : 문자를 뒤집고 말을 뒤집음.

5. 궁형구묘(窮玄究妙) : 심오함을 찾으며 오묘함을 찾음.

【언해문】宗師ㅣ ·또 한 病·을 :둣ᄂ·니 病이 耳目애 잇ᄂ·닌
눈섭 ᄢᅵᇰ·의·며 :눈 브르ᄠ·며 ·귀 ·기우리·며 머리 조·ᄉ모로
禪 :삼고 病이 口舌에 잇ᄂ·닌 미친 :말·ᄉᆷ ᄒ·며 갓·ᄀᆫ 말·ᄉᆷ
ᄒ며 胡喝ᄒ며 亂喝로 禪 삼고 病이 手足애 잇ᄂ:닌 알픠 나
ᄉ며 :뒤헤 므르며 東 ᄀ르치며 西 그:슴·으·로 禪 삼·고 病
이 心腹애 잇ᄂ·닌 玄 窮究ᄒ며 妙 窮究ᄒ·며 情 건:너며 見
여:희요모·로 禪 :삼ᄂ·니 實·을 드러 議論컨댄 이 病 아니니
업·스니라(59b, 6 - 60a, 1)

【현대역】종사(宗師)가 또 많은 병을 두고 있나니 병이 귀와 눈에 있는
이는 눈썹 찡그리며 눈 부릅뜨며 귀 기울이며 머리 조아리는 것으로 선
(禪)을 삼고, 병이 입과 혀에 있는 이는 미친 말 하며 거꾸러진 말 하며
함부로 할(喝)하며 난잡하게 할(喝)하는 것으로 선(禪)을 삼고, 병이 손
과 발에 있는 이는 앞에(으로) 나아가며 뒤에(로) 물러나며 농(東)을 가
리키며 서(西)를 그리는 것으로 선(禪)을 삼고, 병이 마음속에 있는 이는
심오함을 찾으며[玄窮究] 오묘함을 찾으며[妙窮究] 인정[情] 넘으며 견
해 여의는 것으로 선(禪)을 삼나니 진실을 들어 의논하면 이 병(病) 아닌
것 없느니라.

【언해문 분석】

1. 둣ᄂ·니 : 두고 있나니
   분석하면 '두-(어간) + (어)(부사형 연결 어미) + (이)ㅅ-(有, 어간)
   + -ᄂ-(현재 시상 선어말 어미) + -니(설명의 연결 어미)'이다.

2. 잇ᄂ·닌 : 있는 이는
   분석하면 '잇-(어간) + -ᄂ(현재 시상 관형형 어미) + 이(의존 명사)
   + ㄴ(지정의 보조사)'이다.

3. 눈섭 : 눈썹

‘눈섭’은 ‘눈(眼) + 섶(薪)’의 결합으로 어형은 ‘눈섭〉눈썹’으로 변화하였다.

4. 뻥의며 : 찡그리며

　　기본형은 ‘뻥의다(瞠)’로 분석하면 ‘뻥의-(어간) + -며(나열의 연결
　　어미)’이다. 이 밖에 〈두시언해중간본〉(1632)(11, 17a)에 ‘뻥긔다’가
　　보인다.

5. 브르뜨며 부릅뜨며

　　기본형은 ‘브르뜨다’로 분석하면 ‘브르뜨-(어간) + -며(나열의 연결
　　어미)’이다. ‘브르뜨다’는 현대국어의 ‘부릅뜨다’로 변화하였는데 받침
　　‘ㅂ’이 원래는 그 다음 음절의 초성 어두 ‘ㄸ’에서 비롯된 것임을 보여준다.

6. 기우리며 : 기울이며

　　기본형은 ‘기우리다’로 분석하면 ‘기우리-(어간) + -어(부사형 연결
　　어미)’이다. 어간형 ‘기우리-’는 ‘기울-(어근) + -이(사동의 파생 접사)’
　　이다.

7. 조ᅀᆞ모로 : 조아리는 것으로, 조아림으로

　　기본형은 ‘좃다’로 분석하면 ‘좃 + -ᅟᆞᆷ(명사형 어미) + 오로(도구의
　　부사격 조사)’이다.

8. 미친 : 미친

　　기본형은 ‘미치다’로 분석하면 ‘미치-(어간) + -ㄴ(관형형 어미)’이다.

9. 갓ᄀᆞᆫ : 거꾸러진

　　기본형은 ‘갓ᄀᆞᆯ다’로 분석하면 ‘갓ᄀᆞᆯ-(어간) + -ㄴ(관형형 어미)’이
　　다 어간형 ‘갓ᄀᆞᆯ-’의 ‘ㄹ’은 뒤에 오는 ‘ㄴ’의 영향으로 탈락하였다.
　　중세국어에서 ‘갓ᄀᆞᆯ다’는 ‘거꾸로 되다, 넘어지다’의 의미를 가진다.

10. 알ᄑᆡ : 앞에

　　분석하면 ‘앒(명사) + 의(특이 처소격 조사)’이다.

11. 나ᅀᆞ며 : 나아가며

　　기본형은 ‘낫다(進)’로 분석하면 ‘낫-(어간) + -ᅟᆞ며(나열의 연결 어미)’이다.

12. 므르며 : 물러나며, 무르며

기본형은 '므르다(退)'로 분석하면 '므르-(어간) + -며(나열의 연결
어미)'이다.

13. マ로치며 : 가리키며

기본형은 'マ로치다'로 분석하면 'マ로치-(어간) + -며(나열의 연결
어미)'이다. 'マ로치다'는 중세국어에서 '가르치다(敎)'와 '가리키다
(指)'의 뜻으로 쓰였는데 여기에서는 후자의 의미이다.

14. 그슴으로 : 그리는 것으로

기본형은 '긋다'로 분석하면 '긋-(어간) + -음(명사형 어미) + 으로
(도구의 부사격 조사)'이다.

15. 건너며 : 넘으며, 건너며, 초월하며

기본형은 '건너다'로 분석하면 '건너-(어간) + -며(나열의 연결 어미)'이
다. 원문의 '超'를 언해한 것으로 '뛰어넘다'나 '초월하다'의 뜻이다.

16. 여희요모로 : 여의는 것으로

기본형은 '여희다'로 분석하면 '여희-(어간) + -욤(명사형 어미) +
오로(도구의 부사격 조사)'이다.

17 아니니 : 아닌 것

분석하면 '아니-(어간) + -ㄴ(관형형 어미) + 이(의존 명사)'이다.

【주】 殺父殺母ᄂᆞᆫ 佛前懺悔ㅣ어니와 謗大般若ᄂᆞᆫ 不通懺悔
ㅣ리라(60a. 1 - 60a. 2)

【주 현대역】 아버지를 죽이고 어머니를 죽인 것은 부처 앞에서 참회가
되지만 반야(般若)를 비방한 것은 참회가 통하지 않을 것이다.

【주 한자어 풀이】

1. 반야(般若) : 반야(班若)·바야(波若)·발야(鉢若)·반라야(般羅若)·
   발랄야(鉢剌若)·발라지양(鉢羅枳孃)이라고도 쓰며 혜(慧), 명(明),
   지혜(智慧)를 뜻한다.

凡人이 臨命終時예

【원문】凡人이 臨命終時예 若一毫ㅣ나 凡聖情量을 不盡커
나 思慮를 未忘ㅎ면 向驢胎馬腹裏ㅎ야 托質ㅎ며 泥犁鑊湯中
에 煮爍ㅎ다가 乃至依前再爲螻蟻蚊虻ㅣ리라(60a, 3 - 60a, 6)

【현대역】무릇 사람이 임종할 때에 만일 한 터럭만큼이라도 범부와 성
인을 헤아리는 분별심[情量]을 없애지 못하거나 (그러한) 생각[思慮]을
잃어버리지 못하면 나귀의 태중이나 말의 배속에 이끌리며 지옥의 가마
솥 속에서 삶아지고 달이어지다가 예전처럼 다시 땅강아지나 개미나 모
기나 등에가 될 것이다.

【한자어 풀이】

1. 정량(情量) : 마음을 가지고 생각하는 것으로 분별에 의한 추측, 범부
   의 망념을 뜻한다.
2. 이리(泥犁) : 철위산(鐵圍山)의 바깥 변두리 어두운 곳에 있다는 상상
   의 세계. 곧 지옥을 말한다.
3. 누의(螻蟻) : 땅강아지와 개미. 보잘 것 없는 것을 비유하여 이르는
   말이다.
4. 문맹(蚊虻) : 모기와 등에. 소인 또는 쓸모없는 것을 비유하여 이르는
   말이다.
5. 확탕(鑊湯) : 가마솥. 확탕지옥(鑊湯地獄)이란 가마솥에서 끓여지는
   형벌을 받는 지옥을 말한다.

【언해문】大凡 ·사르·미 命終애 臨홀 時節에 ᄒ다가 ᄒ 터럭·만ㅣ나 凡과 聖의 情量·을 다ᄋ디 몯거나 思慮ᄅᆞᆯ 닛디 몯ᄒ면 나괴 비과 ᄆ릐 ·비속·을 向·ᄒ야 얼굴 브·티며 泥犁과 鑊湯 ·가:온·ᄃᆡ 봇달·히이다가 아:릐 양으·로 다·시 ·가얌벌게과 모기 등의 되요매 니르리라(60a, 7 - 60b, 1)

【현대역】무릇 사람이 임종에 임(臨)할 때에 만일 한 터럭만큼이라도 범부와 성인의 정량(情量)을 다하지 못하거나 생각[思慮]을 잊지 못하면 나귀의 배와 말에 배속을 향하여 형체 의지하며 이리(泥犁)와 확탕(鑊湯) 가운데에서 볶이고 달이어지다기 예전의 모양으로 다시 개미와 모기 등에 되어지는 것에 이를 것이다.

【언해문 분석】

1. 터럭만ㅣ나 : 터럭만큼이라도
   분석하면 '터럭(명사) + 만(정도표시의 보조사) + ㅣ나(양보의 보조사)'이다.

2. 다ᄋ디 : 다하지, 없애지
   기본형은 '다ᄋ다'로 분석하면 '다ᄋ-(어간) + -디(부정 부사형 연결어미)'이다. 여기에서는 '盡'을 언해한 '다하여 없어지다'는 뜻이다.

3. 몯거나 : 못하거나
   기본형은 '몯ᄒ다'로 분석하면 '몯(ᄒ)-(어간) + -거나(선택의 연결어미)'이다.

4. 닛디 : 잊지
   기본형은 '닛다'로 분석하면 '닛-(어간) + -디(부정 부사형 연결 어미)'이다. 어간 '닛-'은 8종성법으로 인하여 'ㅅ'으로 나타난다. 기본형은 '닛다〉잊다'로 변화하였다.

5. 나괴 : 나귀
   한자어 '나구(騾駒)'에서 온 말로 '라귀〉나귀/나괴〉나귀'로 변화하였다.

6. 只릐 : 말에

분석하면 '뭃(명사) + 의(특이 처소격 조사)'이다.

7. 얼굴 : 형체

중세국어의 '얼굴(體)'은 '형체, 모습'의 뜻을 가진다. 현대국어에서는 그 의미가 축소되어 '안면(顔面)'만을 가리키게 되었다.

8. 브트며 : 의지하며, 붙으며

기본형은 '븥다(托)'로 분석하면 '븥-(어간) + -으며(나열의 연결 어미)'이다. 기본형은 '븥다〉붙다'로 원순모음화(ㅡ〉ㅜ)하여 변화하였다.

9. 가온딩 : 가운데

어형은 '가톤딩〉가온딩〉가운데'로 변화하였다.

10. 봇달히이다가 : 볶이고 달이어지다가

기본형은 '봇달히이다'로 분석하면 '봇달히이-(어간) + -다가(동작 전환의 연결 어미)'이다. 어간형 '봇달히이-'는 '봇-(어근) + 달히-(어근) + -이(피동의 파생 접사)가 결합한 것이다.

11. 아릭 : 예전, 지난날

'예전, 지난날'의 뜻으로 명사와 부사로 쓰인다.

12. 양으로 : 모양으로, 같이

분석하면 '양(명사) + 으로(자격의 부사격 조사)'이다. 원문의 '依'를 언해한 것으로 '같이, 처럼'의 의미이다.

13. 가얌벌게 : 개미

이 밖에 〈두시언해중간본〉(1632)(9, 19a)에 '가야미'도 보인다.

14. 모긔 : 모기

어형은 '모기〉모긔〉모기'로 변화하였다.

15. 등의 : 등에

몸빛은 대체로 누런 갈색이고 온몸에 털이 많으며 투명 반투명한 한 쌍의 날개가 있다. 주둥이가 바늘 모양으로 뾰족하고 겹눈이 매우 크다. 어형은 '둥위〉등의〉등에'로 변화하였다.

16. 되요매 : 되어지는 것에

　기본형은 '되이다'로 분석하면 '되이-(어간) + -옴(명사형 어미) +
애(원인의 부사격 조사)'이다. 어간형 '되이-'는 '되-(어근) + -이(피
동의 파생 접사)'이다.

17. 니르리라 : 이를 것이다, 이르리라

　기본형은 '니르다(至)'로 분석하면 '니르-(어간) + -리-(미래 추측
선어말 어미) + -라(설명형 종결 어미)'이다.

【주】 白雲ㅣ 云設使 一毫毛ㅣ나 凡聖情念이 淨盡ㅣ라도 亦
未免入驢馬胎中ㅣ라 ᄒ시니라(60b, 1 - 60b, 2)

【주 현대역】 백운(白雲)이 이르기를 "설사 한 터럭만큼이라도 범부니
성인이니 하는 생각[情念]이 깨끗이 다하더라도 또한 나귀나 말의 태중
에 들어가는 것을 면하지 못한다."라고 하시니라.

【주 한자어 풀이】

1. 백운(白雲) : 백운수단(白雲守端, 1025-1072). 속성은 갈(葛)씨로 이
　름은 수단(守端)이며 호는 백운(白雲)이다. 임제종의 8세조이다.

凡人이 臨命終時예

【원문】凡人이 臨命終時예 但觀五蘊皆空ᄒ고 四大無我ㅣ니 眞心無相이라 不去不來ᄒᄂ니 生時性亦不生이며 死時性亦不去ᄒ야 湛然圓寂ᄒ야 心境一如ㅣ니 但能如是直下頓了ᄒ면 不爲三世의 所拘繫ᄒ야 便是出世自由人也ㅣ니라 若見諸佛이라도 無心隨去ᄒ며 若見地獄이라도 無心怖畏ㅣ어다 但自無心ᄒ면 同於法界ᄒ리니 此이 即是要節也ㅣ라 然則平常은 是曰이오 臨終은 是果ㅣ니 道人은 須著眼看이어다(60b, 3 - 61a, 2)

【현대역】무릇 사람이 임종할 때에 오직 오온(五蘊)이 다 공(空)하고 사대(四大)에서 내(我)가 없는 것을 볼 것이니 참된 마음[眞心]은 상(相)이 없는지라 가지도 않으며 오지도 않나니 태어날 때에도 성품(性稟)이 또 생기지 않으며 죽을 때에도 성품이 또 없어지지 않아서 맑고 원적(圓寂)하여 마음과 경계가 하나이니 오직 능히 이 같이 바로 모두 깨달으면 삼세(三世)에 걸리어 매이는 것이 되지 않아야 곧 이것이 현세를 초월한 자유인(自由人)이니라. 만일 제불(諸佛)을 보더라도 좇아 갈 마음을 말며 만일 지옥(地獄)을 보더라도 두려운 마음 말지어다. 오직 스스로 무심(無心)하면 법계(法界)와 같아지리니 이것이 곧 가장 긴요한 대목[要節]이다. 그러면 평상시는 원인(原因)이고 죽을 때는 결과(結果)이니 수도인(修道人)은 모름지기 눈을 뜨고 볼지이다.

【한자어 풀이】

1. 오온개공(五蘊皆空) : 오온공적(五蘊空寂)이라고도 하며 우리의 몸과 마음이 오온(五蘊)으로 이루어져 일정한 본체가 없이 무아(無我)인 것을 말한다. 오온이란 정신을 다섯 가지로 분류한 것인데 색(色, 신체 및 물질 일반)과 수(受, 감수 작용. 감각. 단순감정)과 상(想, 마음에 떠오르는 상(象)과 행(行, 의지. 충동적 욕구에 해당되는 마음작용)과 식(識, 인식작용)이 그것이다.

2. 사대(四大) : 사대는 지수화풍(地水火風)을 말한다. 대(大)는 원소라는 뜻으로 일체의 물질을 이루는 네 가지 원소를 말한다. 딱딱함을 본질로 보유하는 작용을 가진 지대(地大), 습성(濕性)을 모으는 작용을 하는 수대(水大), 뜨거움을 본질로 성숙시키는 작용이 있는 화대(火大), 동물을 생장시키는 작용을 하는 풍대(風大)가 그것이다.

3. 원적(圓寂) : 원만한 적정(寂靜). 번뇌잡념의 세계를 여의고 청정한 열반계에 돌아가는 것.

【언해문】 大凡 ·사룸·미 命終애 臨홀 時節:에 오·직 五蘊이 ·다 空ᄒ고 四大이 我 업수·믈 觀·홀 ·디니 眞心은 相 ·업순· 디·라 가·디 아·니ᄒ며 오·디 아·니·ᄒᄂ·니 生時예도 性이 · 쏘 나디 아·니며 死時:예도 性이 ·쏘 가·디 아·니·ᄒ야 믈가 圓寂ᄒ야 ᄆᆞᆷ·과 境이 ᄒᆞᆫ가·지니 오·직 能·히 ·이 ·ᄀᆞ티 바ᄅ· ·다 ·알:면 三世·의 걸:여 ᄆᆡ:욤이 되이·디 아·니ᄒ야 ·곧 ·이 出世ᄒ 自由人ㅣ 리라 ·ᄒ다가 諸佛·을 ·보ᅀᆞ와·도 조·차 갈 ᄆᆞᆷ :말·며 ·ᄒ다가 地獄·을 ·보와·도 저픈 ᄆᆞᆷ 마·롤·디어 다 오·직 ·ᄌᆞ갸 無心ᄒ:면 法界·와 ·ᄀᆞ트리·니 ·이 ·곧 最要ᄒ 程節ㅣ라 그러:면 平常·은 ·이 因ㅣ오 臨終·은 ·이 果ㅣ니 道 人ᄂᆞᆫ 모·로·미 ·눈 :뼈 볼·디어다(61a, 3 61a, 9)

【현대역】무릇 사람이 임종에 임할 때에 오직 오온(五蘊)이 다 공(空)하고 사대(四大)가 나(我) 없는 것을 볼 것이니 참된 마음[眞心]은 상(相)이 없는지라 가지 않으며 오지 않으니 태어날 때[生時]에도 성품(性稟)이 또 나지 않으며 죽을 때[死時]에도 성품이 또 가지 않아서 맑고 원적(圓寂)하여 마음과 경계가 한가지니 오직 능히 이 같이 바로 다 알면 삼세(三世)에 걸리어 매이는 것이 되지 않아야 곧 이것이 현세를 초월한 자유인(自由人)일 것이다. 만일 제불(諸佛)을 보아도 좋아 갈 마음을 말며 만일 지옥(地獄)을 보아도 두려운 마음 말지어다. 오직 스스로 무심(無心)하면 법계(法界)와 같아질 것이니 이것이 곧 가장 긴요한 대목[程節]이다. 그러면 평상시는 원인(原因)이고 죽을 때는 결과(結果)이니 수도인(修道人)은 모름지기 눈 떠 볼지어다.

【한자어 풀이】
1. 정절(程節) . 대목.

【언해문 분석】
1. 觀홀 : 볼
   기본형은 '관(觀)ᄒ다'로 분석하면 '觀ᄒ-(어간) + -오-(의도법 선어말 어미) + -ㄹ(관형형 어미)'이다.
2. 디니 : 것이니
   분석하면 'ᄃ(의존 명사) + 이(서술격 조사) + -니(설명의 연결 어미)'이다.
3. 업순디라 : 없는지라
   기본형은 '없다'로 분석하면 '없-(어간) + -운디라(이유의 연결 어미)'이다. -운디라'는 '-은디라'의 변이형이다.
4. ᄆᆞᆰ가 : 맑아
   기본형은 'ᄆᆞᆰ다'로 분석하면 'ᄆᆞᆰ-(어간) + -아(부사형 연결 어미)'이다. 기본형은 '뭃다〉맑다'로 변화하였다.

5. 흔가지니 : 한가지니

분석하면 '흔가지(명사) + (이)(서술격 조사) + -니(설명의 연결 어미)'이다. 어형은 '흔가디〉흔가지〉한가지'로 변화하였고 '흔(一) + 가지(條)'가 결합한 것이다.

6. 바릭 : 바로

17세기 문헌 〈동국신속삼강행실도〉(1612)(孝, 4 88b)에 '바로', 〈첩해신어초간본〉(1676)(6, 22b)에 '바르'로 나타난다.

7. 걸여 : 걸리어

기본형은 '걸이다'로 분석하면 '걸이-(어간) + -어(부사형 연결 어미)'이다. 어간형 '걸이-'는 '걸-(어근) + -이(피동의 파생 접사)'이다.

8. 믜욤미 : 매이는 것이, 매임이

기본형은 '믜이다'로 분석하면 '믜이 (이간) + -옴(명사형 어미) + 이(주격 조사)'이다. 어간형 '믜이-'는 '믜(어근) + -이(피동의 파생 접사)'이다. 이 책의 상권 (23a, 4)에는 연철 표기된 '믜유미'가 나타난다. 중세국어에서 '믜-(鋤)'와 '믜-(結)'는 성조상 구별되는데 전자는 거성의 성조를 가지고 후자는 평성의 성조를 가진다. 여기서는 후자의 경우이다. 기본형은 '믜다〉매다'로 변화하였다.

9. 보슥와도 : 보아도

기본형은 '보다'로 분석하면 '보-(어간) + -슥오-(객체 높임 선어말 어미) + -아도(양보의 연결 어미)'이다. '-슥오-'는 앞의 '諸佛'을 높이는 것이다.

10. 저픈 : 두려운

기본형은 '저프다'로 분석하면 '저프-(어간) + -ㄴ(관형형 어미)'이다. 이 책의 (53b, 9)에는 '저푼'의 형태도 나타난다.

11. 즈갸 : 스스로, 자기(自己)

'즈갸'는 높임의 3인칭 재귀대명사로 '저'와 대립된다. 〈계축일기〉(195)에 'ᄌ가', 〈원각경언해〉(1465)(2, 37)에 'ᄌ개', 〈仁宣王后諺簡〉에 'ᄌ겨' 등의 형태도 나타난다.

12. ᄀᄐ리니 : 같을 것이니

기본형은 '곹다'로 분석하면 '곹-(어간) + -ᄋ리-(미래 추측 선어말 어미) + -니(설명의 연결 어미)'이다.

13. 道人ᄂ : 수도인(修道人)은

분석하면 '道人 + ㄴ + 은(지정의 보조사)'이다. 이때의 'ㄴ'은 앞에 오는 체언 '도인'의 말음 'ㄴ'으로 인하여 중철표기된 것이다.

14. 뻐 : 떠

기본형은 '쁘다'로 분석하면 '쁘-(어간) + -어(부사형 연결 어미)'이다. 기본형은 '쁘다〉뜨다'로 변화하였다.

15. 볼디어다 : 볼지어다

기본형은 '보다'로 분석하면 '보-(어간) + -ㄹ디어다(설명형 종결 어미)'이다

【주1】此二節ᄅ 特開宗師·의 無心合道門ᄒ시고 權遮敎中에 念佛求生路ᄒ시니라 然ㅣ나 根機不同ᄒ며 志願亦異ᄒ니 願 諸道人ᄂ 平昔에 各隨其便ᄒ고 臨行애 勿生疑悔ㅣ어다(61a, 9 – 61b, 3)

【주1 현대역】 이 두 구절은 특히 종사(宗師)가 무심(無心)하여 도(道)에 합하는 문을 여시고 교학 중에 염불(念佛)로 살 길[生路] 구하는 것을 방편으로 막은 것이다. 그러나 근기(根機)가 같지 않으며 뜻과 원[志願]이 또한 다르니 원컨대 모든 수도인(修道人)은 평소에 각각 그 방편을 따르고 행동에 임하여 의심하거나 후회하지 말지어다.

【주1 한자어 풀이】

1. 권(權) : 방편의 다른 이름.

2. 생로(生路) : 살길. 극락왕생의 길을 말한다.

3. 평석(平昔) : 평소. 늘. 평생.

4. 편(便) : 방편. 깨달음에 이르기 위한 방법을 말한다.

【주2】好向此時明自己ㅣ어다 百年光影轉頭空ㅣ로다(61b, 3- 61b, 3)

【주2 현대역】이처럼 좋은 때에 자기를 밝힐지어다. 백년 세월 순식간 (轉頭)에 공(空)이로다.

【주2 한자어 풀이】

1. 광영(光影) : 빛. 햇빛. 여기서는 '세월'의 뜻이다.

2. 전두(轉頭) : 머리를 돌림. 매우 짧은 시간을 비유한 말이다.

若能悟我本空ᄒ면

【원문】若能悟我本空ᄒ면 生死怖畏이 都息ᄒ리라(61b, 4 - 61b, 4)

【현대역】만일 능히 내가 본래 공(空)인 것을 깨달으면 생사(生死)의 두려움이 모두 사라지리라.

【언해문】·ᄒ·다가 能·히 我·의 本空ᄒ 들 :알:면 生死 저: 푸·미 ·다 그·츠리라(61b, 5 - 61b, 5)

【현대역】만일 능히 내가 본래 공(空)한 깃을 알면 생사(生死)의 두려움이 다 그칠 것이다.

【언해문 분석】

1. ᄒ다가 : 만일(萬一), 만약(萬若), 하다가

2. 我의 : 내가
   분석하면 '我 + 의(주어적 속격 조사)'이다.

3. 空ᄒ 들 : 공(空)한 것을
   기본형은 '공(空)ᄒ다'로 분석하면 '空ᄒ-(어간) + -ㄴ(관형형 어미) + 들(의존 명사) + 울(목적격 조사)'이다.

4. 저푸미 : 두려움이, 두려워하는 것이
   기본형은 '저프다'로 분석하면 '저프-(어간) + -움(명사형 어미) + 이(주격 조사)'이다.

5. 그츠리라 : 그칠 것이다, 사라지리라, 사라질 것이다

기본형은 '긏다'로 분석하면 '긏-(어간) + -으리-(미래 추측 선어말
어미) + -라(설명형 종결 어미)'이다. 여기에서는 '息'을 언해한 것으
로 '사라지다'의 의미이다.

【주1】 此는 結上兩文ᄒ시니라 般若애 有迷識境四相ᄒ시고
圓覺에 有迷智境四相ᄒ시니 麄細이 雖殊ㅣ나 生死는 一也ㅣ
로다 眞我는 離相ㅣ라 誰受生死ㅣ리오(61b, 5 - 61b, 7)

【주1 현대역】 이는 위의 두 글을 맺으신 것이다. 〈반야(般若)〉에는 식
경사상(識境四相)의 미혹함이 계시고 〈원각(圓覺)〉에는 지경사상(智境
四相)의 미혹함이 계시니 추세(麄細)가 비록 다르나 생사(生死)는 한가
지로다. 진실 된 나[眞我]는 상(相)을 떠났으므로 누가 생사(生死)를 받
겠는가.

【주1 한자어 풀이】

1. 반야(般若) : 〈금강반야바라밀경(金剛般若波羅密經)〉. 흔히 금강경
   (金剛經)이라 한다.

2. 식경사상(識境四相) : 아상(我相, 오온(五蘊)이 화합하여 생긴 몸과
   마음이 실아(實我)이며 그것이 아(我)의 소유라는 집착)과 인상(人
   相, 아(我)는 인간이어서 축생과 다르다는 집착)과 중생상(衆生相,
   아(我)는 오온법(五蘊法)으로 말미암아 생긴 것이라는 집착)과 수상
   (壽相, 아(我)는 일정 기간의 수명(壽命)이 있다는 집착)을 말한다.

3. 원각(圓覺) : 〈대방광원각수다라요의경(大方廣圓覺修多羅了義經)〉.
   흔히 '대방광원경', '원각수다리요의경', '원각요의경' 등으로 불린다.

4. 지경사상(智境四相) : 중생이 깨달은 경계에 대하여 잘못 알아 집착
   하는 네 가지. 곧 아상(我相, 오(悟)를 집착하여 아(我)라고 하는 것)
   과 인상(人相, '악업하지 않았다는 것에 집착하여 아(我)가 오(悟)하
   였다는 것)과 중생상(衆生相, 아상과 인상을 여의었으면서도 오(悟)

의 상에 집착하는 것)과 수명상(壽命相, 중생상에서 한걸음 나아갔으
나 아직도 능각(能覺)의 지혜를 가지는 것)을 말한다.

5. 추세(麤細) : 엉성하고 거친 것과 촘촘하고 고운 것.

6. 진아(眞我) : 진실 된 나. 대아(大我)라고도 하며 실아(實我)나 가아
(假我)와 상대되는 말이다.

【주2】春山亂疊靑ㅣ오 秋水樣虛碧ㅣ로다 寥寥天地間에 獨
立望何極가 是何面目고 同道方知ㅣ리라(61b, 7 - 61b, 8)

【주2 현대역】봄 산은 겹겹의 푸름으로 어지럽고 가을 물은 허공의 푸
른 빛 모양이로다. 아득한 천지 사이에 혼자 서서 어떤 궁극을 바라는
가. 이는 어떤 면목(面目)인가, 같은 길이라야 비로소 알리라.

【주2 한자어 풀이】

1. 요요(寥寥) : 쓸쓸하고 고요한 모양. 곧 아득한 모양을 말한다.

2. 면목(面目) : 얼굴 모양. 여기서는 인간이 본래 갖추고 있는 진실한
모습을 말한다.

3. 동도(同道) : 같은 길. 여기서는 같은 수행 길을 가는 사람을 비유한
말이다.

【원문】祖師ㅣ 云不坐禪ᄒ며 不持律호ᄃᆡ 妙覺心珠ㅣ 白如
日ㅣ로다 當體虛玄ᄒ야 一物無ᄒ니 阿誰ㅣ 承受然燈佛ㅣ리
오 ᄒ시니 故知釋迦八相이 聲聞曲見ㅣ며 凡夫劣解ㅣ로다 龐
居士의 所謂學無爲心空及第者ㅣ 便是此意ㅣ로다(61b, 9 - 62a, 4)

【현대역】조사(祖師)가 이르시되 "좌선(坐禪)하지 않으며 계율(戒律)
을 지니지 않았는데 묘각(妙覺)의 마음속 구슬[心珠]이 밝기가 해 같도
다. 당체(當體)가 비고 깊어 하나의 물건도 없으니 누가 연등불(燃燈佛)
께 수기(受記)를 받겠는가."라고 하시니 그러므로 석가(釋迦)의 팔상(八
相)은 성문(聲聞)의 왜곡된 견해이며 범부의 졸렬한 해석임을 알 것이로
다. 방거사(龐居士)가 이른바 무위(無爲)를 배워 마음이 공하면 급제[心
空及第]하리라 한 것이 곧 이 뜻이로다.

【한자어 풀이】

1. 묘각(妙覺) : 보살 수행의 52位. 온갖 번뇌를 끊고 지혜가 원만하게
   갖추어진 상태를 말한다.
2. 당체(當體) : 직접적으로 그 본체를 가리켜 이르는 말.
3. 연등불(然燈佛) : 정광불(錠光佛) 또는 보광불(普光佛)이라고 하며 석
   가세존이 전생에 보살로 있을 때에 "내세에 반드시 성불하리라."는 수
   기를 받았다 한다.
4. 팔상(八相) : 석가가 중생을 제도하기 위하여 일생 동안에 나타낸 여

덟 가지 상(相) 곧 ①강도솔상(降兜率相, 석가가 도솔천에서 흰 코끼리를 타고 이 세상에 내려옴). ②탁태상(托胎相, 석가가 마야부인의 오른쪽 옆구리로 들어와 잉태됨). ③출생상(出生相, 4월 8일에 마야부인의 오른쪽 옆구리에서 태어나 일곱 걸음을 걷고 '천상천하유아독존(天上天下唯我獨尊)'이라 선언함). ④출가상(出家相, 무상(無常)을 깊이 생각하고 수행을 위해 출가함). ⑤항마상(降魔相, 6년의 고행 뒤 보리수 아래에서 악마의 유혹과 위협을 물리치고 정각(正覺)에 도달함). ⑥성도상(成道相, 12월 8일에 깨달음을 열어 불타(佛陀)의 지위에 오름). ⑦전륜법상(轉輪法相, 녹야원(綠野苑)에서 5명의 비구에게 설법함). ⑧열반상(涅槃相, 80세에 쿠시나가라 성 밖 사리쌍수 아래에서 최후의 설법을 마치고 입멸함)을 말한다.

5. 성문(聲聞) : 부처님이 가르치는 음성을 들은 불제자.

6 방거사(龐居士) : 방온(龐蘊, ?-808). 당나라 때의 저명한 재가선자(在家禪者). 일생을 승려가 이닌 거사로 마쳤지만 독자적인 깨달음의 경지에 이르러 중국의 유마거사(維摩居士)라 불렸다.

7. 무위(無爲) : 모든 법의 진실체. 위작(爲作)·조작(造作)을 여의고 생주이멸(生住異滅)의 변화가 없는 진리를 말한다.

8. 심공급제(心空及第) : 심공(心空)은 심성이 광대하여 온갖 것을 모두 포용하니 허공과 같아서 장애를 받지 않은 상태를 말한다. 심공급제란 그러한 자리에 오르는 것으로 곧 깨달음을 얻는 것을 말한다.

【언해문】祖師ㅣ 니ᄅᆞ·샤·ᄃᆡ 坐禪 아·니며 持律 아니·ᄒᆞᄃᆡ 妙覺心珠이 ·조·호·미 ·희 ᄀᆞᆮ도다 當體이 虛코 깁·퍼 一物·도 ·업·스·니 :뉘 然燈佛·ᄭᅴ 受記 받ᄌᆞ·오료 ᄒᆞ시·니 그:럴·ᄉᆡ 釋迦·의 八相이 聲聞·의 고·ᄇᆞᆫ ·보·미며 凡夫·의 사·오나·온 아로:민 ·ᄃᆞᆯ :알·리·로·다 龐居士·의 닐:온 無爲 비·화 心空及第ᄒᆞ라 ·ᄒᆞ·미 ·곧 ·이 ·ᄠᅳ디·로다(62a, 5 – 62a, 8)

【현대역】조사(祖師)가 이르시되 "좌선(坐禪) 아니하며 계율(戒律)을 지니지 않았는데 묘각(妙覺)의 마음속 구슬[心珠]이 깨끗함이 해 같도다. 당체(當體)가 비고 깊어 하나의 물건도 없으니 누가 연등불(然燈佛)께 수기(受記) 받겠는가."라고 하시니 그러므로 석가(釋迦)의 팔상(八相)이 성문(聲聞)의 굽은 봄이며 범부의 졸렬한 앎인 것을 알 것이로다. 방거사(龐居士)가 이른바 무위(無爲) 배워 심공급제(心空及第)하라 한 것이 곧 이 뜻이로다.

【언해문 분석】

1. 아니며 : 아니하며, 않으며
   '아니ᄒ며'에서 'ᄒ'가 생략된 것이다.

2. 아니호ᄃᆡ : 않았는데
   기본형은 '아니ᄒ다'로 분석하면 '아니ᄒ-(어간) + -오ᄃᆡ(설명의 연결 어미)'이다.

3. 조호미 : 깨끗함이, 깨끗한 것이
   기본형은 '좋다(淨)'로 분석하면 '좋-(어간) + -옴(명사형 어미) + 이(주격 조사)'이다. 어간형 '좋-'은 '깨끗하다'는 뜻이고 현대국어의 '좋다(好)'에 해당하는 중세국어는 '둏다'이다.

4. 깁퍼 : 깊어
   기본형은 '깊다'로 분석하면 '깁-(어간) + ㅍ + -어(부사형 연결 어미)'이다. 어간 '깊-'의 'ㅂ'은 8종성법에 의하여 'ㅂ'으로 표기되었고 'ㅍ'은 '깊'의 중철표기이다.

5. 뉘 : 누가
   분석하면 '누(대명사) + ㅣ(주격 조사)'이다.

6. 然燈佛ᄭᅴ : 연등불(然燈佛)께
   분석하면 '然燈佛 + ᄭᅴ(존칭의 여격 조사)'이다.

7. 받ᄌᆞ오료 : 받겠는가

기본형은 '받줍다'로 분석하면 '받-(어간) + -ᅀᆞ오-(객체 높임 선어
말 어미) + -리-(미래 추측 선어말 어미) + -오(설명 의문 종결 어
미)'이다. '-오'는 의문사 '뉘'와 호응한다.

8. 고븐 : 굽은

기본형은 '곱다(曲)'로 분석하면 '곱-(어간) + -은(관형형 어미)'이
다. 이곳에서는 '曲'을 언해한 것으로 '왜곡된, 잘못된'의 뜻이다.

9. 보미며 : 봄이며

기본형은 '보다'로 분석하면 '보-(어간) + -ㅁ(명사형 어미) + 이(서
술격 조사) + -며(나열의 연결 어미)'이다.

10. 사오나온 : 졸렬한, 약한

기본형은 '사오납다'로 분석하면 '사오납-(어간) + -ㄴ(관형형 어
미)'이다. 어형은 '사오나ᄫᆞᆫ〉사오나온'으로 변화하였다. '사납다'와
'약하다'의 두 뜻이 있는데 여기서는 '약하다'의 뜻으로 쓰였다.

11. 아로민들 : 앎인 것을

분석하면 '알-(어간) + -옴(명사형 어미) + 이(서술격 조사) + -ㄴ
(관형형 어미) + ᄃᆞ(의존 명사) + 울(목적격 조사)'이다.

12. 알리로다 : 알 것이로다

기본형은 '알다'로 분석하면 '알-(어간) + -리-(미래 추측 선어말 어
미) + -로-(감동법 선어말 어미) + -다(설명형 종결 어미)'이다.

13. 빈화 : 배워

기본형은 '빈호다(學)'로 분석하면 '빈호-(어간) + -아(계기의 연결
어미)'이다.

14. 홈이 : 하는 것이

기본형은 'ᄒᆞ다'로 분석하면 'ᄒᆞ-(어간) + -옴(명사형 어미) + 이(주
격 조사)'이다.

15. ᄠᅳ디로다 : 뜻이로다

분석하면 'ᄠᅳᆮ(명사) + 이(서술격 조사) + -로-(감동법 선어말 어미)

+ −다(설명형 종결 어미)'이다.

【주】日從東畔出ㅣ오 雞向五更啼ㅣ로다(62a, 8 - 62a, 8)

【주 현대역】해는 동쪽 언덕에서 뜨고 닭은 5경(更)에 울도다.

禪學者는

【원문】禪學者는 要須識句ㅣ 사 始得다(62a, 9 - 62a, 9)
【현대역】참선하는 사람은 요컨대 모름지기 구(句)를 알아야 비로소 얻는다.

【한자어 풀이】
1. 시득(始得) : 비로소 얻음. 이곳의 '得'은 '얻다'라는 뜻으로 깨달음에 이르는 것을 말한다

【언해문】禪學者는 모·로·미 句를 아·라사 ·올·타(62b, 1 - 62b, 1)
【현대역】참선하는 사람은 모름지기 구(句)를 알아야 옳다.

【언해문 분석】
1. 아라사 : 알아야
   기본형은 '알다'로 분석하면 '알-(어간) + -아사(의무의 부사형 연결 어미)'이다. 조선 초기에는 '사'로 표기된 것으로 조사, 부사형 어미, 부사 등의 밑에 쓰인 것이다. 선조 중기 이후 '아'로 되었다가 현재는 '야'로 고착되었다.
2. 올타 : 옳다
   기본형은 '옳다'로 분석하면 '옳-(어간) + -다(설명형 종결 어미)'이다.

【주1】 此一句字는 通結一篇大義ᄒᆞ시니라 此篇이 始起於一物ᄒᆞ샤 中設於萬行ᄒᆞ시고 終結於一句ᄒᆞ시니 猶儒典에 有三義之類也ㅣ로다(62b, 1 - 62b, 3)

【주1 현대역】 이 한 '구[一句]'라는 글자는 한 편의 대의(大義)를 통틀어 맺으신 것이다. 이편은 처음 일물(一物)에서 시작하시어 중간에 만행(萬行)에 대하여 베푸시고 마지막 한 '구(句)'로 맺으시니 유교 경전에 삼의(三義)의 종류가 있는 것과 같도다.

【주1 한자어 풀이】
1. 삼의(三義) : 세 가지 의의(意義)

【주2】 若是良馬ㄴ댄 何待鞭影ㅣ리오 禪門에 最初과 末後괘 從此得名ᄒᆞ도다(62b, 3 - 62b, 3)

【주2 현대역】 만일 이것이 좋은 말이라면 어찌 채찍의 그림자를 기다리겠는가. 선문(禪門)에 최초의 구(句)와 말후(末後)의 구(句)는 이로부터 이름을 얻었도다.

【주2 한자어 풀이】
1. 최초(最初) : 최초구(最初句). 초관(初關)을 뚫는 것에 대해 기술한 언구(言句)를 말한다.
2. 말후(末後) : 말후구(末後句). 곧 깨달음의 최후를 기술한 언구(言句)를 말한다.

本分宗師의 全提此句이

【원문】本分宗師의　全提此句이　如木人唱拍과　紅爐點雪ㅣ
며　亦如石火電光ㅣ라　學者ㅣ　實不可擬議也ㅣ로다　故로　古人
이　知師恩曰　不重先師의　道德ㅣ어니와　只重先師ㅣ　不爲我說
破ㅣ라　ᄒ시니　此이　亦禪家格言ㅣ로다(62b, 4 - 62b, 8)

【현대역】본분종사(本分宗師)가 이 구(句)를 온전히 든 것은 나무인형
[木人]이 박자를 치며 노래 부르는 것과 붉은 화로에 눈 떨어지는 것과
같으며 또 돌의 불과 번갯빛과 같은 것이므로 배우는 사람은 진실로 헤
아려 의논(議論)하지 못할 것이로다. 그러므로 옛 사람이 스승의 은택을
알고 이르시되 "선사(先師)의 도덕(道德)을 중히 생각하지 않지만 다만
선사(先師)가 나를 위해 설파(說破)하지 않는 것을 중히 여길 뿐이다."라
고 하시니 이것이 또한 선가(禪家)의 격언(法格)이로다.

【한자어 풀이】

1. 본분종사(本分宗師) : 본래의 면목을 깨달아 수행하는 학도인(學道
人)을 지도할 수 있는 역량을 가진 선사를 말한다.
2. 목인(木人) : 나무로 만든 인형.
3. 홍로점설(紅爐點雪) : 본래 눈의 본질은 물이므로 수극화(水克火)의
이치[理]를 따르면 눈은 불을 끌 수 있다는 말이나 그 양이 많고 적음
에 따라 그 반대의 현상이 일어날 수도 있다는 뜻. 뜨거운 불 위에
놓인 한 점의 눈은 그 양의 차에 따라 수극화(水克火)의 이치에 반하

여 도리어 녹아서 없어지는 것과 같이 도(道)를 깨달으면 마음속이
탁 트여서 밝아지는 것을 비유한 말이다.

4. 석화전광(石火電光) : 석화는 부싯돌에서 나는 불꽃이며 섬광은 번갯
불이다. 사물이 극히 빠르게 생멸변화(生滅變化)하는 것을 비유한 말
이다.

5. 고인(古人) : 동산량개(洞山良价, 807-869)를 말한다. 이 부분은 동
산량개가 스승 운암선사의 재를 올리며 한 말이다.

6. 부중선사도덕(不重先師道德) : 선종에서는 말과 지식으로 법을 전하
는 것이 아니라 마음으로 전하는 이심전심을 중하게 여긴다. 여기서
는 스승이 깨친 경지를 내가 직접 깨치는 것이 중용함을 직설적으로
말하고 있다. 마음으로 전하는 이심전심을 중하게 여기므로 이렇게
말한 것이다.

【언해문】本分宗師·의 ·이 句·를 全提·ᄒ·샤미 木人·의 ·빅 ·
티며 놀:애 블:룸과 紅爐·의 :눈 떠·러듀·미 ·ᄀᆞ트·며 ·ᄯ ·돌:
햇블·과 ·번:갯빗·치 ·ᄀᆞ톤 ·디라 學者ㅣ 眞實·로 너·기·뼈 議
論티 ·몯ᄒ·리로다 그:럴·ᄉᆡ :녯 ·사ᄅᆞ·미 스승의 思澤·을 ·
아·ᄉᆞᆸ고 니ᄅᆞ·샤·ᄃᆡ 先師·의 道德은 重·히 너·기디 아·니커·
니·와 오·직 先師ㅣ :날 爲ᄒᆞ샤 說破티 아·니샤·ᄆᆞᆯ 重·히 너·
기뇌다 ᄒᆞ시·니 ·이 ·ᄯ 禪家읫 法格에 :말·ᄉᆞ미·로다(62b. 9 -
63a. 4)

【현대역】본분종사(本分宗師)가 이 구(句)를 온전히 드신 것이 나무인
형[木人]이 박자를 치며 노래 부르는 것과 붉은 화로에 눈 떨어지는 것
과 같으며 또 돌의 불과 번갯빛과 같은 것이라서 배우는 사람이 진실로
의심하여 의논(議論)하지 못할 것이로다. 그러므로 옛 사람이 스승의 은
택을 알고 이르시되 "선사(先師)의 도덕(道德)은 중히 여기지 않지만 오

직 선사(先師)가 나를 위하시어 설파(說破)하지 않으신 것을 중히 여깁니다.”라고 하시니 이것이 또한 선가(禪家)의 법의 격[法格, 맞는]에 말씀이로다.

【한자어 풀이】
1. 은택(恩澤) : 은혜와 덕택을 아울러 이르는 말.
2. 설파(說破) : 어떤 내용을 듣는 사람이 납득하도록 분명하게 드러내어 말함.
3. 법격(法格) : 법(法)의 격(格). 여기서는 선가(禪家)의 법에 마땅한 전통을 가리킨다.

【언해문 분석】
1. 本分宗師의 : 본분종사(本分宗師)가
   분석하면 ‘本分宗師 + 의(주어적 속격 조사)’이다.
2. 提ᄒ샤미 : 드신 것이
   기본형은 ‘제(提)ᄒ다’로 분석하면 ‘提ᄒ-(어간) + -샤-(주체 높임 선어말 어미) + -(오)ㅁ(명사형 어미) + 이(주격 조사)’이다.
3. 木人의 : 목인(木人)이
   분석하면 ‘木人 + 의(주어적 속격 조사)’이다.
4. 빅 : 박자
   ‘拍’을 언해한 것이다.
5. 티며 : 치며
   기본형은 ‘티다’로 분석하면 ‘티-(어간) + -며(나열의 연결 어미)’이다. 기본형은 ‘티다〉치다’로 구개음화(티〉치)하였다.
6. 놀애 : 노래
   〈왜어유해〉(상 42b)에는 ‘노ᄅᆡ’, 〈동국신속삼강행실도〉(1617)(忠 1, 5b)와 〈첩해신어〉(1676)(9 6a)에는 ‘놀래’로 나타난다.

7. 블룸과 : 부르는 것과

기본형은 '브르다'로 분석하면 '븗-(어간) + -움(명사형 어미) + 과 (공동격 조사)'이다.

8. 뻐러듀미 : 떨어지는 것과

기본형은 '뻐러디다'로 분석하면 '뻐러디-(어간) + -움(명사형 어미) + 이(비교격 조사)'이다. 어간형 '뻐러디-'는 '뻘-(振, 어간) + -어 (부사형 연결 어미) + 디-(落, 어간)'가 결합한 통사적 복합어이다. 기본형은 '뻐러디다〉써러지다〉떨어지다'로 변화하였다.

9. 돌햇블과 : 돌의 불과

분석하면 '돓(명사) + 애(처소격 조사) + ㅅ(관형격 조사) + 블(명사) + 과(공동격 조사)'이다. 어형은 '블〉불'로 원순모음화(ㅡ〉ㅜ)하였다.

10. 번갯빗치 : 번갯빛과, 번갯불과

분석하면 '번개(명사) + ㅅ(사이시옷) + 빗(명사) + ㅊ + 이(비교격 조사)'이다. 어간 '빛-'의 'ㅊ'은 8종성법에 의하여 'ㅅ'으로 표기되었고 뒤의 'ㅊ'은 '빛'의 중철표기이다.

11. ㄱ톤 디라 : 같은 것이라

분석하면 'ㄱᆮ-(어간) + -오-(의도법 선어말 어미) + -ㄴ(관형형 어미) + ᄃ(의존 명사) + 이(서술격 조사) + -라(원인의 연결 어미)'이다.

12. 너기뼈 : 의심하여, 생각하여

기본형은 '너기쁘다(擬)'로 분석하면 '너기쁘-(어간) + -어(부사형 연결 어미)'이다. 여기에서는 의심쩍어 하는 것을 말한다.

13. 아숩고 : 알고, 아옵고

기본형은 '알다'로 분석하면 '알-(어간) + -숩-(객체 높임 선어말 어미) + -고(나열의 연결 어미)'이다. '-숩-'은 앞의 '스승의 은택'을 높인 것이다.

14. 너기디 : 여기지, 생각하지

기본형은 '너기다'로 분석하면 '너기-(어간) + -디(부정 부사형 연결 어미)'이다.

15. 아니커니와 : 않지만, 아니하지만, 아니하거니와

기본형은 '아니ᄒ다'로 분석하면 '아니ᄒ-(어간) + -거니와(양보의 연결 어미)'이다.

16. 아니샤몰 : 않으신 것을, 아니하신 것을

기본형은 '아니ᄒ다'로 분석하면 '아니(ᄒ)-(어간) + -샤-(주체 높임 선어말 어미) + -(오)ㅁ(명사형 어미) + 올(목적격 조사)'이다.

17. 禪家윗 : 선가(禪家)의

분석하면 '禪家 + 의(특이 처소격 조사) + ㅅ(관형격 조사)'이다.

18. 너기뇌다 : 여깁니다

기본형은 '너기다'로 분석하면 '너기-(어간) + -ᄂ-(현재 시상 선어말 어미) + -오-(의도법 선어말 어미) + -ㅣ다(ᄒ야쎠체 설명형 종결 어미)'이다.

【주】 箭穿江月影은 須是射鵰人ㅣ어다(63a, 4 - 63a, 4)

【주 현대역】 화살이 강의 달그림자를 꿰뚫은 것은 필시 수리를 쏜 사람이도다.

【주 한자어 풀이】

1. 사조인(射鵰人) : 독수리를 쏜 사람. 곧 활솜씨가 뛰어난 사람을 말한다. 선(禪)에 묘리를 꿰뚫는 것도 이와 같아서 크게 깨달으려면 독수리 쏘는 사람과 같이 되어야 함을 이른 말이다.

大抵學者と 先須詳辨宗途 | 어다

【원문】大抵學者と 先須詳辨宗途 | 어다 昔에 馬祖一喝也
애 百丈이 耳聾ᄒ시고 黃蘗이 吐舌ᄒ시니 這一喝이 便是拈
花消息 | 시며 小是達摩의 初來底面目 | 시니 吁 | 라 此이 臨
濟宗之淵源也 | 샷다(63a, 5 - 63a, 9)

【현대역】 무릇 배우는 사람은 먼저 모름지기 종파의 갈래를 자세히 구
별할지어다. 옛날에 마조(馬祖)의 일할(一喝)에 백장(百丈)이 귀먹으시
고 황벽(黃蘗)이 혀를 뱉으시니, 이 일할이 곧 염화(拈花)의 소식(消息)
이시며 또한 달마(達摩)가 처음 오신 면목(面目)이시니, 아! 이것이 임제
종(臨濟宗)의 연원(淵源)이셨도다.

【한자어 풀이】
1. 종도(宗途) : 종파의 계보(系譜).
2. 마조(馬祖) : 마조도일(馬祖道一, 709-788). 당나라 선사. 속성은 마
   (馬)씨이고 시호는 대적선사(大寂禪師)이다. 19세 때 출가하여 혜능
   (彗能) 문하의 남악회양(南嶽懷讓, 677-744)의 법을 이었다. 문하에
   백장회해(百丈懷海)·대매법상(大梅法常)·남천보원(南泉普願) 등
   130여명의 제자를 배출하여 남악의 종풍을 일시에 융성하게 하였는
   데 후일 임제종(臨濟宗)으로 발전하였다. 저서에 〈마조도일선사어록
   (馬祖道一禪師語錄)〉 1권이 있다.
3. 백장(百丈) : 백장회해(百丈懷海, 720-814). 속성은 왕(王氏)씨 이고

시호는 대지선사(大知禪師)이다. 출가 후 마조도일(馬祖道一)을 스승으로 섬겼다. 백장회해는 기존의 계율 즉 사찰에 머물며 계율을 준수하고 악을 짓지 않으며 선을 행해야 한다는 형식을 깨고, 승려들도 농사를 짓거나 숲을 가꾸는 등의 노동을 하는 것 또한 보시로 보는 등 좌선의 법도를 새롭게 구체화하였다.

4. 황벽(黃蘗) : 황벽희운(黃蘗希運, ?-850). 시호는 단제(斷際)이다. 어려서 홍주(洪州) 황벽산에 출가한 후 백장산(百丈山)의 백장회해(百丈懷海)의 제자가 되어 그의 현지(玄旨)를 이어받았다.

5. 염화소식(拈花消息) : 염화(拈花)의 소식(消息). 염화소식이란 염화미소와 같다. 즉 말로 통하지 아니하고 마음에서 마음으로 전하는 일. 석가모니가 영산회(靈山會)에서 연꽃 한 송이를 대중에게 보이자 마하가섭만이 그 뜻을 깨닫고 미소 지으므로 그에게 불교의 진리를 주었다고 하는 데서 유래한다.

【언해문】大抵호·디 學者는 몬져 모:로·미 宗途·를 仔細·히 글희:욜·디어다 :녜 馬祖ㅣ 一喝·ᄒ샤매 百丈이 ·귀 머·그시고 黃蘗이 ·혀 비·와ᄃ시·니 ·요 一喝이 ·곧 ·이 拈花·ᄒ:샨 消息ㅣ시·며 ·ᄯ ·이 達摩·의 ·처섬 ·오:샨 面目ㅣ시·니 어:와 ·이 臨濟宗·의 淵源ㅣ·샷다(63b, 1- 63b, 3)

【현대역】무릇 배우는 사람은 먼저 모름지기 종파의 갈래를 자세히 가릴지어다. 옛적 마조(馬祖)가 한 번 할(喝)하심에 백장(百丈)이 귀먹으시고 황벽(黃蘗)이 혀 뱉으시니 일할(一喝)이 곧 이 염화(拈花)하신 소식(消息)이시며 또 이것이 달마(達摩)의 처음 오신 면목(面目)이시니, 아! 임제종(臨濟宗)의 연원(淵源)이셨도다.

【언해문 분석】
1. 글희욜디어다 : 가릴지어다

기본형은 '굴히이다'로 분석하면 '굴히이-(어간) + -오-(의도법 선어말 어미) + -ㄹ디어다(설명형 종결 어미)'이다. 어간형 '굴히이-'는 '굴히-(어근) + -이(사동의 파생 접사)'이다.

2. 녜 : 옛적, 오래전

'녜'는 명사로도, 부사로도 사용되는 단어이다. 여기서는 명사로 사용되었다.

3. 비와ᄃ시니 : 뱉으시니, 토하시니

기본형은 '비왇다'로 분석하면 '비왇-(어간) + -ᄋ시-(주체 높임 선어말 어미) + -니(설명의 연결 어미)'이다. 〈두시언해중간본〉(1632) (25, 32b)에 '비왇다'의 형태도 보인다.

4. 達摩의 : 달마(達摩)가

분석하면 '達摩(명사) + 의(주어적 속격 조사)'이다.

5. 처섬 : 처음

이 책의 다른 곳에서는 '처엄'으로 나타나는데 유일하게 이곳에서만 '처섬'으로 나타난다. 어형은 '처섬〉처엄〉처음'으로 변화하였다.

6. 오샨 : 오신

기본형은 '오다'로 분석하면 '오-(어간) + -샤-(주체 높임 선어말 어미) + (-오-)(의도법 선어말 어미) + -ㄴ(관형형 어미)'이다.

7. 面目ㅣ시니 : 면목이시니

분석하면 '面目(명사) + ㅣ(서술격 조사) + -시-(주체 높임 선어말 어미) + -니(원인의 연결 어미)'이다.

8. 어와 : 아!

【주1】杖子一枝無節目ㅣ어늘 殷勤分付夜行人ᄒ샷다(63b, 3 - 63b, 4)

【주1 현대역】마디 없는 주장자 하나이거늘 은근히 밤길 가는 사람에게 주셨도다.

【주1 한자어 풀이】

1. 장자(杖子) : 주장자(拄杖子). 선사(禪師)들이 좌선할 때에나 설법할
   때에 지니는 지팡이를 말한다.

【주2】昔에 馬祖 一喝애 百丈이 得大機ᄒ시고 黃蘗이 得大
用ᄒ시니 事見傳燈錄ᄒ니라 大凡 祖師 宗途ㅣ 有五ᄒ시니
曰臨濟宗과 曰曹洞宗과 曰雲門宗과 曰潙仰宗과 曰法眼宗ㅣ
라(63b, 4- 63a, 6)

【주2 현대역】옛적 마조(馬祖)의 일할(一喝)에 백장(百丈)이 대기(大
機)를 얻으셨고 황벽(黃蘗)이 대용(大用)을 얻으셨으니, 일이 〈전등록
(傳燈錄)〉에 나타나 있다. 무릇 조사(祖師)의 종파는 다섯이 있으니 이
르기를 임제종(臨濟宗)과 조동종(曹洞宗)과 운문종(雲門宗)과 위앙종
(潙仰宗)과 법안종(法眼宗)이다.

【주2 한자어 풀이】

1. 대기(大機) : 선승의 훌륭한 행동이나 대승(大乘)의 가르침을 들을만
   한 자질.
2. 대용(大用) : 위대한 역량. 큰 작용.
3. 전등록(傳燈錄) : 송(宋)나라 승천도원(承天道源)이 1004년에 쓴 불
   서(佛書)이다. 과거 칠불(過去七佛)에서 석가모니불을 거쳐 28조 달
   마에 이르는 인도 선종의 조사들과 달마 이후 법안(法眼)의 법제자들
   에 이르기까지 중국의 전등법계(傳燈法系)를 밝혀놓은 책이다.

臨濟宗 임제종

【원문】本師釋迦佛로 至三十三世六祖慧能大師下直傳ㅣ시니 曰南嶽懷讓과 曰馬祖道一과 曰百丈懷海과 曰黃蘗希運과 曰臨濟濟義玄과 曰興化存奬과 曰南院道顯과 曰風穴延沼과 曰首山省念과 曰汾陽善昭과 曰慈明楚圓과 曰楊歧方會과 曰白雲守端과 曰五祖法演과 曰圓悟克勤과 曰徑山宗杲禪師等ㅣ니라(63b, 6 - 64a, 1)

【현대역】본사(本師)인 석가불(釋迦佛)로부터 33세(世)에 이르는 육조혜능대사(慧能大使)가 아래로 곧바로 전하셨으니 이르기를 남악회양(南嶽懷讓)과 마조도일(馬祖道一)과 백장회해(百丈懷海)와 황벽희운(黃蘗希運)과 임제의현(臨濟義玄)과 흥화존장(興化存奬)과 남원도옹(南院道顯)과 풍혈연소(風穴延沼)와 수산성념(首山省念)과 분양선소(汾陽善昭)와 자명초원(慈明楚圓)과 양기방회(楊歧方會)와 백운수단(白雲守端)과 오조법연(五祖法演)과 원오극근(圓悟克勤)과 경산종고(徑山宗杲) 선사(禪師) 등이다.

【한자어 풀이】
1. 본사(本師) : 석가모니불을 말한다.
2. 삽십삼세(三十三世) : 선종의 계보를 잇는 33조사. 1조 마하가섭(摩訶迦葉)부터 33조 혜능대사까지를 말한다. 서천 28조에 보리달마부터 중국으로 이어지는 것을 알 수 있다.

3. 남악회양(南嶽懷讓) : 육조(六祖) 혜능대사의 전법(傳法) 제자.

4. 마조도일(馬祖道一) : 남악회양(南嶽懷讓)의 법을 이었다.

5. 백장회해(百丈懷海) : 마조도일(馬祖道一)의 법을 이었다.

6. 황벽희운(黃蘗希運) : 백장회해(百丈懷海)의 법을 이었다.

7. 임제의현(臨濟義玄) : (?-867). 속성은 형(邢)씨. 임제종의 개조(開祖)로 조주(曹州) 남화(南華) 사람이다. 어릴 때부터 총명하고 재기가 있었다. 불교에 마음을 두고 출가하여 고승들을 찾아다니며 공부하여 황벽희운(黃蘗希運)의 법을 이었다. 시호는 혜조선사(慧照禪師)이고 저서로는 <鎭州臨濟慧照禪師語錄>이 있다.

8. 흥화존장(興化存獎) : (830-888). 속성은 공(孔)씨. 흥화(興化)는 주석했던 산 이름. 임제의현(臨濟義玄)의 법사(法嗣) 삼성혜연(三聖慧然)에게 배운 뒤 남쪽으로 내려가 대각사의 원주가 되었다. 삼봉암에 은거하다가 임제의현의 제자가 되어 그의 법을 이었다. 시호는 광제(廣濟)이다. 어록으로 〈興化禪師語錄〉이 전해진다.

9. 남원도옹(南院道顒) : (860-930). 혜옹(慧顒)이라고도 함. 흥화존장의 법을 이어받은 임제종 제3세이다.

10. 풍혈연소(風穴延沼) : (896-973). 지공(智恭)에게 삭발·수계하여 천태(天台)를 수학하다가 남원도옹의 법을 이어받았다.

11. 수산성념(首山省念) : (926-993). 풍혈연소(風穴延沼)의 법을 이어받았다. 처음에 〈法華經〉을 항상 독송하였으므로 염법화(念法華)라고도 불렀다.

12. 분양선소(汾陽善昭) : (947-1024). 수산성념의 법을 듣고 깨달아 그 법을 이었다.

13. 자명초원(慈明楚圓) : (986-1040). 분양선소 문하에 가서 2년이 넘도록 있었으나 입실을 허락받지 못하였다. 이에 불만을 표현하려는데 선소(善昭)가 입을 막자 이에 깨달았다고 한다. 자명초원의 선풍은 엄한 것으로 세상에 알려져 있다.

14. 양기방회(楊岐方會) : (996-1049). 임제종의 양기파(楊岐派)의 시조
    이다. 어려서 출가하여 스승을 찾아 각처를 역방(歷訪)하다가 자명초
    원에게서 불법을 배우고 그 법통을 이어 임제종의 제8조사가 되었다.

15. 백운수단(白雲守端) : (1025-1072). 여러 곳에서 참학한 후 양기방
    회에게서 참구하여 법을 이었다.

16. 오조법연(五祖法演) : (1024-1104). 성도(成都)에 가서 유식론(唯識
    論)과 여러 논(論)을 배워 깊고 묘한 이치를 연구하였다. 교문(敎門)
    에 의혹을 품고 이를 몸소 증득하고 체험하기 위해 성도를 떠나 원조
    (圓祖)를 찾고 다시 부산법원(浮山法遠)을 만나서 그 법을 이어받았
    다. 부산법원의 권유로 백운수단을 만나서 그 법을 이었다.

17. 원오극근(圓悟克勤) : (1063-1135). 집안이 대대로 유교를 숭상했는
    데, 어릴 때 묘적사(妙寂寺)에 갔다가 전생에 불가에 인연이 있다고
    생각하여 출가했다. 임제종이 오조(五祖) 법연의 제자가 되어 법을
    계승하였다.

18. 경산종고(徑山宗杲) : (1088-1163). 17세에 출가하여 조동종의 여러
    스님들을 섬기다가 마침내 원오극근의 법을 받았다.

曹洞宗 조동종

【원문】六祖下傍傳ㅣ시니 曰靑原行思과 曰石頭希遷과 曰藥山惟儼과 曰雲巖曇晟과 曰洞山良价과 曰曹山耽章과 曰雲居道膺禪師等ㅣ니라(64a, 1 - 64a, 3)

【현대역】6조에서 아래로 방계(傍系)로 전해진 것이니 이르기를 청원행사(靑原行思)와 석두희천(石頭希遷)과 약산유엄(藥山惟儼)과 운암담성(雲巖曇晟)과 동산량개(洞山良价)와 조산탐장(曹山耽章)과 운거도응(雲居道膺) 선사 등이다.

【한자어 풀이】

1. 방전(傍傳) : 부처 이후 33조사에 의해 대대로 전해져 오던 의발(衣鉢)이 6조에서 없어진 것은 불법을 대중화하기 위한 것이다. 그러니 정통이니 방전이니 하는 말은 있을 수 없는 일이다. 그러나 선종의 다섯 파가 생긴 이래 임제종이 가장 흥하였으므로 그 문도들이 자기네 문파를 내세우기 위하여 다른 종파를 방전이라 한 것이다.

2. 청원행사(靑原行思) : (?-740). 어려서 출가하여 6조 혜능에게 법을 받아 임제종의 남악회양과 더불어 그 법통을 이었다. 조동종의 7조가 되었는데 그 계통에서 조동종 이외에 법안·운문의 2종(宗)이 나와 당말(唐末)에서 송초(宋初)에 걸쳐 크게 발전하였다.

3. 석두희천(石頭希遷) : (700-790). 6조 혜능을 사사하였으나 혜능이 죽은 뒤에 청원행사에게 참학하고 인가(印可)를 받았다.

4. 약산유엄(藥山惟儼) : (751-834). 17세에 출가하여 혜조(慧照)에게 서 경과 율을 익히다가 석두희천을 만나 도를 전해 듣고 호남성 약산 (藥山)에서 도를 전파하였다.

5. 운암담성(雲巖曇晟) : (782-841). 16세에 출가하여 수년 동안 백장회 해를 모시고 공부를 하다가 백장이 입적한 뒤 약산유엄의 법을 전해 받고 호남성 담주 운암산에서 종풍을 드날렸다.

6. 동산량개(洞山良价) : (807-869). 어릴 때에 출가하여 21세 때에 숭 산(嵩山)에서 구족계(具足戒)를 받고 이어서 여러 고승을 찾았는데, 영우(靈祐)의 지시에 따라 운암담성을 찾아 선지(禪旨)를 크게 깨닫 고 그의 법을 계승하였다.

7. 조산탐장(曹山耽章) : (839-901). 19세에 출가하여 동산량개의 법을 잇고 무주의 길수(吉水)에서 법을 폈다.

8. 운거도응(雲居道膺) : (?-902). 어려서 출가히여 동산량개에게 참학하 여 인가를 얻고, 무주의 운거산(雲居山)에 머물며 선풍을 일으켰다.

雲門宗 운문종

【원문】馬祖傍傳ㅣ시니 曰天王道悟과 曰龍潭崇信과 曰德山宣鑑과 曰雪峯義存과 曰雲門文偃과 曰雪竇重顯과 曰天衣義懷禪師等ㅣ니라(64a, 3 - 64a, 5)

【현대역】 마조(馬祖)에서 방계로 전해진 것이니 이르기를 천왕도오(天王道悟)와 용담숭신(龍潭崇信)과 덕산선감(德山宣鑑)과 설봉의존(雪峯義存)과 운문문언(雲門文偃)과 설두중현(雪竇重顯)과 천의의회(天衣義懷) 선사 등이다.

【한자어 풀이】

1. 천왕도오(天王道悟) : (748-807). 14세에 출가하여 경산도흠·마조도일·석두희천 들을 두루 참방하여 법을 얻고 형주 천황사(天皇寺)에서 법을 크게 펴서 세상에 천황문풍(天皇門風)이라는 말이 유행했다.

2. 용담숭신(龍潭崇信) : 생몰연대 미상. 부모가 천황사 근처에서 떡장사를 하였는데 그 절에 있던 천왕도오에게 떡을 공양하다가 그것이 인연이 되어 출가하여 법을 받았다고 한다.

3. 덕산선감(德山宣鑑) : (780-865). 처음에 율(律)과 유식(唯識)을 공부하였다. 〈금강경〉에 정통하여 그 강설을 잘하여 '周金剛'이라 불렀다. 선을 닦아 용담숭신의 법을 잇고 6조 혜능의 제자인 청원행사(靑原行思) 밑에서 세5조가 되었다.

4. 설봉의존(雪峯義存) : (822-908). 12세 때에 아버지를 따라 옥산사

(玉澗寺)에 갔다가 그 길로 출가하여 17세 때에 삭발하고 법휘를 의존(義存)이라 하였다. 마조도일의 제자 염관(鹽官)과 동산량개(洞山良价) 선사를 찾아가 도를 묻고, 뒤에 덕산선감의 법을 이었다.

5. 운문문언(雲門文偃) : (864-949). 어릴 때부터 출가에 뜻을 두었으며 17세 때에 출가하여 20세 때에 구족계를 받았다. 중국 선종 5가의 하나로서 당말에서 북송대에 걸쳐 성행한 운문종의 개조이다.

6. 설두중현(雪竇重顯) : (980-1052). 중국 선종의 일파인 운문종의 스님이다. 20세 때 부모를 여의고 곧 출가하여 처음에는 성도(成都) 보안원(普安院)의 인선(仁銑)과 지문광조(智門光祚)에게 사사하였다.

7. 천의의회(天衣義懷) : (986-1060). 출가하여 설두중현(雪竇重顯) 선사를 모시고 온갖 고행을 하였다.

【원문】百丈傍傳 | 시니 曰潙山靈祐과 曰仰山慧寂과 曰香
嚴智閑과 曰南塔光涌과 曰芭蕉慧淸과 曰霍山景通과 曰無着
文喜禪師等 | 니라(64a, 5 - 64a, 7)

【현대역】백장에서 방계로 전해진 것이니 이르기를 위산영우(潙山靈
祐)와 앙산혜적(仰山慧寂)과 향엄지한(香嚴智閑)과 남탑광용(南塔光涌)
과 파초혜청(芭蕉慧淸)과 곽산경통(霍山景通)과 무착문희(無着文喜) 선
사 등이다.

【한자어 풀이】

1. 위산영우(潙山靈祐) : (771-853). 고덕(古德)을 이른다. 15세 때에 출
   가하여 대·소승을 연구하고 23세에 백장회해 선사를 찾아 심법을 배
   워 상수(上首) 제자가 되었다.
2. 앙산혜적(仰山慧寂) : (803-887). 어려서부터 출가의 뜻을 보였으나
   부모의 반대에 부딪쳐 손가락 2개를 자르고 원을 세워 17세에 출가하
   였다. 위산영우를 참문한 뒤에 깨쳤다.
3. 향엄지한(香嚴智閑) : (?-898). 어려서 출가하여 백장면목(百丈面
   目)이라는 화두를 수행하여 깨달음을 얻기도 전에 백장회해가 죽자
   위산영우를 찾아가 수행하여 그 법을 이었다.
4. 남탑광용(南塔光涌) : (850~938). 그가 태어날 때에 이상한 빛이 집
   을 비추어 외양간의 말이 놀랐다하여 광용(光涌)이라고 하였다고 한

다. 앙산혜적에게 머리를 깎고 그 법을 받았다.

5. 파초혜청(芭蕉慧淸) : 본래 신라 사람으로 중국에 들어가 남탑광용 선사를 참배하여 법을 듣고 깨쳤다. 그 법을 이어서 파초산(芭蕉山) 에서 전도하였다.

6. 곽산경통(霍山景通) : 세속 인연은 자세히 알려진 것이 없다. 처음 앙 산혜적을 참배하였는데 앙산이 등나무 지팡이로 네 번 때렸다. 그 때 부터 경통은 '集雲峰下 四藤條 天下大仙佛'이라고 자칭하였다.

7. 무착문희(無着文喜) : (820~899). 7세에 출가하여 경을 공부하고 화 엄법사 징관(澄觀)에게 화엄 교리를 배웠다. 홍극 관음사에서 앙산혜 적의 말 한마디에 크게 깨치고 법을 이었다.

法眼宗 법안종

【원문】雪峰傍傳ㅣ시니 曰玄沙師備과 曰地藏桂琛과 曰法眼文益과 曰天台德韶과 曰永明延壽과 曰龍濟紹修과 曰南臺守安禪師等ㅣ라(64a, 7 - 64a, 9)

【현대역】 설봉(雪峰)에서 방계로 전해진 것이니 이르기를 현사사비(玄沙師備)와 지장계침(地藏桂琛)과 법안문익(法眼文益)과 천태덕소(天台德韶)와 영명연수(永明延壽)와 용제소수(龍濟紹修)와 남대수안(南臺守安) 선사 능이다.

【한사어 풀이】

1. 현사사비(玄沙師備) : (835-908). 30세 때에 부용산 영훈(靈訓) 선사에게 출가하여 864년에 개원사 도현(道玄) 율사로부터 구족계를 받았다. 수행 초기부터 의식을 절제하며 극단적인 고행을 하였고 스승인 설봉의존은 그를 비두타(備頭陀)라 부르며 지도하였다. 설봉을 따라 상골산에 들어가 수행 정진하던 중 〈능엄경〉을 읽다가 깨달았다.

2. 지장계침(地藏桂琛) : (867-928). 20세에 출가하여 현사사비 선사의 법을 받았다.

3. 법안문익(法眼文益) : (885-958). 7세에 출가하여 개원사에서 구족계를 받았다. 육왕사의 희각율사 문하에서 율을 익히고 유학과 문학을 배웠다. 지장계침으로부터 선법을 이어받은 뒤 임천의 숭수원(崇壽院)과 금릉의 보은원(報恩院)에 머물렀으며 건강 청원사에서 법안종을 일

으키고 종풍을 떨쳤다.

4. 천태덕소(天台德韶) : (891-975). 15세에 출가하여 여러 곳을 다니며 도를 묻고 법안문익 선사를 찾아 법을 문답하였다. 문익 선사의 법문을 듣고 확연히 의심이 풀리어 그 법을 이었다.

5. 영명연수(永明延壽) : (904-975). 일찍이 불법에 뜻을 두어 오신채(五辛菜 마늘, 달래, 무릇, 김장파, 실파)를 먹지 않았으며 20세부터는 하루 한끼를 먹으며 〈묘법연화경〉을 읽었다. 28세 때 관리에 등용되었으나 백성들로부터 거둔 세금을 모두 방생에 사용해 체포되었다. 문목왕(文穆王)은 그의 뜻이 출가에 있음을 알고 출가를 허락하였다. 31세 때에 출가하여 수행을 시작한 뒤 천태덕소의 제자로서 법안종 3조가 되어 법을 이었다.

6. 용제소수(龍溪紹修) : 생몰연대 미상. 처음에 법안문익과 함께 지장계침에게 참학하였다. 뒤에 '만상 가운데 드리닌 몸'에 내해 법안과 문답하다가 막히자 계침에게 다시 그 뜻을 묻고 의혹을 풀어 깨달았다.

7. 남대수안(南臺守安) : 생몰연대 미상. 지장계침의 법을 이었다. 뒤에 숭산의 남대에 있었으므로 남대라 불리게 되었다.

臨濟家風 임제가풍

【원문】赤手單刀로 殺佛殺祖로다 辨古今於玄要ㅣ오 驗龍蛇於主賓ㅣ로다 操金剛寶釼ᄒ샤 掃除竹木精靈ᄒ시고 奮獅子全威ᄒ샤 震裂狐狸心膽ㅣ샷다 要識臨濟宗麼아 靑天轟霹靂ㅣ오 平地起波濤ㅣ로다(64a, 9 -64b, 3)

【현대역】맨손에 칼 한 자루로 부처도 죽이고 조사도 죽이는도다. 예나 지금을 현요(玄要)로 분별하고 용사(龍蛇)를 주빈(主賓)으로 알아내는도다. 금강보검(金剛寶釼)을 쥐고서 죽목성녕(竹木精靈)을 쓸어내시고 사자의 온갖 위엄을 떨쳐 여우와 살쾡이의 심담(心膽)을 서늘하게 하시는도다. 임제종을 알기를 원하는가? 푸른 하늘에 벼락치고 평지에 파도가 일어나는도다.

【한자어 풀이】

1. 임제가풍(臨濟家風) : 임제종의 가풍. 대기대용(大機大用)을 잘 밝혔으며 다른 종파의 장점을 잘 흡수하여 오늘날까지 동아시아 선종을 대표하는 종파가 되었다.

2. 가풍(家風) : 종풍(宗風) 또는 문풍(門風)이라는 뜻이다.

3. 적수단도(赤手單刀) 살불살조(殺佛殺祖) : 임제가풍의 대표적 문구이다. 살(殺)은 없앤다는 것으로 망념을 없앤다는 뜻이다. 법계일여(法界一如)라고 하여 구해야 할 부처도 없고 버려야 할 자기도 없음을 나타낸다. 즉 부처와 조사를 수행상의 지표로서 의식하면서도 그것

에 사로잡히지 않는 것을 말한다.

4. 현요(玄要) : 삼현과 삼요. 현(玄)은 불법 또는 불법의 근본 취지를 말한다. 이곳에서 현요(玄要)는 종사의 눈을 말한다.

5. 용사(龍蛇) : 용과 뱀. 용은 성인이고 뱀은 범부이다.

6. 금강보검(金剛寶釰) : 금강같이 견고한 칼. 반야의 지혜는 능히 일체의 번뇌를 베는 힘이 있으므로 금강보검에 비유한다.

7. 죽목정령(竹木精靈) : 대나무와 나무의 도깨비. 범부의 어리석은 생각을 말한다.

8. 사자전위(獅子全威) : 사자의 위엄. 〈열반경〉에 사자가 코끼리를 잡을 때에도 전력을 다하고 토끼를 잡을 때에도 있는 힘을 다하듯이 부처님이 설법하는 데에도 보살을 위해서나 어리석은 중생을 위해서나 똑같음을 이르는 말이다.

曹洞家風 조동가풍

【원문】權開五位호샤　善接三根호시며　橫抽寶釰호샤　斬諸見稠林호시고　妙恊弘通호샤　截萬機穿鑿ㅣ샷다 威音那畔애 滿目烟光이오　空劫已前에　一壺風月이로다 要見曹洞宗麼아 佛祖未生空劫外예 正偏不落有無機로다(64b, 3 - 64b, 6)

【현대역】권모(權謀)로 오위(五位)를 열어 삼근(三根)을 잘 다루며 보검을 빼어 모든 사견의 번뇌를 베시고 널리 통하는 길을 신묘하게 맞추어 만기(萬機)를 끊어 천착(穿鑿)하시는구나. 위음니반(威音那畔, 최초의 부처)부터 있던 눈에 가득한 풍광이고 공겁이전(空劫以前)부터 있던 풍경소리로다. 조동종(曹洞宗)을 알기를 원하는가? 부처나 조사가 태어나기 전의 공겁 밖의 바른 것이나 치우친 것은 있고 없음에 빠지지 않도다.

【한자어 풀이】

1. 조동가풍(曹洞家風) : 조동종의 가풍. 법신(法身)의 실상인 향상(向上)을 밝혔다. 매우 친절하고 면밀한 가운데 묻고 답하며 서로 묘용을 드러내는 방법상의 조작을 허용한다.

2. 오위(五位) : 조동오위(曹洞五位)를 말한다. 중생의 상중하 여러 근기에 맞추어 고루 교화하기 위하여 바름(正)과 치우침(偏)의 두 가지 도리를 서로 합치기도 하고 나누기도 하여 다섯 가지 법의 자리를 열어 보인 것이다. 바름은 체(體)·군(君)·암(暗)·이(理)·공(空) 등을 상징하며 치우침은 용(用)·신(臣)·명(明)·사(事)·색(色)을 상징한다.

3. 제견조림(諸見稠林) : 제견(諸見)은 모든 사견을 가리키며 모두 62견
   이 있다. 조림(稠林)은 초목이 많고 무성한 숲으로 중생의 잘못된 견
   해 또는 번뇌가 무성한 것을 있는 그대로 나타낸 말이다. 즉 중생이
   많은 사견을 가지고 분별과 번뇌의 숲에 들어간다는 뜻이다.

4. 만기(萬機) : 모든 생각의 기틀.

5. 천착(穿鑿) : 차근차근 따져서 알아가는 것이다.

6. 위음나반(威音那畔) 만목연광(滿目烟光) : 위음나반(威音那畔)은 위
   음이전(威音已前)과 같은 말로 위음왕불(威音王佛)이 이 세상에 출현
   하기 이전이라는 뜻이다. 세상에 출현하기 이전이라는 것은 세계·우
   주가 나타나기 이전을 말한다. 일체의 사량분별을 끊어 완전히 무가
   되어 버린 것을 비유하는 말이다.

雲門家風 운문가풍

【원문】釼鋒有路ㅣ오 鐵壁無門ㅣ로다 掀飜露布葛藤ㅎ시며 剪却常情見解ㅣ샷다 迅電에 不及思量ㅣ어니 烈焰에 寧容湊泊ㅣ리오 要識雲門宗麼아 柱杖子ㅣ 蹄上天ㅣ어늘 盞子裏예 諸佛說法ㅣ샷다(64b, 6 - 64b, 8)

【현대역】칼날[釼鋒]에는 길이 있고 철벽(鐵壁)에는 문이 없도다. 노포(露布)의 갈등을 뒤집으시며 일상적인 견해를 잘라버리셨도다. 번갯불처럼 빨라서 생각[思量]에 이를 수 없으니 활활 타는 불꽃 속에 어찌 머물 수 있겠는가. 운문종(雲門宗)을 알기를 원하는가? 주장자(柱杖子)가 하늘로 올라갔는데 잔속에 부처님들이 설법하셨도다.

【한자어 풀이】

1. 운문가풍(雲門家風) : 운문종의 가풍. 종지(宗旨)는 관념적 사유 체계를 부수고 임제종과 유사하게 본성을 보고 마음을 밝히는 돈오에 있다고 본다.

2. 검봉(釼鋒) : 칼날. 반야를 비유한 말인데 온갖 분별과 망상에서 벗어나 존재의 참모습을 알아 성불에 이르게 되는 마음의 작용을 뜻한다.

3. 철벽(鐵壁) : 쇠로된 벽으로 불교에서는 뚫을 수 없는 것을 비유한다.

4. 흔번(掀翻) : 뒤집는다는 말이다.

5. 노포(露布) : 조서(詔書) 등이 봉함[大緘]을 요하는 것에 반하여 봉함을 요하지 않고 노출된 채로 널리 공중의 띄워 눈에 보이도록 하는

것을 말한다.

6. 신전(迅電) : 번갯불처럼 빠르다는 것을 말한다.

7. 열염(烈焰) : 활활 타는 불꽃.

8. 주박(湊泊) : 배를 댄다는 말로 선원에 참선자들이 수행을 위해 많이
   모여든다는 뜻이다.

9. 주장자(柱杖子) : 선사들이 가지고 다니는 지팡이. 선(禪)의 극의(極
   意)를 상징하기도 한다.

10. 잔자리(盞子裏) : 잔속.

潙仰家風 위앙가풍

【원문】師資唱(和)ᄒ시며 父子一家ㅣ샷다 脇下書(字)애 頭角崢嶸ㅣ오 室中驗人에 獅子腰折ㅣ로다 離四句絕百非 一搥粉碎ᄒ시고 有兩口無一舌九曲珠通ㅣ샷다 要識潙仰宗麽아 斷碑橫古路ㅣ어늘 鐵牛眠少室ㅣ로다(64b, 9 - 65a, 2)

【현대역】스승이 부르면 (화답)하시며 아버지와 자식이 일가(一家)를 이루셨도다. 옆구리에 (글자)를 쓰니 머리 뿔이 뾰족 솟았고 방안에서 사람을 시험하니 사자 허리가 꺾였도다. 사구(四句)와 이별하고 백비(百非)를 끊어 한 망치로 분쇄(粉碎)하시고, 두 입은 있으되 하나의 혀가 없으며 아홉 구비 굽은 구슬을 꿰셨도다. 위앙종(潙仰宗)을 알기를 원하는가? 부러진 비석이 옛길에 쓰러졌는데 무쇠 소는 작은 집에서 잠자도다.

【한자어 풀이】

1. 위앙가풍(潙仰家風) : 위앙종의 가풍. 이 종지(宗旨)는 본래 깨끗한 마음의 본바탕을 바로 보아 부질없이 분별망상이나 익숙한 버릇에 이끌리지 않고 마치 가을 연못의 물처럼 맑고 깨끗하여 그대로 부처의 경지가 드러난 사람이 되는 것이라고 본다. 운문종처럼 천재성을 나타내지만 운문종이 겉과 속이 모두 천재적이라면 위앙종은 평범 속에서 천재성을 찾는 점이 다르다.

2. 사자창(화)(師資唱(和)) 부자일가(父子一家) : 원오선사(圓悟先師)가 위앙종을 노래한 말 가운데 나온다. 이는 스승과 제자, 아버지나 아

들 사이같이 그 생리가 같고 잘 조화되는 것을 말한다. 원문에는 '唱' 다음 글자가 나타나지 않는데 〈人天眼目〉卷6, 圓悟五家宗要에 "師資唱和, 父子一家 明暗交馳 語默不露"가 나오는 것을 보면 '和'가 생략된 것으로 보인다.

3. 협하(서)자(脇下(書)字) : 옆구리에 글자를 쓴다는 뜻으로 위산(潙山)의 설법을 듣고 앙산(仰山)이 크게 깨쳐 위앙종을 크게 드날린 사실을 비유한 뜻이다.

4. 사자요절(獅子腰折) : 위산(潙山)과 태상좌(泰上座) 간의 문답에서 나온 말이다. 위산이 소에게 먹이를 먹이는데 태상좌가 "한 터럭 끝에 사자가 나타난다면 묻지 않겠지만, 백억 터럭 끝에 백억 사자가 나타난다면 어떻게 하겠습니까?"라고 묻자 소를 타고 돌아갔다. 얼마 후 위산이 태상좌에게 "백억 터럭에 사자가 나타날 적에 터럭 앞에 나타나더냐 뒤에 나타나더냐?"라고 물으니 태상자가 "나타날 적에 앞뒤가 어디 있습니까?"라고 대답하자 위산이 웃으면서 "사자의 허리가 꺾였도다.[獅子腰折]"라 하고 갔다.

5. 이사구절백비(離四句絶百非) : 불교에서 중생들이 유무(有無) 대립 등 사견(邪見)에 사로잡힌 것을 구제하기 위해 설명할 때 쓰던 말이다. 삼론종(三論宗)과 선종(禪宗)에서 흔히 이 용어나 개념을 학인을 깨치는 데 사용하였다. 사구(四句)는 통상 '有・無・亦有亦無・非有非無'를 말한다. 백비(百非)는 백 가지 부정을 말하는데 '一・非一・亦一亦非一・非一非非一'의 4구와 '異・非異・亦異亦非異・非異非非異'의 4구, 그리고 유와 무에도 또한 각기 이러한 4구가 있어서 이 네 가지 4구를 합하면 16구가 된다. 이것을 과거・현재・미래의 3세에 각기 이런 16구가 있는 것으로 보면 48구가 되며, 그것을 다시 일어난 것과 아직 일어나지 않은 것에 곱하면 96구가 되며, 여기에 근본 '一・異 ・有・無'의 4구를 더하면 모두 백구가 된다.

6. 양구무일설(兩口無一舌) : 양산의 법어. 두 입은 대화할 수 있으나 한

혀가 없으니 대화는 끊어졌다. 불법(佛法)은 대화 밖에 있는 것이 아니지만 그렇다고 대화 속에 있는 것도 아니라는 뜻이다.

7. 구곡주통(九曲珠通) : 아무리 뚫기 어려운 구부러진 구멍도 텅 빈 지혜의 바늘만은 모두 꿰뚫는다는 뜻이다.

8. 단비횡고로(斷碑橫古路) 철우면소실(鐵牛眠少室) : 부러진 비석이 옛길에 쓰러졌다는 말로, 글자가 쓰인 옛 비석은 분별망상이므로 그 비석의 글을 잊어야 도인이 되며 무쇠소가 잠자는 것은 바로 한도인(閑道人)의 모습이라는 말을 비유한 뜻이다.

法眼家風 법안가풍

【원문】言中有響ㅣ오 句裏藏鋒ㅣ샷다 髑髏ㅣ 常干世界ㅣ
오 鼻孔ㅣ 磨觸家風ㅣ로다 風柯月渚ㅣ 顯露眞心ㅣ오 翠竹黃
花ㅣ 宣明妙法ㅣ로다 要識法眼宗麼이 風送斷雲歸嶺去ㅣ어
늘 月和流水過橋來ㅣ로다(65a, 3 - 65a, 5)

【현대역】 말 속에는 메아리가 있고 글귀 속에는 칼날이 감춰 있도다.
해골(髑髏)은 항상 세계를 간섭(干涉)하고 콧구멍은 가풍(家風)에 닿아
있도다. 바람 부는 나뭇가지와 달빛 비치는 물가가 참 마음을 드러내게
하고 푸른 대나무와 누런 꽃이 묘한 법을 밝게 하도다. 법안종(法眼宗)
을 알기를 원하는가? 바람이 조각구름을 몰아 고갯마루를 넘기는데 달
은 물에 흘러 다리를 지나오도다.

【한자어 풀이】

1. 법안가풍(法眼家風) : 법안종의 가풍. 종지는 있는 그대로의 모습 속
   에서 삼라만상의 실체를 발견 할 수 있다고 본다. 곧 유심(唯心)의 도
   리를 밝히는 것이다.

2. 촉루상간세계(髑髏常干世界) 비공마촉가풍(鼻孔磨觸家風) : 해골은 사
   량분별하는 우리의 의식 세계를 뜻한다. 콧구멍은 얼굴의 가운데 있는
   것으로서 어머니 태중에 있을 때 가장 먼저 생기는 것이며, 오관(五官)
   가운데고 가장 먼저 뚫리는 것이므로 흔히 본각(本覺)에 비유한다. 이
   구절은 인간의 의식 안에 들어 있는 세상의 모습에서 어머니 뱃속에

있을 때의 본래의 모습을 추구하는 기풍이 법안종이라는 뜻이다.

3. 취죽황화(翠竹黃花) 선명묘법(宣明妙法) : 푸른 대나무와 누런 꽃이 묘한 법을 밝게 한다는 뜻으로 현상계가 그대로 실상임을 나타내는 말이다.

4. 요식법안종마(要識法眼宗麼)이 : 한문 다음에 나오는 토 '이'는 '아'의 탈자이다.

5. 풍송단운귀령거(風送斷雲歸嶺去) 월화유수과교래(月和流水過橋來) : 바람이 조각구름을 몰아 고갯마루를 넘기는데 달은 물에 흘러 다리를 지나온다는 뜻으로 삼라만상이 그대로 실상인데 사람들이 분별심을 내어 나무니 달이니 하고 구별한다는 말이다.

別明臨濟宗旨 별명임제종지

【원문】大凡 一句中에 具三玄ᄒ고 一玄中에 具三要ᄒ니 一
句ᄂ 無文綵印ㅣ오 三玄三要ᄂ 有文綵印ㅣ며 權實ᄋ 玄ㅣ오
照用ᄋ 要ㅣ라(65a, 5 - 65a, 7)

【현대역】무릇 일구(一句) 속에 삼현(三玄)이 갖추어졌고 일현(一玄) 속
에 삼요(三要)가 갖추어졌으니 일구는 문체 없는 도장이고 삼현과 삼요는
문체 있는 도장이며 권실(權實)은 현(玄)이요 조용(照用)은 요(要)이다.

【한자어 풀이】

1. 별명임제종지(別明臨濟宗旨) : 별도로 밝힌 임제종의 종지.
2. 일구중(一句中) 구삼현(具三玄) : 일구(一句) 속에 삼현(三玄)이 갖추
   어있는 뜻으로 임제 자신이 한 말은 매우 간결하지만 그 뜻은 다양하
   다는 것을 말한다.
3. 무문채인(無文綵印) : 무문인(無文印). 부처의 심성 또는 불법의 구극
   절대(究極絶對)의 심성을 이름. 문자로도 모양으로도 표현할 수 없는
   도장이라는 뜻으로 모든 형상을 떠난 상태를 비유한다.
4. 삼현삼요(三玄三要) : 세 가지 현(玄)과 세 가지 요(要). 곧 구절 속에
   담긴 뜻을 말한다. 삼현에서는 어떤 방편과 진실의 뜻을 보인 것이
   고, 삼요에서는 한마디 말로써 상대를 시험해 보고 또한 격외(格外)
   의 도리를 제시하기도 한다.
5. 권실(權實) : 권도와 실장. 곧 방편과 진실을 말한다.
6. 조용(照用) : 비춤과 씀. 곧 반영과 작용을 말한다.

三句 삼구

【원문】第一句ᄂ 喪身失命ㅣ오 第二句ᄂ 未開口錯ㅣ오 第三句ᄂ 糞箕掃箒ㅣ라(65a, 7 - 65a, 8)

【현대역】 제일구(第一句)는 신명(身命)을 잃는다는 것이고 제이구(第二句)는 입을 열기 전에 그르친다는 것이고 제삼구(第三句)는 똥 막대기와 빗자루이다.

【한자어 풀이】

1. 제일구(第一句) : 달마 조사 이후부터 학인을 제접(提接)하는 차별. 말이나 뜻으로 표현할 수 없는 것을 이른바 마음에서 마음으로 전하는 극비의 경지, 주관과 객관을 초월한 절대경을 가리킨다. 즉 언어로써 표현할 수 없고 사유로써 개념지을 수 없는 최고의 진리를 말한다.

2. 상신실명(喪身失命) : 구도를 위한 고행으로 몸을 다쳐 목숨을 잃게 된다는 것을 말한다.

3. 미개구착(未開口錯) : 입을 여는 것은 말할 것도 없고 입을 열지는 않았지만 분별이 일어났다면 이미 그르친 것이라는 말이다.

4. 분기소추(糞箕掃箒) : 똥막대기와 빗자루. 보잘 것 없는 대상에 불과함을 비유적으로 표현한 말이다.

三要 삼요

【원문】 **一要**는 照即大機ㅣ오 **二要**는 照即大用ㅣ오 **三要**는 照用同時ㅣ라(65a, 8 - 65a, 9)

【현대역】 일요(一要)는 비춤이 곧 큰 기틀이고 이요(二要)는 비춤이 곧 큰 작용이고 삼요(三要)는 비춤과 작용이 같은 것[同時]이다.

【한자어 풀이】

1. 삼요(三要) : 임제선사가 학인에게 베푼 가르침으로, 제1요는 분별 조작되지 않은 언어로서 본질[體]을 말하며 제2요는 있는 그대로 현요(玄要)에 들어가는 현상[相]을 말하며 제3요는 언어를 떠난 작용[用]을 말한다.

三玄 삼현

【원문】體中玄는 三世一念等 l 오 句中玄는 徑截言句等 l 오 玄中玄는 良久棒喝等 l 라(65a, 9 - 65b, 1)

【현대역】체중현(體中玄)은 삼세(三世)가 한 순간[一念]이라는 것이고 구중현(句中玄)은 지름길인 언구(言句) 등이고 현중현(玄中玄)은 양구(良久)와 봉할(棒喝) 등이다.

【한자어 풀이】

1. 삼현(三玄) : 어떤 방편과 진실의 뜻을 드러내 보이는 세 가지 심오한 가르침을 말한다. 〈노자〉, 〈장자〉, 〈주역〉을 삼현학(三玄學)이라 하는데 이를 선종에서 빌린 것이다.

2. 삼세일념(三世一念) : 삼세는 전세(前世)·현세(現世)·내세(來世)를 말한다. 일념은 아주 짧은 시간을 나타내는 단위를 말한다.

3. 양구봉할(良久棒喝) : 양구(良久)는 문답이나 상당 설법에서 한참 동안 무언의 상태로 있는 것을 말한다. 봉할(棒喝)은 선사가 학인을 지도할 때 쓰는 방편을 말한다. 주장자(拄杖子)를 세우거나 주장자로 때리는 몽둥이질[棒]과, '악[喝]' 등의 큰소리를 내지르는 것이다.

四料揀 사료간

【원문】奪人不奪境은 待下根ㅣ오 奪境不奪人는 待中根ㅣ
오 人境兩俱奪은 待上根ㅣ오 人境俱不奪은 待出格人ㅣ라
(65b, 1 - 65b, 2)

【현대역】 사람을 빼앗되 경계를 빼앗지 않는 것은 하등 근기(根機)를
다루는 것이고, 경계를 빼앗되 사람을 빼앗지 않는 것은 중등 근기를 다
루는 것이고, 사람과 경계 둘을 함께 빼앗는 것은 상등 근기를 다루는
것이고, 사람과 경계 모두를 빼앗지 않는 것은 격(格)을 벗어난 사람을
다루는 것이다.

【한자어 풀이】

1. 사료간(四料揀) : 헤아려 뽑은 4가지로 사람을 다루는 방법을 말한다.
2. 하근(下根) : 하등의 근기(根機)로 불도(佛道)를 수행하는 자질과 능
   력이 약한 사람을 말한다.
3. 탈경불탈인(奪境不奪人) : 경(境)은 객관적인 의식 대상을 말한다. 인
   (人)은 주관적인 의식 주체를 말한다. 경계를 빼앗는다는 말은 인식
   의 경계를 벗어남을 말한다. 사람을 빼앗는다는 말은 그 사람의 의
   식·분별 등을 쳐부수는 것을 말한다.

四賓主 사빈주

【원문】**賓中賓**은 學人無鼻孔ㅣ니 有問有答ㅣ오 **賓中主**는 學人有鼻孔ㅣ니 有主法ㅣ오 **主中賓**은 師家無鼻孔ㅣ니 有問在ㅣ오 **主中主**는 師家有鼻孔ㅣ니 不妨奇特ㅣ라(65b, 2 - 65b, 5)

【현대역】빈중빈(賓中賓)은 배우는 사람이 콧구멍이 없는 것이니 문답(問答)이 있는 것이고, 빈중주(賓中主)는 배우는 사람이 콧구멍이 있는 것이니 주인과 법이 있는 것이고, 주중빈(主中賓)은 스승이 콧구멍이 없는 것이니 묻는 것만 있는 깃이고, 주중주(主中主)는 스승이 콧구멍이 있는 것이니 거리낄 것 없이 기특한 것이다.

【한자어 풀이】

1. 사빈주(四賓主) : 스승과 배우는 사람이 문답할 때 나타내는 4단계의 경우로 빈(賓)은 학인에게 가르침을 주는 사가(師家)를 가리킨다.
2. 빈중빈(賓中賓) 빈중주(賓中主) 주중빈(主中賓) 주중주(主中主) : 빈중빈은 학인이 어리석어서 사가의 교화를 받으면서도 알아차리지 못하는 것이다. 빈중주는 학인의 견처(見處)가 사가보다 우수하며 사가가 학인에게 심경이 관파(觀破)되는 경우이다. 주중빈은 사가가 학인을 교화할 만한 역량이 없는 경우이다. 주중주는 사가가 자기 스스로 역량을 제대로 갖춘 경우이다.

四照用 사조용

【원문】先照後用은 有人在ㅣ오 先用後照는 有法在ㅣ오 照用同時는 驅耕奪食ㅣ오 照用不同時는 有問有答ㅣ라(65b, 5 - 65b, 6)

【현대역】먼저 비추어 보고 나중에 쓰는 것은 사람이 있는 것이고 먼저 쓰고 나중에 비추어 보는 것은 법이 있는 것이고 비추어 보는 것과 쓰는 것이 동시에 되는 것은 밭가는 것을 재촉하며 농부의 먹는 것을 빼앗는 것이고 비추어 보는 것과 쓰는 것이 동시에 되지 않는 것은 문답이 있는 것이다.

【한자어 풀이】

1. 사조용(四照用) : 임제의현(臨濟義玄)이 수행자를 지도하는 방편으로 설파한 교설이다. 조(照)는 상대방의 내실을 보고 그 내실이 어떻다는 것을 간취(看取)하는 힘의 작용이고 용(用)은 상대를 향한 행동 작용 즉 수행자의 역량과 태도를 맞추어 지도하는 행위이다. 임제는 스승이 수행자를 지도할 때에 보이는 관계를 네 가지로 나타내 보였다. 용(用)은 법을 쓴다, 법을 보여준다는 뜻이며 학인의 역량과 태도에 따라 스승이 두루 쓰는 여러 가지 방법을 가리킨다. 비추어 봄(照)은 빼앗는 것이고, 씀(用)은 주는 것이다.

四大式 사대식

【원문】 正利는 少林面壁類] 오 平常은 禾山打鼓類] 오 本分는 山僧不會類] 오 眞假는 達摩不識類] 라(65b. 7 - 65b. 8)

【현대역】 정리(正利)는 소림굴(少林窟)에서 면벽(面壁)하는 것과 같고 평상(平常)은 화산(禾山)의 북을 치는 것과 같고 본분(本分)은 산승(山僧)이 모르는 것과 같고 공가(貢假)는 달마(達摩)가 알지 못한다는 것과 같다.

【한자어 풀이】

1. 사대식(四大式) : 4가지 큰 격식. 임제종의 선사들이 학인을 대하는 네 종류의 방법을 말한다. 정리대세(正利大勢, 불법의 입장에서 곧장 말하여 학인을 대하는 것), 평상대세(平常大勢, 특이한 방법을 쓰지 않고 학인을 대하는 것), 진가대세(眞假大勢, 상반되는 말을 써서 진실을 보여 주는 것), 본분대세(本分大勢, 지엽적인 것을 쓰지 않고 본분의 입장에서 학인을 대하여 자연스럽게 불도에 이르게 하는 것)를 말한다.

2. 정리(正利) : 옳은 방법으로 얻은 이익. 정당한 이익.

3. 소림면벽(少林面壁) : 달마대사가 숭산(嵩山) 소림사의 굴에서 9년 동안 면벽 참선한 것. 면벽(面壁)은 좌선(坐禪)의 다른 이름으로 벽을 마주보며 좌선하는 것을 말한다.

4. 화산타고(禾山打鼓) : 화산의 무은(無殷)이 학인의 다양한 질문에 대해 북을 칠 줄 안다고 대답한 데서 나온 화두로 모든 법이 하나로 통

한다는 뜻을 가리키며 여기에서는 '평상의 도리'를 나타낸 것이다.

5. 본분(本分) : 본래부터 타고난 모습. 태어나면서 불성을 가지고 있다는 인간 본래의 모습.

6. 산승불회(山僧不會) : 불회(不會)란 모른다는 말로 산승 자신을 겸손하게 이르는 말이다. 석두희천(石頭希遷) 선사에게 도오(道悟)가 "육조의 바른 법을 어떤 이가 얻었습니까?"라고 묻자, 석두희천은 "불법을 안 사람이 얻었느니라."라고 대답했다. 이어 "스님도 얻었습니까?"라고 물음에 "나는 불법을 모든다."라고 했다. 안다고 하면 사량분별에 떨어지는 것이다.

7. 공가(貢假) : 뜻 미상. 박재양·박유범(2003)의 〈선가귀감〉에 따르면 구가(具假)의 잘못이라고 한다.

8. 달마(達摩) : 보리달마(菩提達摩)의 약칭으로 본명은 보리다라(菩提多羅). 남인도 찰제종(利帝種) 향지왕(香至王)의 제3자(第3子)로 520년에 중국 광주(廣州)에 도착했다. 보리달마는 부처로부터는 28조사이자 중국 선종의 초조이다. 숭산(嵩山) 소림사(少林寺)에서 벽을 향해 앉아 9년 동안이나 좌선하였다. 보리달마는 부처의 심적 가르침에 들어가는 방법으로 선(禪)을 가르쳤기 때문에 그의 일파를 선종이라고 하였다.

四喝 사할

【원문】金剛王寶釼은 一刀애 揮斷一切情解ㅣ오 踞地獅子
는 發言吐氣예 衆魔腦裂ㅣ오 探竿影草는 探其有無師承鼻孔
ㅣ오 一喝不作一喝用은 具上三玄四賓主等ㅣ라(65b, 8 - 66a, 1)

【현대역】 금강왕(金剛王) 보검은 한 칼에 일체의 정해(情解)를 끊는 것
[一刀 揮斷一切情解]이고 땅에 웅크리고 앉은 사자는 말을 하거나 기운
을 부니 모든 마군의 뇌가 터지는 것[發言吐氣 衆魔腦裂]이고 탐간영초
(探竿影草)는 스승에게 학문을 이어받아[師承] 콧구멍이 있고 없음을 찾
는 것[探其有無師承鼻孔]이고 일할을 일할로만 쓰지 않는다는 것[一喝
不作一喝用]은 위에서 말한 삼현(三玄)과 사빈주(四賓主) 등이다.

【한자어 풀이】

1. 사할(四喝) : 임제의현(臨濟義玄)이 학인을 교화하기 위해 제시한 교
   설. 할(喝)하는 것에도 때와 장소 그리고 근기(根機) 등에 따라 여러
   가지 방편이 있음을 보여 준 것이다.
2. 금강왕보검(金剛王寶釼) : 반야 지혜를 비유한 말. 견고한 금강석으
   로 만들어진 보검이 무엇이든 부수는 것과 같이 반야의 지혜는 일체
   의 번뇌를 부순다는 말이다.
3. 정해(情解) : 정(情)은 인식기관, 마음, 생각 등의 뜻이고 해(解)는 해탈,
   깨달음 등의 뜻이다. 즉 인간이 갖는 온갖 생각과 알음알이를 말한다.
4. 거지사자(踞地獅子) : 땅에 웅크리고 앉아 먹이를 노리는 사자. 아직

잽싸게 몸을 날리기 전이지만 그 이상의 용맹스러운 모습을 나타낸 말이다.

5. 탐간영초(探竿影草) : 선사가 학인의 역량을 알아보기 위해서 사용하는 방편. 탐간은 사다새[鵜]의 깃을 엮어서 물 속에 넣고 고기가 모여들게 한 뒤 잡는 것을 말하고, 영초는 풀을 물에 띄워 고기가 그 그림자에 모여드는 것을 말한다.

6. 부작일할용(不作一喝用) : 일할을 일할로만 쓰지 않음. 사할(四喝) 중 어느 한 할의 작용에만 얽매이지 않는다는 말이다.

八棒 팔봉

【원문】觸令返玄과 接掃從正과 靠玄傷正과 苦責과는 罰棒
ㅣ오 順宗旨는 賞棒ㅣ오 有虛實은 辨棒ㅣ오 盲枷는 瞎棒ㅣ
오 掃除凡聖은 正棒ㅣ라(66a, 1 – 66a, 3)

【현대역】 명령을 내려 이치[玄]에 돌아가게 하는 것[觸令返玄]과 쓸어
서 바른 것을 따르게 하는 것[接掃從正]과 이치도 버리고 바른 것도 해
치는 것[靠玄傷正]과 호되게 꾸짖는 것[苦責]에는 벌주는 몽둥이[罰棒]
이요, 종지(宗旨)에 순응하게 하는 것[順宗旨]은 상주는 몽둥이[賞棒]이
요, 비게도 하고 차게도 하는 것[有虛實]은 가려내는 몽둥이[辨棒]이요,
맹목적으로 쓰는 것[盲枷]은 눈먼 몽둥이[瞎棒]이요, 범부와 성인을 쓸
어버리는 것[掃除凡聖]은 바른 몽둥이[正棒]이다.

【한자어 풀이】
1. 팔봉(八棒) : 학인을 다루고 법을 보여주는 여덟 가지 방망이.
2. 할봉(瞎棒) : 학인을 다룰 때 쓰는 여덟 가지 방망이 중의 하나로 함
   부로 쓰는 눈먼 몽둥이이다.

【주】此等法은 非特臨濟宗風ㅣ라 上自諸佛下至衆生　皆分
上事ㅣ니 若離此說法ㅣ면 皆是妄語ㅣ니라(66a, 3 – 66a, 4)

【현대역】 이와 같은 법은 비단 임제종의 가풍(家風)만이 아니라 위로
는 부처님들로부터 아래로는 중생에 이르기까지 모두 해당되는 일이니
만약 이것을 떠나 설법하면 모두 이것은 망령된 말이다.

臨濟喝과 德山棒이

【원문】臨濟喝과 德山棒이 皆徹證無生ᄒ샤 透頂透底ᄒ샤 大機大用이 自在無方ᄒ샤 全身出沒ᄒ시며 全身擔荷ᄒ샤ᄃᆡ 退守文殊普賢大人境界ᄒ시니라 然ㅣ나 據實而論컨댄 此二師도 亦不免偷心鬼子ㅣ샷다(66a, 5 - 66a, 9)

【현대역】임제(臨濟)의 할(喝)과 덕산(德山)의 봉(棒)이 모두 무생(無生)을 철저히 증득(證得)하시어 꼭대기에서 바닥까지를 꿰뚫으시고 큰 기틀[大機]과 큰 쓰임[大用]이 자유자재로 걸림이 없어 온 몸이 출몰(出沒)하시며 온 몸이 짊어지시되 물러나서 문수보살(文殊菩薩)이나 보현보살(普賢菩薩) 같은 대인(大人)의 경계(境界)를 지키시니라. 그러나 실상에 의거하여 말하면 이 두 선사도 또한 마음을 훔치는 귀신을 면하지 못하셨도다.

【한자어 풀이】

1. 임제할(臨濟喝) 덕산봉(德山棒) : 임제의현(臨濟義玄)의 할(喝)과 덕산선감(德山宣鑑)의 봉(棒). 단박에 본지풍광(本地風光)을 깨치게 하는 방편을 말한다.

2. 증(證) : 증득(證得). 바른 지혜로 진리를 체득하는 것을 말한다.

3. 무생(無生) : 생기거나 없어지는 변화가 적용되지 않는 불생불멸(不生不滅)을 말한다.

4. 문수보현(文殊普賢) : 문수보살(文殊菩薩)과 보현보살(普賢菩薩)을 말

한다. 사량분별(思量分別)을 떠날 것과 무심(無心)을 강조하는 조사선(祖師禪)에서는 부모에게서 나기 전의 본래면목을 지향하므로 문수보살이나 보현보살과 같은 보살도 귀신에 불과하다고 한 것이다.

【언해문】臨濟·의 喝과 德山·의 棒이 :다 無生·을 ᄉᆞ뭇 證得·ᄒᆞ샤 우흘 ᄉᆞ무·ᄎ시:며 아·래·를 ·ᄉᆞ무ᄎ·샤 大機과 大用이 自在ᄒᆞ야 方所 ·업·스·샤 오·ᄋᆞᆫ ·모미 ·나·시:며 ·드르·시:며 오·ᄋᆞᆫ ·모미 :메시:며 지샤ᄃᆡ 므르·샤 文殊普賢大人境界·를 디:키시·니라 그:러나 實·을 드·러 議論컨:댄 ·이 二師도 ·ᄯᅩ 므ᇫ슴 盜賊·ᄒᆞ·ᄂᆞᆫ 귓거슬 免·티 ·몯·ᄒᆞ샷다(66b, 1- 66b, 4)

【현대역】임제(臨濟)의 할(喝)과 덕산(德山)의 봉(棒)이 모두 무생(無生)을 철저히 증득(證得)하시어 위를 꿰뚫으시며 아래를 꿰뚫으시고 대기(大機)와 대용(大用)이 자재(自在)하여 방소(方所) 없으시어 온 몸이 나시며 들어가시며 온 몸이 메시며 지시되 물러나시어 문수보현(文殊普賢)의 대인(大人) 경계(境界)를 지키시니라. 그러나 실상을 들어 의논하면 이 두 선사도 또 마음을 도적질(盜賊)하는 귀신을 면하지 못하셨도다.

【한자어 풀이】
1. 증득(證得) : 증(證)은 오(悟)이고 득(得)은 지(知)이다.
2. 방소(方所) : 장소. 방소(方所)란 장소를 뜻하는데 곧 공간적인 제약을 말한다.

【언해문 분석】
1. ᄉᆞ뭇 : 철저히
2. 우흘 : 위를
   분석하면 '웋(명사) + 을(목적격 조사)'이다.

3. ᄉᆞᄆᆞ차 : 꿰뚫으시고, 통달하시고

기본형은 'ᄉᆞᄆᆞᆾ다'로 분석하면 'ᄉᆞᄆᆞᆾ-(어간) + -ᄋᆞ샤-(주체 높임 선어말 어미) + (-아)(나열의 연결 어미)'이다. 여기에서는 '透'를 언해한 것으로 '꿰뚫다'는 뜻이다.

4. 오ᄋᆞᆫ : 온, 온전한

기본형은 '오ᄋᆞᆯ다'로 분석하면 '오ᄋᆞᆯ-(어간) + -ㄴ(관형형 어미)'이다. 어간형 '오ᄋᆞᆯ-'의 'ㄹ'은 뒤에 오는 'ㄴ'의 영향으로 탈락하였다.

5. 드르시며 : 들어가시며

기본형은 '들다'로 분석하면 '들-(어간) + -으시-(주체 높임 선어말 어미) + -며(나열의 연결 어미)'이다. 여기에서는 '沒'을 언해한 것으로 '나오다'와 대조되는 말이다.

6. 지샤ᄃᆡ : 지시되

기본형은 '지다(擔)'로 분석하면 '지-(어간) + -샤-(주체 높임 선어말 어미) + -(오)ᄃᆡ(설명의 연결 어미)'이다.

7. 므르샤 : 물러나시어

기본형은 '므르다'로 분석하면 '므르-(어간) + -샤-(주체 높임 선어말 어미) + (-아)(부사형 연결 어미)'이다.

8. 디킈시니라 : 지키시니라

기본형은 '디킈다'로 분석하면 '디킈-(어간) + -시-(주체 높임 선어말 어미) + -니라(설명형 종결 어미)'이다. 이 책 (3b, 1)에는 중철표기 된 '딕킈여'가 나타난다.

9. 議論컨댄 : 의논하면

기본형은 '의논(議論)ᄒᆞ다'로 분석하면 '議論ᄒᆞ-(어간) + -거-(확인의 과거 시상 선어말 어미) + -ㄴ댄(조건의 연결 어미)'이다. '議論컨댄'은 '議論ᄒᆞ-'의 'ㆍ'가 없어지고 'ㅎ'이 'ㄱ'과 결합하여 된 것이다.

10. 귓거슬 : 귀신을

분석하면 '귓것(명사) + 을(목적격 조사)'이다. '귓것'은 '귀(鬼) + ㅅ

(사이시옷) + 것(의존 명사)'이다. '귓것'이 '鬼ㅅ것'으로 표기되지 않은 것은 이 어휘가 고유어로 인식됨을 보여준다.

11. 몯ᄒᆞ샷다 : 못하셨도다, 못하셨구나

기본형은 '몯ᄒᆞ다'로 분석하면 '몯ᄒᆞ-(어간) + -샤-(주체 높임 선어말 어미) + -(오)ㅅ-(감동법 선어말 어미) + -다(설명형 종결 어미)'이다.

【주1】大機·ᄂᆞᆫ 圓應·으로 義 ·삼고 大用ᄋᆞᆫ 直截·로 義 사·ᄆᆞ니라(66b, 4 – 66b, 5)

【주1 현대역】큰 기틀은 원만히 응하는 것으로 뜻 삼고 큰 쓰임은 바로 끊는 것으로 뜻 삼느니라.

【주2】煩惱海中爲雨露ㅣ오 無明山上作雲雷ㅣ샷다(66b, 5 – 66b, 5)

【주2 현대역】번뇌 바다 속에 비와 이슬을 만들고 무명산 위에 구름과 우레를 만드셨도다.

【주2 한자어 풀이】

1. 번뇌해(煩惱海) : 번뇌의 바다. 중생의 번뇌가 깊고 넓음을 바다에 비유한 말이다.

大丈夫는 見佛見祖를

【원문】大丈夫는 見佛見祖를 如寃家ㅣ어다 若着佛求ᄒ면 被佛縛ᄒ고 若着祖求ᄒ면 被祖縛ᄒ리라 有求皆苦ㅣ라 不如 無事ㅣ로다(66b, 6 – 66b, 8)

【현대역】 대장부(大丈夫)는 부처나 조사(祖師) 보는 것을 원수[寃家] 같이 할지어다. 만일 부처[佛]에 집착하여 구하면 부처[佛]에 매이게 되고 만일 조사[祖]에 집착하여 구하면 조사[祖]에 매일 것이다. 구하는 것이 모두 괴로움[苦]이라서 일없는 것만 같지 못하도다.

【한자어 풀이】
1. 견불견조(見佛見祖) 여원가(如寃家) : 부처나 조사(祖師) 보는 것을 원수[寃家]같이 하는 것은 불조사(佛祖師)에 집착하여 오히려 불조사도 잃고 자신도 잃게 된다는 뜻이다.
2. 무사(無事) : 아무런 일이 없는 것.

【언해문】 大丈夫는 부텨 ·보ᅀᆞ·오:며 祖師 보ᅀᆞ:오믈 寃讎· ᄀᆞ티 :홀디어·다 ·ᄒ다·가 佛에 着·ᄒ야 求ᄒ:면 佛:에 미·요· 믈 닙·고 ·ᄒ다·가 祖:에 着·ᄒ야 求ᄒ:면 祖애 미·요·믈 니· 브·리라 求홈 :두미 ·다 苦ㅣ라 無事만 ·ᄀᆞ디 ·몯ᄒ·도다(66b, 9 – 67a, 2)

【현대역】대장부(大丈夫)는 부처 보며 조사(祖師) 보는 것을 원수(冤讎) 같이 할지어다. 만일 부처[佛]에 집착하여 구하면 부처[佛]에 매이는 것을 입고 만일 조사[祖]에 집착하여 구하면 조사[祖]에 매이는 것을 입을 것이다. 구하는 것 두는 것이 다 괴로움[苦]이라서 일 없는 것[無事]만 같지 못하도다.

【언해문 분석】

1. 보ᅀᆞ오몰 : 보는 것을
   기본형은 '보다'로 분석하면 '보-(어간) + -ᅀᆞ오-(객체 높임 선어말 어미) + -(오)ㅁ(명사형 어미) + 올(목적격 조사)'이다.

2. 홀디어다 : 할지어다
   기본형은 'ᄒᆞ다'로 분석하면 'ᄒᆞ-(어간) + -오-(의도법 선어말 어미) + -ㄹ디어다(설명형 종결 어미)'이다.

3. 미요몰 : 매이는 것을, 매임을
   기본형은 '미이다'이다. 분석하면 '미이-(어간) + -옴(명사형 어미) + 올(목적격 조사)'이다. 어간형 '미이-'는 '미-(어근) + -이(피동의 파생 접사)'이다.

4. 니브리라 : 입을 것이다, 입으리라
   기본형은 '닙다'로 분석하면 '닙-(어간) + -으리-(미래 추측 선어말 어미) + -라(설명형 종결 어미)'이다. 기본형은 '닙다〉입다'로 변화하였다.

5. 두미 : 두는 것이, 있는 것이
   기본형은 '두다'로 분석하면 '두-(어간) + -ㅁ(명사형 어미) + 이(주격 조사)'이다. 여기서는 원문의 '有'를 언해한 것으로 '있다'의 의미이다.

6. 곧디 : 같지
   기본형은 '곹다'로 분석하면 '곹-(어간) + -디(부정 부사형 연결 어미)'이다. '곹'은 8종성법에 의하여 '곧'으로 표기되었다.

【주1】 此는 遠結篇首에 佛祖出世無風起浪ᄒ시니 可謂前後
照應ᅵ며 首尾一貫ᅵ로다 有求皆苦는 結上當體便是ᄒ시고
不如無事는 結上動念即乖ᄒ시니라(67a, 2 - 67a, 4)

【주1 현대역】 이는 저 책 앞머리에서 "부처와 조사가 세상에 나온 것은
바람 없는 (바다에) 물결을 일으킴이로다."를 맺으신 것이니 가히 앞뒤
가 조응(照應)하며 처음과 끝이 하나로 꿰뚫었도다. "구하는 것이 모두
괴로움[苦]이다."라는 것은 위의 "모든 것[體]이 곧 이것이다."라는 것을
맺으신 것이고 "일없는 것만 같지 못하다."라는 것은 위의 "생각을 일으
키면 반드시 어긋나리라."라는 것을 맺으신 것이다.

【주2】 凡佛祖出世ᅵ 亂世之英雄ᅵ시며 大平之奸賊ᅵ실ᄉᆡ
丹霞ᅵ 燒木佛ᄒ며 老母ᅵ 不願見佛ᄒ며 雲門ᅵ 打喫狗子호
ᄆᆡ 皆是摧邪顯正底手段ᅵ로다 畢竟에 有何奇特고 東嶺雲生
西嶺白ᅵ오 前山花發後山紅ᅵ로다(67a, 4 - 67a, 7)

【주2 현대역】 무릇 부처와 조사가 세상에 나온 것이 난세(亂世)의 영
웅이시며 태평한 시대의 간적(奸賊)이시므로 단하(丹霞)가 목불을 태우
시며 노모(老母)가 부처님 보기를 원하지 않으며 운문(雲門)이 개에게나
던지는 것이 모두 사악함을 꺾고 바른 것을 드러내는 수단(手段)이로다.
마침내 어떤 것이 기특함이 있는가. 동쪽 재에 구름이 일어나니 서쪽 재
가 희고 앞산에 꽃이 만발하니 뒷산이 붉도다.

【주2 한자어 풀이】

1. 단하소목불(丹霞燒木佛) : 단하(丹霞)가 목불을 태움. 이 말은 사람마
   다 본래 불성을 가지고 있는데 그것을 모르고 참 부처를 등지고 거짓
   부처를 찾는 것을 경계한 것이다. 단하(丹霞)는 단하천연(丹霞天然,
   739-824)으로 추위를 이기기 위해 목불을 태웠다고 한다.

2. 운문타끽구자(雲門打喫狗子) : 운문(雲門)이 개에게 던짐. 석가가 "하늘 위나 아래에 오직 내가 가장 높다."고 한 말에 대해 운문문언(雲門文偃, 864-949)이 "평지풍파를 일으켰으니 그 말을 개에게나 주겠다."라고 한데서 비롯한 말로 각자의 본래면목을 찾는 것이 중요함을 말하는 것이다.

先德ㅣ 云神光不昧ᄒ야

【원문】先德ㅣ 云神光不昧ᄒ야 萬古徽猷ᄒ니 入此門來ᄒ
린 莫存知解ㅣ어다(67a. 8 - 67a. 9)

【현대역】선덕(先德)이 이르시되 "신령스런 빛[神光]이 어둡지 않아 만
고(萬古)에 아름다우니 이 문(門)에 들어오려면 앎[知解]을 두지 마라."
라고 하셨다.

【한자어 풀이】

1. 휘유(徽猷) : 좋은 가르침. 도리의 아름다움을 뜻한다.

2. 지해(知解) : 앎. 알음알이.

【언해문】先德ㅣ 니ᄅ·샤·ᄃᆡ 神光ㅣ 昧却디 아·녀 萬古애 ·
빗나·니 ·이 門에 ·들 리·ᄂᆞᆫ 知解·ᄅᆞᆯ 두·디 마·ᄅᆞᆯ·디어다(67b.
1 - 67b. 2)

【현대역】선덕(先德)이 이르시되 "신령스런 빛[神光]이 어둡지 않아 만
고(萬古)에 빛나니 이 문(門)에 들 이는 앎[知解]을 두지 말지어다."(라
고 하셨다.)

【언해문 분석】

1. 아녀 : 않아

　기본형은 '아니다'로 분석하면 '아니-(어간) + -어(부사형 연결 어

미)'이다.

2. 빗나니 : 빛나니

　기본형은 '빗나다'로 분석하면 '빗나-(어간) + -니(이유의 연결 어
　미)'이다. '빛'은 8종성으로 인해 '빗'으로 나타난 것이다. 어간형 '빗
　나-'는 '빗(光, 명사) + 나-(出, 어간)'가 결합한 통사적 복합어이다.

3. 들 : 들, 들어오는

　기본형은 '들다(入)'이다. 분석하면 '들-(어간) + -ㄹ(관형형 어미)'이
　다. 어간 '들-'의 말음 'ㄹ'은 뒤에 오는 어미 '-ㄹ' 때문에 탈락하였다.

4. 리ᄂᆫ : 이는

　분석하면 'ㄹ + ㅣ(人) + ᄂᆫ(지정의 보조사)'이다. 'ㄹ'은 앞에 나오는
　동사 '들-'의 말음이 중철표기된 것이다.

5. 마롤디어다 : 말지어다

　분석하면 '말-(어간) + -오-(의도법 선어말 어미) + -ㄹ디어다(설
　명형 종결 이미)'이다.

【주1】上篇엔 以今之一字로 終結ᄒ시고 到此ᄒ야 以知解二
字로 終結ᄒ시니 一卷葛藤·을 一句에 都破ᄒ샷다 神光不昧
ᄂᆫ 結上昭昭靈靈ᄒ시고 萬古徽猷ᄂᆫ 結上不曾生滅ᄒ시고 莫
存知解ᄂᆫ 結上不可守名生解ᄒ샷다 門者ᄂᆫ 有凡聖의 出入義
ᄒ니　如荷澤의 所謂知之一字ㅣ 衆妙之門ㅣ로다 知解者ᄂᆫ
識解ㅣ니 古云 金屑이 雖貴ㅣ나 落眼成翳ㅣ라 ᄒ시며 又云
不以智로 知ㅣ며 不以識으로　識ㅣ라 ᄒ시니라(67b, 2 -67b, 7)

【주1 현대역】상편에서는 환(今)의 한 글자로 마무리하시고 이에 이르
러서는 지해(知解) 두 글자로 마무리하시니 한 권의 갈등을 한 구절로
모두 깨뜨리셨도다. "신령스런 빛이 어둡지 않다[神光不昧]."는 것은 위
의 "밝고 밝아 신령스럽고 신령스럽다[昭昭靈靈]."를 맺으신 것이고 "만

고에 아름답다[萬古徽猷].”는 것은 위의 “일찍이 생기지도 않고 없어지
지도 않는다[不曾生滅].”를 맺으신 것이고 “앎을 두지 말라[莫存知解].”
는 것은 위의 “이름에 얽매어 앎을 내는 것은 옳지 않다[不可守名生解].”
를 맺으셨도다. 문(門)이라는 것은 범부와 성인이 출입한다는 뜻이 있으
니 하택(荷澤)의 이른바 ‘안다[知]’는 한 글자가 온갖 묘한 이치의 문(門)
이라 하는 것과 같도다. 앎[知解]이라는 것은 식해(識解)이니 옛날에 이
르기를 “금가루가 비록 귀하나 눈에 떨어지면 장애[翳]가 생긴다.”라고
하시며 또 이르기를 “지혜로 알려하지 말며 지식으로 알려하지 말라.”라
고 하시니라.

【주1 한자어 풀이】
1. 하택(荷澤) : 하택신회(荷澤神會, 684-758). 하택종의 개조(開祖)로
   속성은 고(高)씨이며 양양(襄陽)출신이다. 육조 혜능을 스승으로 섬
   겼다.

【주2】 如斯擧唱明宗旨ᄂ댄 笑殺西來碧眼僧ㅣ로다(67b, 7 - 67b, 7)
【주2 현대역】 이와 같이 들어서 종지(宗旨)를 밝히면 서쪽에서 온 푸
른 눈의 스님 좋아 죽겠도다.

【주2 한자어 풀이】
1. 종지(宗旨) : 종문(宗門) 교의(敎義)의 취지.
2. 서래벽안승(西來碧眼僧) : 서쪽에서 온 푸른 눈의 스님. 곧 달마대사
   를 가리킨다.

校正大禪師善修　　　　　內ㄱ代
대선사선수교정　　　　　내ㄱ대

　　　　　　　　　　　　礼 陽
　　　　　　　　　　　　예 양

　　　　　　　　　　　　金奉水
　　　　　　　　　　　　김봉수

　　　　　　　　　　　　鄭訥(斤)
　　　　　　　　　　　　정눌(근)

　　　　　　　　　　　　金可石
　　　　　　　　　　　　김가석

鍊板　　　　　　玉希
연판　　　　　　옥희

　　　　　　　　　　　　金乃從
　　　　　　　　　　　　김내종

　　　　　　　　　　　　敬宗
　　　　　　　　　　　　경종

　　　　　　　　　　　　(　)應
　　　　　　　　　　　　(　)응

　　　　　　　　　　　　寶應
　　　　　　　　　　　　보응

　　　　　　　　　　　　智賢
　　　　　　　　　　　　지현

　　　　　　　　　　　　應信

응신

金千貴

김천귀

道(樓)

도(루)

刻手太(華)

각수태(화)

燒木施主文榮女　金立(　)

소목시주문영녀　김립(　)

文玉水(冶)鄭仁弘終代

문옥수(치)정인홍종대

今伊

금이

別(里)

별(이)

武非

무비

熟頭德西非

숙두덕서비

供養主海明

공양주해명

林一步

임일보

隨緣執務朴守伏

수연집무박수복

化主李景春

화주이경춘

萬曆三十八年庚戌三月日全羅道██████████████████開刊

만력 38년 경술(1610) 3월 일 전라도████████████개간

선가귀감언해 하 색인
【한자어 색인】

【ㅂ】

【ㅈ】

【언해 색인】

【ㄱ】